신동만
박영환　　박호용

강석진
박성배·조요섭
최용춘·수상미

분열을 앓는 당신 곁에 서소서

　2023년은 1945년 분단과 대립의 역사가 시작된 지 짧지 않은, 78년이 되는 해이다. 만일 이 시대의 사람들이 통일에 대한 능동적 도전이 없으면 그에 대한 응전이라는 통일은 결코 성취될 수 없다. 미래는 과거와 현재에 의해 만들어지는 것이다. 우리는 해방으로부터 3번째 세대를 맞이하고 있는데, 만일 분단이라는 아픔의 시대를 고민하지 않고 침묵하거나 무관심하다면 역사 또한 똑같이 반응할 것이다. 그러하기에 우리는 분단 역사에 대해 더욱 고민하며 통일의 비전을 갖고 그 비전을 공유하면서 전략화하여 통일의 동력을 증폭시켜 모든 세대가 공감하며 참여하는 통일시대를 창출해야 한다.

# 통일된 대한민국을 위하여

본서는 우리 민족 유구한 반만년의 역사를 통해 가장 절실하고도 애절한 기원인 하나의 통일된 대한민국을 그리는 염원의 기획서입니다. 복음으로밖에는 통일의 기회나 의미가 없다고 하는 간절한 기도의 전집(全集)입니다. 그 통일의 기원을 여러 분야의 전문적인 고견의 인사들이 간절한 열망과 적성(赤誠)으로, 그리고 구체화된 이상으로 하나의 민족문전(民族文典)을 상재(上梓)하고 있습니다.

사실 우리 조국을 분단하게 한 38선은 그 역사가 오래되었고 실로 기구한 길을 걸어왔습니다. 그것이 처음 획정된 것은 1896년 6월 9일 러시아 황제 니콜라이 2세의 대관식 때의 일입니다. 러시아의 외상(外相) 라바노프와 일본 군벌(軍閥) 수장 야마가타 아리토모(山縣有朋)가 러일협약으로 38선을 그었던 것입니다. 그리고 그것이 1903년에 다시 확인되고, 1945년 8월 2일 포츠담회담에서 미군과 소련군의 한국 진주(進駐) 분계선으로 확정됩니다. 그러더니 1953년 7월 27일의 정전선(停戰線)도 묘하게 38선을 연(沿)하여 그어지고 있었습니다. 38선은 애초부터 어떤 세계사적인 지정학적 역학관계로 그어졌던 것이 아닌가 하는 생각이 드는 대목입니다. 절대 우리 한국만의 민족적 감상문제가 아니라는 것입니다.

우리나라 통일의 문제는 그만큼 투기적 접근이 아닌 기도와 경륜, 신중(愼重), 주도(周到), 진췌(盡瘁)의 차원에 속한다는 것을 알 수 있습니다.

　여기 글들은 우리 내부의 준비와 각오로 고도화된 수준의 구심점과 실질성으로 우리가 반기고 공명(共鳴)하는 길을 보여주고 있습니다. 함께 손잡고 나아갈 이정표(里程標)를 들어 보여주고 있습니다. 더러는 지금까지의 한국 안의 통일 현안들, 그동안 세계에서 전개되었던 한국 남북통일의 노력들, 한국 역사 안에서의 화해 화합의 대소기도(大小 企圖)들, 그리고 실질적인 국내에서의 남북통일 기획의 선례들, 그리고 국내외 인물들을 통한 남북통일의 거대 귀감들, 이렇게 대의(大義)를 관철하여 온 풍모들이 다 우리에게 벅찬 영감을 주며 충심의 지향점을 갖추게 하여 주고 있습니다. 당사자인 우리 한국인들로서는 만고(萬古)의 염원과 바른 이념으로 정진할 도리 이외 다른 길이 없음을 천명하여 주고 있습니다. 더욱 중요한 것은 기도로 정진할 도리밖에 없음을 보여주고 있습니다. 곧 기도로 우리 내부의 준비와 자세가 그 견고한 기반이 되어야 한다는 점을 화인하고 있습니다. 곧 통일은 반드시 복음으로 앞당겨져야 한다는 것을 확인하고 있습니다.

　우리는 여기 저자들의 글에서 복음 통일의 정도(正道)와 헌장을 일깨워 받고 있습니다. 복음 통일의 길이라면 이렇게 구도화(構圖化)한 모습 그대로 따르게 될 것입니다. 저자들의 기념비적 옥고는 이제 우리 한국 역사의 필전(必傳)의 실록으로써 뿐만 아니라, 앞으로 복음으로 남북통일을 염원하는 우리들 모두의 보감(寶鑑)으로 비치될 것입니다.

바라기는 이 서책이 가는 곳마다 많은 이들에게 복음적 남북통일의 그 웅대한 힘과 실상, 그리고 세계적 공헌이 전달되면서 세계를 향한 통일 한국의 힘찬 행진에 동행하기를 결단하는 이들의 대의가 관철되기를 기원하면서 이 추천의 글을 각필(擱筆)하고자 합니다.

연세대학교 명예교수 **민경배**(閔慶培)

# 통일을 앞당겨 주소서!

지난 60년 동안 북한을 비롯한 북방 지역에 복음을 전해 온 극동방송은 '어떻게 하면 우리 민족이 평화적으로, 또 복음으로 통일을 이룰 것인가?' 고민하며, 늘 관심을 갖고 사역하고 있습니다. 2016년에는 '통일을 앞당겨 주소서'라는 사역 표어 아래 각종 프로그램을 제작하고, 캠페인을 전개해 한국 교회와 방송 가족들로부터 큰 호응을 얻었습니다.

그중 하나가 영동 극동방송에서 제작된 대담 프로그램, <통일을 앞당겨 주소서>이며, 각 분야의 통일 전문가들이 출연해서 만연한 통일이 아닌 실제적으로 통일을 준비하는 일의 중요성과 방법을 다루었습니다. 특별히 그 소중한 내용들이 한 권의 책으로 출간하게 된 것은 기쁘고, 뜻깊게 생각합니다.

2016년 통일 책에 이어 두 번째 통일 책인 이 책이 통일을 위해 기도하고 준비하는 모든 사람에게 널리 읽히고 실제적인 도움이 되길 진심으로 바라며, 무엇보다도 하나님께서 통일을 앞당겨 주시길 간절히 기도합니다.

극동방송 이사장 **김장환 목사**

## 한반도의 '복음 통일'을 위한 지침서

한국 사람이라면 '남한과 북한의 통일'을 염원하지 않을 사람이 없을 것입니다. 특별히 북한에서 살다가 탈북하신 분들은 한반도의 통일을 마음속 깊은 곳에 가득 채우고 살 것입니다. 추천사를 쓰는 필자도 하나님께서 생전에 남과 북의 통일을 허락하시면 북한 지역에 가서 복음을 전하여야 하겠다는 다짐을 하면서 살고 있습니다. 그런데 이번에 한반도의 복음 통일을 꿈꾸고 있는 8명의 전문인들이 '통일을 앞당겨 주소서'라는 제목으로 귀한 책을 출판하게 되었습니다. 저자들은 자신이 처한 상황을 근거로 복음 통일에 대한 글을 썼기 때문에 본서는 한반도의 '복음 통일을 위한 지침서'라고 할 수 있습니다. 본서에 기고된 모든 글들은 독자들에게 북한을 바로 이해할 수 있도록 도와주고, 어떻게 탈북자들을 도우며, 한반도 통일에 대한 폭넓은 정보를 제공해 줄 뿐만 아니라 한반도 통일의 꿈이 소멸되지 않도록 격려하고 있다는 점에서 대단히 유용하다고 사료됩니다.

본 추천자는 8분의 기고자 중 오로지 조요셉 목사님과만 교제 관계가 있고 다른 분들과는 교류가 없었다는 것을 밝힙니다. 본서에 실린 모든 기고문이 독자들의 심금을 울릴 귀한 내용입니다. 그런데 조요셉 목사님은 물댄동산교회를 친히 목회하시면서 특별히 북한에서 남하한 탈북민들을 효과적으로 섬기고 계신 목사님이십니다. 특별히 예수님의 죽음과 부활을 균형 있게 강조하심으로 성도들이 죄 문제를 해결 받은 존재일 뿐만 아니라 부활 생명을 살아가는 사람들이라는 것을 확실하게 가르치는 목회를 하십니다. 그리고 목회 경험을 근거로 '교회 안에서의 남·북한 사람 소통, 어떻게 할 것인가?'라는 제목의 글을 본서에 기고하셨습니다.

조요셉 목사님은 그의 목회 경험을 토대로 탈북 성도들은 물론 남한 성도들도 바뀌어야 한다고 강조하시고, 주체사상도 복음으로 해결할 수 있다는 사실을 목회 현장의 체험으로 진술하고 있습니다. 그리고 무엇보다도 성공적인 남한과 북한의 통일은 예수 그리스도의 복음으로만 가능함을 천명하십니다. 남한과 북한의 성도들은 예수 그리스도 안에서 한 가족이며, 서로 사랑해야 하고, '나와 너'의 관계가 아니고 '우리'의 공동체 의식으로 복음 통일을 해야 한다고 강조하십니다.

본 추천자는 본서가 북한 사회를 이해하는 데 도움을 주고, 성도로서 남한과 북한의 통일을 준비하고 실행하는 데 크게 유익할 뿐만 아니라 현재 남한에 거주하고 있는 탈북민들에 대해 어떤 태도로 섬겨야 할지를 배울 수 있다고 확신하고 이에 일독을 적극 추천합니다.

합동신학대학원대학교 명예교수 **박형용**(朴炯庸)

# 함께 복음 통일의
# 꿈을 쓰다

 

2016년 극동방송 기획 '통일을 앞당겨 주소서'(강석진, 박성배 진행) 이후 6년 만에 다시 '통일을 앞당겨 주소서'라는 주제로 통일 책 공저를 출간할 수 있도록 이끌어주신 하나님 아버지께 감사와 영광을 올려드린다. 이 책의 공저자인 박호용 박사는 2022년 2월 22일 출간한 『하나님의 시나리오, 조선의 최후』에서 다음과 같이 말했다.

> "마치 인생을 한 편의 드라마로 비유한다면 그 드라마를 누가
> 쓰느냐에 따라 작품의 가치는 달라진다. 내 인생 드라마를 남
> 이 쓰면 졸작(拙作)이 되고, 내가 쓰면 평작(平作)이 되나, 최고의
> 작가인 하나님이 쓰면 최고의 명작(名作)이 된다."

2023년은 1945년 분단과 대립의 역사가 시작된 지 짧지 않은, 78년이 되는 해이다. 만일 이 시대의 사람들이 통일에 대한 능동적 도전이 없으면 그에 대한 응전이라는 통일은 결코 성취될 수 없다. 미래는 과거와 현재에 의해 만들어지는 것이다. 우리는 해방으로부터 3

번째 세대를 맞이하고 있는데, 만일 분단이라는 아픔의 시대를 고민하지 않고 침묵하거나 무관심하다면 역사 또한 똑같이 반응할 것이다. 그러하기에 우리는 분단 역사에 대해 더욱 고민하며 통일의 비전을 갖고 그 비전을 공유하면서 전략화하여 통일의 동력을 증폭시켜 모든 세대가 공감하며 참여하는 통일시대를 창출해야 한다.

대한민국의 역사는 근대부터 현재에 이르기까지 많은 굴곡과 연단과 수치와 동족상잔 등 고난의 역사를 반복하면서 이를 민족의 정신적 자산으로 승화시키며 헤쳐왔기에 절반의 강토인 지금의 대한민국을 도전적으로 발전시켜 왔다. 그 과정을 상고해 본다면 19세기의 구한말 근대 시대에는 선교사들이 주도한 개화라는 근대화 문명의 씨를 뿌렸고 20세기에 들어서면서 나라를 빼앗긴 일제 강점기 중에는 학생들을 비롯한 애국지사들이 조국의 독립운동을 외치고 몸부림쳤다.

그러나 일제의 패망으로 해방되자, 38선이라는 냉전 시대가 가져온 분단의 유산을 떠안고 분투하며 국가의 건국을 절반이나마 성취하였지만 바로 6.25전쟁을 겪었다. 정전 후에는 절대빈곤 시대를 벗어나고자 산업화 운동에 전 국민이 도전함으로 40여 년 만에 오늘의 눈부신 선진 대한민국을 마침내 확고하게 정립시켰다. 이처럼 우리는 압축된 자유 민주정치와 자유 시장경제를 기반으로 선진화에 성공하였지만, 분단으로 인한 북한의 동포는 아직도 절대빈곤과 인권의 압제에 신음하며 자유와 평등과 박애라는 보편적 가치에는 가려져 있기에 통일이라는 민족적 과제는 더욱 절실하게 되었다. 하지만 통일이 남북 당사자만의 문제가 아닌 복잡한 국제 질서에 묶여 있기에 이를 풀어내야 함과 동시에 능동적 도전도 다양하게 필요하기에 국내외적 전략이 더욱 필요하다.

근래에 와서는 한반도의 내외적 환경이 많이 변하였다. 국내에서는 자유를 정책상으로 일반화하는 새 정권으로 바뀌어 남북의 화해와 통일의 전략적 접근도 상이해졌다. 국제 정세에서는 단극화에서 다극화되었고 신냉전 시대로 접어들었다. 특히 중국의 공산정권은 미국이 주도하는 국제 질서를 파괴하고 일대일로(One belt One road) 정책으로 양극화시키려는 도전을 노골적으로 시행하고 있다. 특히 대만 문제로 미중 간에 군사적, 외교적인 측면에서는 더욱 긴장감이 높아지고 있다.

또한 러시아의 푸틴 정권은 우크라이나를 침공함으로 당사국 간의 국지전이 아닌 서방(NATO)과 러시아 간의 대립과 분쟁으로 혼란과 위기가 고조되어 가고 있다. 이러한 급박한 변화로 그동안 중립국을 유지해 왔던 스칸디나비아반도의 여러 국가와 영원한 중립국을 유지하려는 스위스마저도 이를 포기하고 나토에 편입하고자 하는 신국제질서가 형성되고 있다. 이러한 국제적 급변 상황 중에 한반도에서는 최근에 김정은 정권이 위기의식을 갖고 핵무기 사용의 선제적 선포로 더욱 공세적 자세를 취하여 남북 당사자 간의 화해와 통일을 위한 분위기 조성에 재를 뿌렸다. 이는 그만큼 김정은 독재 체제가 여러 측면에 불안하다는 정황을 스스로 보여준 것이나 다름없다.

작금의 불안한 북한 정세는 우크라이나에 이어 대만 문제와 함께 한반도의 예민한 문제로 비화, 확장될 가능성도 있다. 독재자들은 자신들의 정권 유지에 위기를 감지하면 전쟁을 택하는 성향이 있기에 한반도의 정세가 불안해질 수도 있는 것이다. 이러한 불안정한 정세는 오히려 우리에게는 통일의 가능성을 높여 줄 수도 있는 측면도 있을 수 있다. 기업에도 경영의 위기가 기회가 되듯이 국가의 위기 상황도 새로운 기회를 창출할 수 있는 것이다. 특히 북한 김정은 정권의 의도적 핵위기의 조성과 러시아 푸틴의 명분 없는 전쟁, 중국 시진핑의 3연임의 불안한 정권 유지 시도가 오히려 그들의 정권을 위기로 몰아갈 수도 있는 형세가 되어가고 있다.

우리는 이러한 불안한 국제 정세의 간파와 북한의 불안정한 정세를 직시하면서 통일에 대한 다각적인 준비와 그에 대한 실효적 전략이 필요하다. 만일 우리가 통일에 대한 준비가 없다면 북한이 갑자기 붕괴될 때 불행한 통일이 될 수 있고 주변 강대국들에 의해 영구한 분단으로 치달을 수 있는 것이다. 그렇기에 이런 현실을 직시하면서 통일에 대한 대내외적 전략이 절실한 것이며 통일이라는 시대적 사명이 우리 모두에게 있는 것이다.

이제 우리 세대에 반드시 통일을 해야만 하는 이유를 몇 가지 꼽는다면 첫째, 한 민족으로 한 강토에서 한 문화를 공유해왔던 민족이 3세대 이상으로 이어진다면 우리 민족의 정체성과 동질성이 소멸되거나 단절되기에 더는 분단이 연속되도록 방관할 수 없다.

둘째, 한반도를 둘러싼 국제 정세가 더욱 다극화되어 대립적 관계로 경도되어 가고 있는 정세를 볼 때 통일이라는 분명한 역사의식과 기회를 창출하여 통일의 가능성을 극대화해야 한다. 특히 북한의 중국을 향한 의존도가 더욱 심화하고 있기에, 만일 북한이 급작스러운 상황이 발생하면 북한 지역이 중국의 동북 4성으로 편입될 가능성도 없지 않다. 그렇게 된다면 통일은 매우 멀어지기에 적극적으로 대외적 능력을 강화하여 우리의 통일 의지를 확고히 해두어 중국의 흡수 전략에 쐐기를 박아야 한다. 중국 공산정권은 지금도 한반도를 속국처럼 생각하고 있다.

셋째, 북한 동포들은 지구상에서 70여 년 이상을 3대 독재 세습 하에서 가장 폐쇄적이며 전제적 군주의 통치하에서 인간의 기본권을 박탈당해 왔기에 이제는 기아와 압살적 통치에서 저들은 자유롭게 하여 보편적 가치를 향유하도록 민족사적인 해방을 실현해야 한다.

넷째, 한반도를 둘러싼 4대 열강들을 상대적으로 경제, 군사, 외교, 문화의 경쟁력을 재고하기 위해서는 8천만 이상의 거대 민족을 형성해야 안정적인 국가의 존립과 경제 발전을 극대화할 수 있다. 한반도는 지정학적, 지경학적으로 해양과 대륙으로 진출할 수 있는 유리한 조건을 갖추고 있으며 특히 북방 대륙으로 진출할 수 있는 무궁한 가능성을 갖고 있다. 이제 한국은 북방을 통한 경제적, 문화적 영토의 확장이 필요하다.

다섯째, 이북 지역은 분단되기 전에는 한국 교회의 중심에 서 있었고 한국 교회의 성장과 부흥과 기독교 문명화에 큰 기여를 했다. 공산화되기 전에는 평양이 동양의 예루살렘이었기에 공산화로 인해 잃어버린 종교적 영역을 회복시켜 하나님의 공의와 진리로 저들을 자유케 해야 할 교회사적 이유가 분명하다.

우리는 이러한 지역적, 시대적, 인권적, 민족사적, 사상적, 경제적, 교회사적인 요구를 충족시키고 완성도를 높이기 위해서는 다양한 통일의 연구와 도전이 필요하다. 이를 더욱 공론화하며 공감의 대중화를 확장하기 위하여 사회 각 분야의 전문인들의 구체적인 통일 전략이 필요하다. 이러한 준비를 위해 평소에 통일에 대한 관심과 연구 활동을 해왔던 전문인들께서 통일 전략에 뜻을 같이하여 공저를 준비하게 되었다.

여기에 참여한 8인의 저자는 모두 하나님의 손에 있는 신실한 믿음의 사람들이다. 이번에 하나님과 함께하는 믿음으로 '복음 통일의 꿈'을 썼다. 함께 공저자로 참여하신 저자분들의 꿈뿐만 아니라, 우리 모두의 소망인 복음 통일의 꿈이 이루어지는 데 이 책이 마중물이 될 수 있기를 간절히 소망한다.

주후 2022년 9월 22일, 삼한 통일을 이룬 신라의 고도 경주에서
강석진

# 목차

추천사 ……………………………………………………………………………… 5

프롤로그 함께 복음 통일의 꿈을 쓰다 ……………………………………… 10

## 1장 하나님의 섭리와 준비된 리더십

조·미수교를 통한 하나님의 섭리와 복음 통일 ● 강석진(방송인, 작가 겸 목사)……… 21

통일 한국을 위한 준비된 리더십 ● 박성배(코칭전문작가, 인천공항한우리미션밸리 대표)… 55

## 2장 국내외 탈북민을 통한 복음 통일

교회 안에서의 남·북한 사람 소통, 어떻게 할 것인가? ● 조요셉(물댄동산교회 담임목사) 93

해외에서의 통일 노력 ● 최용준(한동대학교 교수) …………………………… 114

## 3장 성경 역사와 문화로 본 복음 통일

문화로 복음 통일의 길을 열다 ● 추상미(영화감독 겸 배우) ················· 137

시내산아! 예루살렘아! 오! 대한민국 서울이여! ● 신동만(예비역 육군소장, 정치학 박사) 154

## 4장 성경적 복음 통일과 북한선교

성경이 보는 북한선교와 복음 통일 ● 박영환(서울신학대학교 명예교수)··········· 195

아자브(AJAB) 운동과 평화적 복음 통일 ● 박호용(아자브 운동 대표)··········· 240

에필로그 작은 조각들이 모여서 통일 한국의 큰 그림이 완성된다! ··········· 312

# 하나님의 섭리와
# 준비된 리더십

1장

# 강석진

1993년 북한 땅 신의주 강변에서 북한 복음화를 위해 기도한 후 단동에서 20여 년간 북한선교를 위해 청춘의 시간을 온전히 헌신하였다.

2012년 신변의 위협을 느껴 귀국한 이후에는 북한선교 현장에서 체험한 살아있는 이야기를 글로 쓰기 시작하였다. 『오래된 소원』, 『북한 교회사』, 『한국교회의 아버지 사무엘 마펫』 등 수많은 믿음의 명작을 썼다. 극동방송에서 방송 진행, 설교를 하는 방송인이며 국내외에서 북한선교 강의를 하는 명강사이다.

# 조·미수교를 통한 하나님의 섭리와 복음 통일

　조선은 19세기 중반부터 근대화를 이룬 부국강병의 일본과 서구의 거센 도전에 봉건왕조체제를 견지하기 위해 일본과 프랑스, 미국의 '함포외교'를 통한 강압에 오히려 '쇄국정책'으로 수세적인 외교정책을 고수하였다. 이 당시만 하여도 조선은 은둔의 나라요, 중국의 속국으로 독립적인 국가로서의 위상이 결여된 상황에 직면해 있었다.

　그 당시 중국(청나라)의 봉건왕조 체제는 이미 '아편전쟁(1840~1842)'을 통해 '난징조약', '텐진조약' 같은 굴욕적인 불평등 통상관계와 중국 연안지역에 조차지를 내주는 수모를 겪고 내부적으로는 내란 같은 사이비 기독 집단에 의한 '태평천국운동(1850~1864)'으로 인해 외세의 침탈과 서방의 새로운 종교와 사상과 문물의 유입으로 무너지고 있었다.

　일본도 미국의 '흑선'이라는 함포외교에 굴종하여 미국과 '가나가와수교조약(1858)'을 맺어 명치유신의 개혁으로 봉건체제의 붕괴와 산업국가로 진입하여 부국강병의 국가로 변모하였다. 내부적으로 단합된 일본은 '정한론(征韓論)'이 대두되기 시작하였고 구체화된 것이 바로 '운양호사건(1875)'으로 이어지게 되었다.

결국 일본은 운양호 사건으로 조선반도에 진출하여 오랫동안 중국의 속국으로 군신관계를 이어온 조선의 질서에 근대화를 이룬 일본이 영향력을 행사하게 되므로 조선반도가 주변 열강들에 의한 각축장으로 변하기 시작한다. 청나라는 이에 대한 외교적 대응으로 조선이 미국과 수교를 맺도록 압력을 가하게 되어 조선왕조는 결국 피동적으로 미국과 '통상수호조약(1882년)'을 수립하게 되었고 이어서 영국. 프랑스, 독일, 러시아의 서방 국가들과도 수교를 맺음으로 조선반도는 서방 국가들과 중국. 일본의 각축장이 되어 격랑의 시대를 맞게 되었다.

본 글에서는 조선이 폐쇄적인 쇄국정책에서 서방 국가들 중 미국이 가장 먼저 조선과 수교통상조약을 맺게 된 역사적 배경과 그로 인한 조선의 근대화의 각 분야에 어떤 영향을 주었는지에 대해 고찰하며 결론적으로는 100여 년 이상 한국에 선한 영향력을 준 미국이 장차 통일한국에 어떤 역할을 해야 하는지 논하고자 한다.

오늘의 역사는 지난 역사의 나이테이며 오늘의 역사는 내일의 역사를 만들어 간다. 19세기의 한반도의 국내외 정세가 오늘의 분단 한국을 이루었기에 이 시대의 국민은 장차 이루어 내야 할 통일한국의 역사를 성취하기 위해서 지난 역사의 교훈을 상고해야 할 것이다.

## 조선과 미국의 최초의 충돌인 이양선 제너럴 셔먼호 사건

19세기 중반, 서구의 열강들은 아시아에서 새로운 통상을 개척하기 위해 강압적인 무력으로 개항과 통상을 요구하였다. 미국의 상선들은 아시아 시장을 확장하기 위해 중국, 일본과는 통상이 이루어졌으나 아직 은둔의 나라였던 조선과는 통상관계가 이루어지지 않은 상황이었다. 이때 미국의 상선 제너럴 셔먼호는 중국과의 통상을 위해 텐진항에 통상을 마친 후 새로운 통상 개척지가 될 수 있는 조선의 평양을 목적지로 정하고 1866년 7월, 출항하게 된다. 이 배의 선주는 미국의 프레스톤이었고 영국의 메도우즈 상사와 함께 조선 통상을 위해 조선과 교역을 할 비단과 유리그릇과 천리경, 자명종 등의 상품을 선적하고 조선의 평양으로 향하였다.

이 배는 미국 남북전쟁에 군함으로 사용되었던 배였으나, 전쟁이 끝나고 민간인에게 양도되어 상선으로 사용하게 되었고 유사시를 대비하여 이 배에는 대포 2문이 장치되어있었다. 선주는 조선과의 통상을 위해 조선말을 할 줄 아는 통역원인 영국의 토마스 선교사와 그 외 선원들 모두 24명이 승선하고 있었다. 토마스는 몇 년 전에 중국에서 조선 천주교인을 만난 적이 있었고 이때에 조선의 선교에 관심을 가졌으며, 실제로 조선인들과 함께 백령도에 와서 여러 달을 지내면서 조선어를 익혔었기에 조선어에 조금 익숙한 수준이었다.

제너럴 셔먼호가 대동강을 거슬러 올라가 일방적으로 경내에 정박하자 평안도 관찰사 박규수는 셔먼호에 사람을 보내 들어온 목적을 물었다. 토마스 선교사는 항해 목적이 통상과 기독교 전파라는 점을 알렸으나 조선측에서는 국가의 정책이 외국과는 통상과 서양의 종교 전파가 불가함을 설명하였고 선의로 셔먼호의 선원들에게 쌀한 가마와 소고기 50근과 닭 25마리 계란 50개와 장작을 제공하였다. 그러나 셔먼호는 평양 도성 만경대까지 올라와 무력을 행사하고 성경책을 배포하기도 하였다. 박규수는 한양 조정에 이를 보고하였고 그에 대한 지시를 기다리며 대치 상태에 있었다. 이 배가 대동강으로 올라올 시기에는 장마의 폭우로 수심이 높았으나 물이 빠지면서 수위가 낮아져 배의 바닥이 대동강 쑥섬 모래톱에 닿게 되어 움직일 수 없게 되었다.

이러한 상황을 보고받은 고종은 1866년 9월 4일 그 이양선을 불태워버리라는 지시를 내린다. 박규수는 화공전략으로 셔먼호를 불타게 만들었고 서로의 공방이 이어지는 가운데에 셔먼호는 불길에 사로잡히게 되어 많은 선원들이 배에서 뛰어 내렸다. 그 와중에 토마스 선교사는 강가에 나온 평양도성의 주민들에게 "야소(예수)를 믿으라."면서 성경책을 던져 주었다. 배 전체가 불길에 사로잡히자 토마스 선교사도 배에서 뛰어내리면서 성경 한 권을 품고 강가로 올라오자 바로 조선 군인에게 체포되었고 박춘권이라는 조선 군인 장교에게 참수형을 당하게 된다. 토마스 선교사는 그 직전에 그에게 야소를 믿으라며 성경책을 건넸으나 박춘권은 그 자리에서 뿌리쳤다. 전투가 끝나고 수습한 후에 그는 그 성경을 자신의 집으로 가져갔다.

그는 퇴역하고 30여 년이 지난 후, 평양에 널다리골 교회를 개척한 사무엘 마펫 선교사를 찾아가 과거에 서양 선교사를 참수한 사람이 자신이라는 것을 고백하고 세례를 받은 후 그 교회의 영수가 된다. 널다리골 교회가 부흥되어 평양 중심지인 장대제에 큰 예배당이 건축되는데 그 교회가 장대현교회로서 평양과 이북지역의 모교회가 되었다.

영국의 토마스 선교사는 한국교회사에서 최초의 복음전래자이고 최초의 순교 선교사로 기록되었다. 그가 한국 교회의 한 알의 밀알이 된 것이다. 이 사건은 한국사 최초의 미국과 조선이 벌인 전투이며 서양과 조선과의 무력 충돌이었고 그후 국제 간의 사건으로 비화되어 추후 셔먼호 사건은 조선의 쇄국정책의 빗장을 풀고 미국과의 수교로 이어졌고 한국 교회 역사로는 미국의 선교사들이 들어오게 되는 시발점이 된다.

## 셔먼호 사건으로 인한 미국의 대응

제너럴 셔먼호의 소식을 들은 미국 국무장관 윌리엄 슈워드는 1867년, 프랑스에 공동으로 조선에 대한 보복원정을 제안한다. 프랑스는 천주교 신부들이 조선에서 수십 명이 참수형에 처해지고 조선 천주교인들이 처형당하자 이를 응징하기 위해 원정을 진행했으나 그 뜻을 이루지 못한 적이 있었다. 그러나 프랑스는 인도차이나반도의 분쟁에 집중하기 위해 합세하지 못하였다.

1868년 4월에 미국은 조선에 2명의 생존자가 있다는 소문을 듣고 세난도호를 보내어 그 사건을 조사하기 위해 평안도 해안지역을 순찰하고 돌아갔다. 당시 조선 내부에서는 1866년 제너럴 셔먼호 사건과 프랑스와의 전투(병인양요)를 겪고 오페르트 도굴 사건까지 당하면서 외국과의 화친을 배척하자는 척화주전론이 더욱 굳어졌다.

한편 미국 국무성은 로저스 함대 사령관에게 조선과 통상조약을 맺으라는 지시를 하여 군함 5척과 1,230명을 이끌고 1871년 5월에 강화도에 도착하였다. 6월 10일에는 강화도 초지진을 향해 함포사격을 하여 조선군과 전투가 벌어졌다. 이는 미국과 조선이 맞붙은 최초의 군사충돌이었다. 이 전투에서 조선군은 350여명이 희생을 당하였다. 이 당시 전투가 얼마나 치열하였는지 당시의 전투에 대해 미국 역사가는 이렇게 기술하고 있다.

> "조선군은 비상한 용기로 응전하였다. 창과 검을 들고 미군을 향해 돌진하였고 탄약이 없는 병사는 맨손으로 성벽에 올라와서 돌을 던지고 무기가 없는 병사들은 백병전을 하였고 부상자는 자결을 하였다. 이 전투에서 포로는 한 명도 없었다."

결과적으로 승산 없는 전투를 벌인 미 군함은 6월12일에 철수하였다. 이를 기점으로 조선은 척화주전론이 득세하였고 여기에 고무된 홍선대원군은 전국에 척화비를 세워 통상수교 거부정책을 재확인하였다. 척화비에는 이같이 기록되었다. "서양 오랑캐가 침입하는데 싸우지 않으면 화해를 하는 것이니, 화해를 주장하면 나라를 파는 것이 된다."

결국 미국은 조선과의 직접적인 통상이 당장은 실현하기 어렵다고 판단을 내렸으나 그 당시 일본에 정한론이 일기 시작하는 것을 보고 로저스 제독은 "일본은 조선침략을 열망하고 있다. 생각건대 일본은 조선침략전쟁을 감행할지 모르지만 그것은 확실치 않다. 그러나 나는 이 두 나라 간에 평화적 방법으로 수교할 것 같지 않다."라고 밝혔다. 이후 미국은 일본의 조선침략정책을 적극 지원한다. 1872년 1월 22일 뉴욕해럴드 지는 '미국의 태평양정책'이라는 사설을 통해 "일본과 힘을 합쳐 반드시 조선침략의 목적을 이루어야 한다."고 주장하며 미·일 동맹을 지지하였다.

## 제3국을 통한 조·미수교와 국제 정세

미국이 다시 조선에 접근한 것은 신미양요가 일어난 지 7년 후인 1878년이었다. 고종 10년이던 1873년에 통상거부 정책을 폈던 홍선대원군이 실각하고 1876년 일본이 운양호를 앞세운 침략으로 조선에게 강화도 조약을 강요하여 조선과 일본이 수호조약 및 통상조약을 체결하자 미국의 조선 개입이 다시 본격화된 것이다.

1878년 4월 17일 미국 상원해군위원장 아론 서전트(Aron A. Sargent)는 조선개항을 위한 사절단을 파견하자는 내용의 대조선조약체결 결의안을 상정했다. 서전트 위원장은 조선개항을 통해 미국의 잉여

농산물과 공산품의 판매시장을 확보하고 한반도에서 미국의 영향력을 증대하기 위해 러시아의 남진 정책을 막아야 하는 국제전략적 의도를 갖고 끊임없이 조선의 개항을 시도하였다.

1878년 12월 톰프슨 해군 장관은 국무부의 승인을 받아 슈펠트 제독을 일본에 파견하여 조선개항을 교섭해보라는 임무를 부여했다. 슈펠트 제독은 먼저 일본의 중재를 이용하여 조선과 통상조약을 체결하려고 했다. 그러나 일본은 이미 조선을 정한론을 구체화하기 위한 야심이 있었기에 미국이 조선과 통상 및 수교조약을 맺는 것을 원하지 않았다. 일본의 표면적인 이유는 조선에 대한 내정 간섭이라는 것이었다.

슈펠트는 일본의 중재를 통한 조선과의 통상시도가 실패로 돌아가자 곧 바로 청나라를 이용하여 조선과 통상조약을 체결하고자 했다. 당시 청은 서구열강의 침략에 의해 국력이 많이 약해진 상태였다. 그리고 청 주변 국가들이 1880년대 들어서서 몽골과 조선을 제외하고는 대부분 서방국가들에 의해 식민지화되어 있었다. 청나라는 조선을 두고 북쪽으로부터 러시아의 남진 정책에 대한 우려와 남쪽 일본의 영향력이 조선에 확대되고 있는 것에 대해 우려를 가지고 있었다. 이러한 상황을 타개하기 위해 청의 실권자인 리훙장은 조선에 미국을 끌어들여 러시아와 일본을 견제하는 대신 조선에 대한 청나라의 영향력을 유지하려는 전략을 갖고 미국과 조선과의 수교와 통상에 적극적으로 개입하였다.

리훙장은 미국과 조선이 수교조약을 맺을시 '조선은 청국의 속방이다'라는 속방론을 삽입하려는 의도를 관철하려 하였다. 리훙장은 자신의 의도를 숨기기 위해 슈펠트가 중국해군의 고문관에 부임해달라는 요청을 하였다. 미국 정부도 이에 동의하고 1881년 11월에 조선과의 수교 교섭을 위한 조선특명전권공사로 임명했다.

슈펠트가 리훙장과 조·미 통상조약을 협의하는 과정에서 미국의 당사국인 조선은 완전히 배제된 상태에서 진행되었다. 이는 당시 조선이 중국의 식민지와 같은 속국이었던 슬픈 현실이 그대로 반영된 것이었다. 이들 두 사람이 조선의 외교관계를 여는 데 있어 4차에 의한 회담 과정에서 조선의 담당관리가 참여하지 못했던 것이다. 이는 양 나라가 자신들만의 이해관계를 선택적으로 솎아내려는 의도였다.

조선과 미국의 통상·수교조약문을 완성하는 데 막판까지 진통을 겪었던 것이 바로 '조선은 청의 속국이다'라는 문구를 삽입해 달라는 리훙장의 요구였다. 그러나 슈펠트는 국제조약관계상 나라 대 나라와의 조약이므로 이는 독립국가라는 위상이 반드시 적시되어야 국제간 외교문서가 될 수 있다는 이유로 이를 받아들이지 않았다. 여기에는 미국의 계산도 깔려있었다.

그 수교 조항에 그런 문구가 적시된다면 조선을 가운데 두고 미국과 청의 외교적 마찰이 발생할 수 있을 것이고 미국이 조선에 대한 충분한 영향력을 행사할 수 없기 때문이었다. 6년 전 조선과 일본의 강화도의 통상수호조약에서도 일본은 조선을 청나라로부터 간섭을 배제하기 위해 '조선은 자주국'이라는 문구를 사용했던 것같이 청의 간청을 거절했던 것이다. 조·미수호통상조약은 철저히 미국과 청나라에 의해 구상되고 완결되었다. 이런 협상 과정에서 조선이 유일하게 요구한 사항은 조선에 예배당을 세울 수 없다는 '불입교당(不立敎堂)'이었다.

이는 미국이 조선에 서양의 종교 활동을 금지하려는 의도였다. 과거 천주교가 조선에 들어옴으로 인해 전통문화와 봉건체제에 상당한 영향력을 끼쳤고 병인양요를 겪었을 뿐만 아니라 청나라가 기독교를 강제적으로 수용당하면서 많은 사회적, 정치적 부담이 되었던 것을 알았기에 미국과 수교를 맺더라도 서양의 기독교가 조선에 들어오는 것을 원천적으로 막으려했던 것이다. 조선은 이를 관철시키기 위해 리훙장에게 간곡히 요청하였으나 이상하게도 그는 조선의 요청에 대해 "이는 국제조약 내용에 그런 문구를 담는 것은 관례상 없다."고 하면서 이를 완곡히 거절하였다. 그래서 미국에서 건너온 선교사들이 조선에서 선교를 하고 교회당을 세울 수 있는 법적 제한을 받지 않게 된 것이었다.

이러한 미국과 조선의 수교통상조약이 성사되는 과정에서 조선이 밀사를 보내어 그런 대략적인 내용은 확인한 상태였으나 사실상 일방적으로 미국과 청, 두 나라가 주도적으로 작성하고 조선에는 통보하는 수준의 절차였다. 조선은 청의 속국이었기에 치욕적인 외교 절차였지만, 일본과 청의 일방적 영향력에 미국이라는 나라가 어느 정도 견제해 줄 것이라는 막연한 기대를 가졌기에 리훙장의 제의와 절차를 수용할 수밖에 없었다.

마침내 조선과 미국은 1882년 5월 22일 제물포에서 슈펠트 제독과 조선의 전권 대신 신헌, 김홍집과 역사적인 '조미수호통상조약'을 체결하였다. 본 조약 내용은 중국이나 일본이 구미제국과 맺은 불평등 조약과 달리 비교적 대등한 자주권을 인정한 것이었다. 이로서 조선은 국제 사회에서 자주독립국으로 외교권을 갖게 되었다. 이어서 서방의 나라들과 연속적으로 외교자주권을 가진 독립국으로 수교통상 조약을 맺게 되었다. 같은 해 6월에 영국, 독일과 인천에서 동일한 외교통상관계를 맺고 1884년에는 이탈리아와 러시아, 1886년에는 프랑스, 1892년에는 오스트리아, 1901년에는 벨기에, 1902년에는 덴마크 등과 자주적 외교관계를 맺음으로 조선은 더 이상 은둔의 나라가 아니라 세계 열방에 자주국임이 선포된 자주·독립국의 위상을 보여주었다. 이는 우리나라 외교의 첫걸음이며 조선이라는 나라가 세계의 일원임을 입증한 것이었다. 그러나 국력이 뒷받침이 없기에 자주권도 잠시였다. 1905년의 일본과의 을사늑약에 의해 외권자주권이 박탈되었다.

## 미국공사의 입경과 조선의 미국 답방

1883년 5월 13일 미국 제1대 전권공사인 '푸트(Lucius F.Foot)'가 한성에 입국하였다. 조선은 이때에 예의를 갖추어 외무독판 민영목을 전권대사로 임명했다. 푸트 공사는 1871년 신미양요 때에 강화도 전투에 참가한 장교였으나 성조기를 휘날리며 조·미 친선과 우의의 사절로 제물포에 입항하였다.

조선은 1883년 7월 8일 민영익을 특명전권대사로 삼아 미국에 파견하여 미국과의 우의를 더욱 돈독하게 하고자 하였다. 푸트 공사 역시 7월 15일 국왕을 알현하는 자리에서 미국 정부가 조선 사절단을 파견해 줄 것을 요청하였다. 그해 7월 26일 11명의 사절단을 구성하여 미함 모노카시호로 출항하여 태평양을 횡단하는 장도에 올랐다. 약 40여 일 동안 태평양을 횡단하여 9월 2일 샌프란시스코에 입항하였다. 미 대통령이 특파한 스코필드 장군의 영접을 받고 9월 12일에 시카고를 거쳐 9월 18일 뉴욕에서 미 대통령을 알현하고 고종의 친서를 전하였다. 그 내용은 이러하다.

"우리 양국 간의 친교는 날로 밀접하여 질 것이며, 본인은 그
결과가 모든 사람에게 즐거움이 될 것을 믿습니다."

구한말 역사를 아는 사람들이라면 이 내용이 평범치 아니한 것을 알 수 있을 것이다. 풍전등화와 같은 국가의 향방이 어떻게 될지 불안과 두려움 속에 통치자로서 신대륙의 미국이라는 나라에 의지하고자 하는 기대가 담겨져 있음을 감지할 수 있다. 이에 대해 미국 대통령은 조선의 형세를 다 알고 있었기에 다음과 같이 사절단에게 위로와 안심을 시키고자 하는 답사를 보냈다.

"우리 미합중국은 역사가 증명하는 바와 같이 국력과 부와 그리고 무진장한 자원을 배경으로 하고 있는 까닭에 다른 국민을 지배하거나 혹은 그 영토를 획득하려고 하지 않습니다. 다만 우호관계와 정직한 교역을 주고받고 하려는 것을 노력할 뿐입니다."

민영익 일행은 미국에 체류하면서 산업 박람회 시설과 병원, 전신국, 우체국, 해군기지 등을 시찰하고 돌아왔다. 민영익은 고국에 돌아와 다음과 같은 글을 남겼다.

"나는 어둠에서 태어났고 이제 광명 속으로 나왔습니다. 그런데 이제 다시 어둠 속으로 돌아갑니다. 나는 앞으로 어디로 가야 할지, 그 앞길이 아직 밝혀지고 있지 않습니다. 그러나 곧 밝혀지리라 믿습니다."

이 심정은 문명개화에 대한 복받치는 호소가 아닐 수 없었다. 그리고 이 일은 미국 정부가 힘이 되어 줄 수 있을 것이라는 기대도 담겨 있다. 그러나 조선의 문명개화는 미국 정부가 아닌 미국의 선교사들에 의해 이루어지게 된다.

조선은 미국과의 외교수립 이후 미국이 조선의 정세에 대해 많은 관심과 적극적인 우군의 역할을 해줄 것을 기대했으나 미국은 일본과 중국, 영국, 러시아의 복잡한 극동 정세 아래에서 우호적인 외교노선을 취하여야 함에도 불구하고 원거리 관찰의 자세로 시종하였다. 이로 인해 개화파들은 자연히 친일로 기울어져 일본과 함께 수구파들을 제거하기 위한 거사를 도모하게 된다.

## 조선의 복음화와 개화를 위해 준비된 선교사

1883년 10월, 방미 외교 사절단장인 민영익은 샌프란시스코에서 시카고를 거쳐 워싱턴으로 가는 기차 속에서 볼티모어여자대학의 학장인 존 가우처 목사(J.F. Goucher)와 한 열차 칸에 타게 되었다. 사절단들과 미 대륙 횡단을 하는 여러 날을 함께 보내면서 두 사람은 자연스런 대화를 나누게 되었다. 그 대화에 통역을 한 사람은 로엘(P. Lowell)이었다. 이들의 대면은 실로 하나님의 인도하심이었다. 마치 사도행전 장의 빌립 집사가 예루살렘에서 가사로 가는 성령님의 인도함을 받아 노상에서 에티오피아의 여왕 간다게의 국고를 맡은 권세자를 만나 그에게 복음을 전하고 세례를 줌으로 에티오피아에 복음이 전해지게 된 사건과도 유사한 일이었다.

신문 기사를 통해 조선과 수교를 맺었다는 소식을 알았던 가우처 학장은 기차에서 여러 날 동안 조선 사절단을 직접 상대하며 조선에 대해 상세한 이야기를 듣게 된 일은 우연이 아니라 하나님의 인도하심이라는 것을 확신하였기에 그는 감동을 받은 그 일을 흘려버리지 않고 1883년 11월 6일 감리교의 해외선교부에 조선 선교의 필요성을 요청하는 한 통의 편지와 선교 자금으로 사용해달라는 선교헌금 2,000달러를 동봉하여 보냈다. 당시 2,000달러는 거의 한 사람의 연봉에 해당하는 거액이었다. 그러나 선교부로부터 아직 조선의 선교는 시기상조라는 답신을 받았다. 그러나 포기하지 않고 1884년 1월 31일에 일본주재 감리교 선교사인 맥클레이(R.S. Maclay, 1824~1907)에게 간곡한 편지를 보냈다.

"조선에 한 번 다녀올 수 없겠습니까. 그곳의 형편을 알아보시
고 선교의 가능성을 타진해 보셨으면 합니다. 우리 감리교가
이 비기독교국에 처음 들어간 개신교가 될 것 아닙니까."

맥클레이 선교사는 40여 년 전에 중국에서 사역을 하였을 때 배가 파괴되어 구조된 조선인의 강인한 모습에 크게 인상을 받아 언젠가는 반드시 조선에 복음을 전해야겠다는 작정을 한 적이 있었다. 그는 흔쾌히 이 일에 동의를 하고 주한 미공사인 푸트에게 편지를 하여 조선을 방문하는 일에 협조를 구하여 1884년 6월 8일 요코하마 항을 떠나 부산을 거쳐 6월 23일 저녁 6시에 한성에 입경하였다. 그러나 그는 미 공사로부터 조선의 정세가 매우 험악하다는 사실을 듣고 낙심할 수밖에 없었다. 조선의 선교 전망은 막막하기만 하였다.

그러나 하나님께서는 조선을 향한 구원의 역사하심을 고비마다 넘게 하셨다. 주한 미 공사를 비롯한 누구도 선교를 준비하는 일에 도움을 줄 만한 사람이 없자 실망하고 다시 일본으로 돌아갈 수밖에 없었는데 놀라운 일이 생긴 것이다. 조선 조정에서 고종과 매우 밀접한 관계를 가진 한 관리를 만나게 된 것이었다. 그 관리는 다름 아닌 개혁파이자 갑신정변의 주역인 '김옥균'이었다. 그는 1882년 일본에 수신사로 갔다가 요코하마에서 맥클레이와 영어강습으로 아주 친밀

한 관계에 있었다. 그때 김옥균은 그에게 조선에 서양 문명을 도입하는 것을 매우 갈망하였었다. 이후 김옥균은 귀국하여 조선 조정의 외무아문의 참의라는 관직에 앉았고 그로 인해 고종은 개혁 의지가 강한 그를 가까이 두었다.

맥클레이는 갈림길에서 귀인을 만난 것이나 다름없었다. 그는 김옥균에게 자신이 조선에서 서구식의 학교와 병원을 세우고자 한다는 계획을 피력하면서 그 실현 여부를 타진하였고 이에 김옥균은 흔쾌히 협조해주겠다고 하였다. 불가능할 것 같았던 일이 갑작스럽게 진척되어 맥클레이는 그의 계획 서한을 김옥균을 통해 고종에게 보냈다. 그때가 7월 2일 밤이었다. 다음 날 정오쯤에 김옥균으로부터 감격적인 소식을 듣게 되었다. 그는 당시의 감동을 이렇게 기록하였다.

> "그는(김옥균) 나를 아주 반갑게 맞으며 서둘러 말하기를 고종께서 내 편지를 아주 자세히 열람하시고 내 뜻에 따라 우리 선교부가 조선에서 병원과 학교 사업을 시작할 수 있다고 허락한 사실을 일러주었다. (중략) 그러니 즉시 사업을 착수하라는 것이었다."

고종은 이 사업을 윤허하면서 한 가지 조건을 달았다. 사업의 주체가 천주교가 아닌 개신교여야 한다는 것이었다. 과거 대원군 시기에 천주교인들의 '황사영 백서 사건'으로 인하여 조선 전체가 일파만파의 격동을 겪었던 역사가 있었기 때문에 이 점을 분명히 해둔 것이었다. 따라서 맥클레이는 그 사업의 최종 목적이 복음 전파란 것은 숨길 필요가 없었다고 생각했다. 그는 미 공사에게 한성에 학교와 병원을 세울 부지 매입을 부탁하고 7월 8일 일본으로 돌아왔다.

맥클레이는 이러한 소식을 감리교 선교부에 보고했고, 마침내 조선에 선교사를 1884년 말에 의사였던 스크렌톤 목사(W.B. Scranton, M.D)를 임명하였다. '여자해외선교회'는 이 땅에 최초의 여자들을 위한 '이화학당'을 설립한 스크렌톤의 어머니인 '메리 스크렌톤'을 부녀 사업을 위한 선교사로 임명하였고, 이 일에 결정적인 역할을 했던 가우처 학장은 감리교회 외지 선교부의 리드와 함께 한성에 정동교회와 배제학당을 세운 아펜젤로(H.G. Appenzeller, 1858~1902)를 면접하고 선교사로 파송하였다. 이로써 조선을 향한 미국의 선교사들이 준비되었다.

### 갑신정변과 선교의 개척자 알렌

한국 선교 역사상 조선 땅에 개신교 선교사로서 처음 발을 내딛은 선교사는 알렌이었다. 그는 1883년 봄에 미 북장로교회 해외선교부에서 중국 선교사로 임명되었다. 같은 해 10월, 상하이에 도착하였으나 구미의 선교사들에 대한 배척이 심해지면서 중국에서의 사역에 적응을 못하고 있던 중에 선배 선교사인 헨더슨으로부터 미국과 수교한 개척지인 조선에서 새로운 사역을 해보라는 권면이 있었다. 그가 알렌에게 해준 말은 이러했다. "그 나라와 함께 성장하라." 이 말은 곧 예언이 되었다.

알렌은 1884년 9월 20일 미 선교본부로부터 조선으로 선교지를 이동해도 된다는 허락을 받고 조선 최초의 선교사로 들어오게 된다. 그는 장차 한국 근대사에서 기독교 문명의 모든 혜택과 복음 전파 사업에 결정적인 영향을 남기고 최초로 문호 개방의 세기적 과제를 수행하게 된다. 그가 조선에 온 공식적인 신분은 미공사의 공의(公醫)였다.

하나님께서는 멀지 않은 날에 알렌을 통하여 조선의 근대사에 그를 등장시키시고 이 땅에 하나님의 예비하신 일을 위해 그 무대 위에 세우신다. 조선은 세계의 근대사라는 격랑 속에 빨려 들어가게 된다. 수천 년간 이어진 봉건 역사에 종지부를 찍고 근대사의 전환점이라 할 수 있는 '갑신정변(甲申政變)'이 발발하였다. 이 거사는 전적으로 청나라를 의존하여 권력을 유지하려는 수구세력의 중심인 민영익과 그 일파들을 제거하고 김옥균을 중심으로 하는 개혁파들이 일본의 힘을 빌려 득세하여 조선을 새 시대의 조류에 합류시키려 했다.

1884년 12월 4일 밤에 우정국 개설 축하연이 우정국에서 열릴 때 김옥균의 모의에 의해 민영익과 그 일파들을 방화로 혼란한 틈을 타 자객을 동원하여 살해하려고 하였다. 만반의 준비를 마치고 연회가 무르익을 무렵 약속된 신호에 따라 거사가 실행되었다. 이때 민영익은 자객들에게 집중적으로 공격을 받아 유혈이 낭자하여 사망 직전의 위중한 상태에 놓이게 되었다. 이러한 위급한 상황에 미 공사인 푸트와 세관 관장인 멜렌도프가 응급처치를 하고 궁의 한의사들을 데려다 치료를 하려 했으나 아무 수술도 할 수 없었다. 푸트는 민영익이 의식을 잃고 사경을 헤맬 때 수술을 할 수 있는 알렌에게 급히 전갈을 보내어 신속히 수술을 하게 했다.

많은 수술의 경험이 있는 알렌은 아무 손도 못 쓰는 한의들을 밀어내고 집도했다. 만일 민영익이 수술 후에 사망한다면 그 책임을 홀로 져야 했다. 알렌으로서는 자신의 생명을 담보한 수술이었다. 그는 수술의 모든 과정을 하나님께 온전히 맡기었다. 알렌은 철저한 청교도 신앙인이요, 하나님의 부르심과 보내심에 온전히 순종한 믿음의 경건한 사람이요, 선교사였다. 여러 시간에 걸친 수술을 마쳤으나 생명이 회복될지는 더 두고 보아야 했다. 민영익은 조선에서 최초로 서양의 시술을 받아본 사람이기도 했다. 민영익이 완쾌되기까지는 약 3개월이 걸렸다.

그 기간 동안 여러 차례의 위기가 있었으나 알렌의 지극한 정성과 기도는 헛되지 않았다. 민영익이 구사일생한 일로 인하여 조정에서는 미국의 양의가 죽은 사람도 살려낸다는 소문이 자자했고 무엇보다도 이 일에 대하여 감사한 마음을 가진 사람은 고종과 숙모가 되는 명성황후였다. 그 후 조정에서는 알렌의 위상이 어의(御醫)로 크게 격상되었고 고종과 민비는 알렌에 대해 은인으로 생각하고 왕궁에서 알렌에게 10만 냥이라는 상금을 베풀었다.

갑신정변이라는 조선의 불행한 사건이 오히려 조선 선교에 새로운 장을 열게 되었고 서양 의술을 외국공관이라는 정해진 틀에서 벗어나 조선이라는 나라에 펼치게 됨으로 선교의 새로운 전기를 마련하게 된 것이다. 이 일로 알렌은 왕과 관료들, 나아가 일반 백성을 대상으로 한 의료 활동을 시작하였으며 한국 의술의 초석을 마련하였다. 또한 최초의 왕립병원인 '광혜원' 설립과 의과부를 개설하였다. 뿐만 아니라 조정의 신뢰와 조선에서의 그의 위상이 확실해 지면서 다른 선교사들(언더우드, 아펜젤로, 스크렌톤 등)도 한반도에 합법적으로 들어 올 수 있는 발판이 알렌을 통하여 마련되었다.

한국사를 총정리한 이선근(李瑄根) 역사학자는 갑신정변을 통해 새로운 전기를 맞은 기독교가 한국의 근대사에 미친 영향을 다음과 같이 평가하고 있다.

"더구나 갑신정변에 앞서 미국의 선교사로 의사 알렌이 내한하여 그의 탁월한 서양 의술이 우정국 문턱에서 저격 중상당한 민영익의 생명을 구해 주게 된 것은 한미 양국의 우호 관계를 가장 밀접하게 만든 기연이 되었으니, 이때부터 그처럼 엄격하게 기피해오던 서양의 선교사라 하더라도 미국서 보낸 선교사라면 왕실에서부터 호의를 가지고 특별히 묵인해 주며 돌보아 주는 태도였다.

이 때문에 한 세기를 앞서 전래된 천주교에 비하여 미국으로부터 전래된 개신교는 짧은 시일 내에 장족의 발전을 보이게된 것이 사실이다. 나아가 그들의 부대사업으로 시작된 교육, 의료, 학술면의 모든 시설은 진실로 이 나라에 근대 문화를 소개하는 영광을 차지할 수 있었다. 따라서 우리 겨레가 자유와 민주를 알고 평등과 박애를 알게 된 것도 정녕 이 때부터였으니, 한국 근대 문화에 아메리카적인 요소가 다른 서구제국의 그것보다도 가장 뿌리 깊게 박힌 것은 결코 우연한 인연에서 이루어진 것이 아니었다."

## 근대화와 여명기

### 최초의 근대식 병원, 광혜원

갑신정변 중에 알렌의 서양 의술로 생명을 건진 민영익과 그에 대한 고마움을 누구보다도 갖고 있는 고종과 명성황후는 알렌과 미국 공사에 대해 깊은 신뢰와 기대를 갖게 되었다. 조정은 알렌이 선교사인줄 알았지만 고종 자신이 이러한 서양 의술의 도입을 간절히 소망하게 되었다.

알렌은 미 공사의 공의였지만 조선의 일반 백성들과 군인들 고급 관료 등을 가리지 않고 시간을 쪼개어 혼신의 힘을 다해 왕진 가방을 들고 환자와 현장을 찾아다니면서 치료와 시술을 행하였다. 그는 제한된 자신의 진료 활동이 많은 사람들에게 혜택을 주기 위해서는 큰 규모의 병원이 필요함을 절감하고 조선에 근대적인 시설을 갖춘 병원 설립을 구상하게 되었고 추진하였다. 그의 병원 설립 제안서에는 다음과 같은 내용이 있었다.

"최근에 있었던 난리(갑신정변) 이후에 저는 수많은 조선인들의 왕진 요청으로 불려가 몸 안에 박힌 탄환이나 파편을 수술하여 주고, 다른 원인으로 발병한 환자들을 치료해 주었습니다. (중략) 하지만 수많은 가난한 환자들을 적절한 설비가 없는 관계로 그대로 되돌려 보내야만 했습니다. 미국 시민으로 제가 할 수 있는 일은 무엇이든 다 할 것입니다. 조선인들을 위함에 최선과 성실을 다 쏟겠습니다. 그래서 만일 조정이 의료 시설을 갖추게 해준다면 그것은 이 백성들에게 서양 과학의 기술로 시료하게 함으로써 그 과실이 반드시 빛나게 되리라 믿습니다. (중략) 그뿐만이 아닙니다. 저는 거기에서 조선 청년들에게 서양 의학과 보건위생의 학문을 가르치게 될 것입니다. 저는 이 나라에서 세운 국립병원의 책임자로서 소임을 다할 것이며 그에 대한 대가는 안 받겠습니다. 다만 조정에서 해줄 것은 공기가 잘 통하고 청결한 집 한 채를 마련해 주고 관리 운영의 일 년 예산을 지급하는 일입니다.

이 제안이 받아들여져 병원이 세워진다면 다른 미국인 의사들을 초빙할 계획입니다. 그리고 그들의 봉급은 받지 않을 것입니다. 우리들은 미국에 있는 자선단체(benevolent society)에서 봉급을 받게 될 것입니다. 이 기관은 현재 중국의 천진, 상해, 북경 등 여러 도시들의 병원을 원조해 주고 있습니다. 그중 두 병원은 이홍장(李鴻章)의 사재로 설립된 것입니다.

이 병원이 세워지면 이는 '조선정부병원'이라 부르게 될 것입니다. 확실히 대군주께서 그 신민들이 병고 속에서 적절한 시료를 받는 것을 보신다면 백성들은 왕정에 대한 존애와 충성을 더하게 될 것이며, 또 이 백성들을 위해서 더 좋은 일이 되리라 확신합니다."

알렌의 간절한 소망은 마침내 여러 절차를 거쳐 윤허되었다. 조선 조정의 교섭통상사무 김윤식이 병원설립 신청에 대하여 회신한 글은 이러했다. 이 문서는 곧 설립인가의 결정문이었다.

"귀하의 신청서는 내가 받아보았습니다. 한성에 병원을 세우겠다는 귀하의 문서를 받았습니다. 거기에 대한 우리 의정부(議政府)의 회신은 이러합니다. 이 문제에 대해 미국 공사에게 독판교섭통상사무와 개인적으로 상의할 것을 제시하였으므로 여기서 다시 서면 답신을 할 필요가 없다는 점을 미국 공사에게 전언하여 주시기를 바랍니다. 다른 나라들과 마찬가지로 조선에 병원을 설립한다는 것은 우리가 하여야 할 일로 느끼는 터이며 병원이 설립되어 잘 운영된다면 일반 백성들과 우리 자손들에게 유익이 되리라고 생각합니다. 이러한 큰 뜻을 품은 알렌 박사에게 우리는 고맙게 생각할 따름입니다. 마침 큰 집 한 채가 비어 있습니다. 고치면 병원으로 쓸 만한 큰 집입니다. 고치는 일과 설비 문제는 알렌 박사에게 알리겠고 상의도 할 것입니다."

알렌은 감사와 찬송으로 하나님 앞에 무릎을 꿇었다. 그의 기도가 이루어지게 된 날이 온 것이다. 그는 자신의 일기에 이같이 기록했다. "나는 기도로 이 일이 이루어졌다고 믿습니다."

1885년 4월 14일, '광혜원(廣惠院)'이라고 칭하는 최초의 근대식 병원이 조선에 설립되었다. 이것은 한국 근대사의 첫 장이요, 교회사, 근대교육사, 의료사에서 대단히 중요한 역사의 전환점이다. 병원 건물은 갑신정변에 역적으로 몰려 타살된 홍영식의 집이었다. 조정에서 수리비를 제공하여 수리를 마치고 병원의 모양을 갖추었다. 규모는 작은 것이었지만 종합병원 모양을 갖추었고 병상 규모는 40개였다. 이 병원은 왕립병원으로 미국 북장로교 선교본부 알렌 박사의 주관 하에 있음을 명기하였다.

이 병원의 관리 운영에 대한 경상비는 조정이 책임을 지고 북장로교 해외선교부가 의료인을 파견한다고 약속하면서 약재값으로 300달러를 매년 조정이 지불하는 것으로 하였다. 빈곤한 환자의 경우는 치료비나 약값을 받지 않기로 한 것도 그 때 합의를 보았다. 고종과 명성황후는 이런 조건 외에도 필요한 것이 있으면 절대 주저하지 말고 요청하라는 당부를 하였다. 이렇게 해서 기독교의 사도가 처음 정식으로 공적 기관에서 일하기 시작했고 한국교회사의 첫 장이 기록되었다.

### 근대 교육 제도와 복지 사업 실시

선교사들이 사역을 하는 데 있어 가장 큰 문제 중에 하나가 일반 백성들은 교육 대상에서 제도적으로 거의 소외되어 있어 자국의 문자가 있음에도 읽고 쓰는 사람들은 소수에 불과한 것이었다. 당시 조선의 식자층인 양반은 한글이 아닌 한자를 사용했다. 조선인들에게 성경을 가르치기 위해서는 자국 문자인 한글을 가르쳐 성경을 읽고 이해하도록 양육해야 했고, 근대교육을 위해서는 수학, 물리, 화학 등의 과학 교육이 필수적이었다. 성경 공부뿐만 아니라 전반적인 근대교육을 위해서는 교육 기관이 필요했다. 따라서 미국의 선교사들은 교육 사업과 전도 사업을 병행해야만 했다.

조선 땅에 처음 입국한 선교사들은 거의 의료사업이나 교육 사업에 치중하게 되었다. 그 중에 조선에 최초로 학교를 세운 대표적인 선교사들이 언더우드, 아펜젤라, 스크렌톤, 애러즈 등이다.

### 여성 교육 기관, 이화학당의 설립

한국에 부녀자 사업을 시작하고 최초의 여학교를 설립한 선교사는 '메리 스크렌톤(Marry F. Scranton)'이다. 1885년 6월에 아들과 함께 조선에 도착하여 그해 10월, 19채의 초가집과 빈터를 사들였다. 그녀는 이 초가집들을 고치고 여자학당과 부녀원을 짓기 시작했다. 건물은 미국 일리노이 주의 블랙스톤 여사의 도움으로 1886년 완성되었다.

스크렌톤이 교육시킨 최초 여학생은 어떤 정부 관리의 첩이었는데 영어를 배우고자 하였다. 자기 남편이 후일에 왕비의 통역사가 되라는 분부가 있었기 때문에 학당에 왔다는 것이다. 두 번째 여학생은 집안이 너무 가난하여 그 어머니가 어쩔 수 없이 보냈으나 주변에서 딸을 미국으로 끌려가게 만든다는 말을 듣고 딸을 찾아가려 하자, 스크렌톤은 미국으로 안 데려간다는 각서를 부모에게 써주고 학생을 완전히 맡을 수 있었다. 세 번째 학생은 어린 거지 여아였다. 아들 스크렌톤이 성문 밖에서 발견하고 데리고 온 것이었다. 주변 사람들은 이렇게 아이들을 잘 교육시키는 모습을 보고 점차 아이들을 학당에 보내기 시작했고 다음해 1월에는 7명의 학생을 가르치게 되었다.

1888년에는 18명의 여학생이 공부하게 되었다. 스크렌톤은 본국의 선교본부에 이렇게 보고했다.

"우리는 조선 학생들이 조선적인 것을 자랑스러워하고 나아가서 조선은 그리스도와 그의 가르침을 통하여 훌륭한 조선이 되기를 원하고 있습니다. (중략) 왕비께서는 이 학교를 '이화학당(梨花學堂)'이라고 이름 지어 보내주셨습니다. 조선의 배꽃은 프랑스의 백합화이고, 영국 랭커스터가의 붉은 장미꽃과 유사한 꽃입니다."

이렇게 오늘날의 이화여자대학교가 시작되었고 이 여자대학은 한국근대사의 여성 지도자들의 산실 역할을 했다.

### 배재학당의 설립

아펜젤러는 조선 청년들에게 영어를 가르치는 사업을 구상하였고, 이를 미 공사의 폴크무관에게 전하자 이를 고종에게 아뢰어 그 사업에 윤허를 받게 되었다. 아펜젤로는 바로 영어를 배우고자 하는 학생들을 모집하였다. 그가 선교부에 이 사역에 대해 다음과 같이 보고했다.

"조선인들의 영어 공부열은 대단합니다. 이 새 언어를 조금만 알아도 어떤 고관지위에 올라가는 기회가 된다고 생각합니다. '당신은 왜 영어를 배우려고 하냐'고 물으면 언제나 '벼슬을 하려고 한다'고 대답합니다. 이 학당은 1886년 6월 8일에 개교했고 그해 18명이 출석하고 있습니다."

1887년에 와서는 학교가 놀랄만한 발전을 이룩하여 드디어 조정의 허가를 받게 되었다. 고종은 이 학교 이름을 인재를 배양하는 '배재학당(培材學堂)'이라고 지어주었다. 그 해에 르네상스식의 교사가 신축되고 감리교 워렌 감독에 의하여 미국인들이 조선에 보내는 선물로서 봉헌식이 거행되었다. 건물은 예배실 하나와 교실 네 개와 도서실 등이 갖추어졌다. 1890년에는 많은 학생들이 예배에 참석했다.

### 언더우드의 고아원 설립

언더우드는 남자기숙 학교를 열었다. 그는 학비를 내면서 공부할 학생들을 모집하기는 어려울 줄 알고 이 학교를 고아원이라고 불렀다. 이 학교에 대해 길모오 선교사는 이렇게 설명했다.

> "언더우드를 몇 차례 만나 몇몇 아이들의 장래를 고려해 고아원을 창설하고 그 뜻을 고위층 몇 사람에게 말하였더니, 국왕에게 알려지게 되어 윤허를 받게 되었다. 본국 선교부가 이를 수락하게 되어 고아원이 실현되었다."

설립자의 희망은 기독교 대학과 신학교 설립까지 구상하였지만, 발족 당시 하나의 고아원에 불과하였다. 학교 사업은 차후에 첨가되었다. 고아원의 재정은 전적으로 선교부가 부담하였다. 학교에는 29명이 남학생이 수용되었다. 하루 일과는 새벽 3시 반에 기상하여 한문공부, 아침예배, 영어공부, 성경공부를 실시하였다.

고아원은 '예수교학당'이라고 부르기도 하고 '구세학당'이라고도 불렸다. 학교는 도산 안창호 선생과 김규식 등을 배출하였고, 오늘날 경신학교의 전신이 되었다. 언더우드 선교사의 꿈은 마침내 이루어져 한국 사학의 명문인 연세대학교로 발전하게 되었다.

## 장애인 교육기관 설립

선교사들은 일반 사람들을 위한 교육만 실시한 것은 아니다. 맹인과 같은 장애인들을 위한 교육 기관을 세워 이들이 소망을 갖고 살아갈수 있게 하였을 뿐만 아니라, 사회의 한 구성으로 동등하게 살 수 있도록 점자 교육을 최초로 실시하였다. 이러한 교육을 시행한 선교사는 '로제타 홀(Rosetta S. Hall)' 선교사였다. 그녀는 남편 홀로 평양에서 순직한 후에도 평양에 남아 의료사역에 힘을 썼던 의사였다.

그 당시 맹인들은 대부분이 점쟁이가 될 수밖에 없었고 교육에는 전적으로 소외되어 있었다. 이러한 안타까운 모습을 본 로제다 홀 선교사는 미국의 점자책을 도입했다. 그녀는 어렸을 때 배워둔 '뉴욕식 점자 사용법'을 조선의 맹인들에게 교육하였다. 1897년 점자법을 한글 맞춤법에 맞추어서 초등독본과 기도문, 십계명의 일부를 점자로 편찬하여 가르치기 시작하였다. 이후 미국의 친구들로부터 재정적인 지원을 받아 교실을 마련하였고 교과목은 정규과목 이외에도 실용기술교육도 덧붙여 가르쳤다. 이로 인하여 맹인들도 근대교육을 받을 수 있었다.

**개화기(1896년)의 교회와 문명화 사업 현황(개신교와 천주교 대비)**

| 교 / 항 | 선교사 | 교회 | 교인 | 치리교인 | 신입교인(1895) | 주일학교 |
|---|---|---|---|---|---|---|
| 개 신 교 | 73 | 20 | 777 | 3 | 1,493 | 17 |
| 천 주 교 | 34 | 18 | 28,802 | 0 | 1,250 | – |
| 교 / 항 | 기독교학교 | 학생 | 교역자 | 병원 | 외래환자 | 헌금($) |
| 개 신 교 | 11 | 260 | 26 | 23 | 59,859 | 144,441 |
| 천 주 교 | 21 | 204 | 16 | – | – | – |

### 개화기의 근대 문명화(Civilization)

조선의 개화기에 조선의 근대화를 위해 가장 헌신적인 공헌한 인물들은 역시 선교사들이었다. 그들은 교육 사업을 통해 근대화를 위한 조선인 지도자들을 양육하였을 뿐만 아니라 조선에 근대문명을 이식하는 데 개척자의 역할을 하였다. 근대화의 인프라를 구축하는 가장 기본 사업인 교통, 통신, 위생 등의 다양한 사업에 선도적인 역할을 함으로 근대화의 여명기를 열었다.

### 수도공사와 사회 위생 사업

구한말 시기에는 연중행사와 같이 여름이면 콜레라가 무섭게 만연했다. 이로 인하여 수만 명이 콜레라로 희생을 당하였다. 알렌 선교사는 수인성 전염병이 이같이 많이 발생하는 원인을 불결한 식수와 하수 관리의 미비로 파악하고 수도 사업을 위해 미국 자본을 끌어들여 본 사업을 실행하였다.

한성에 상수도 공사 관할이 미국 콜브란트 상사와 보스트윅 상사에 위임된 것은 1898년 2월 15일이었다. 의료와 위생 분야에서 사역하는 선교사들은 이를 대대적으로 환영하였다. 상수도 시설이 갖추어지면 전염병으로 사망하는 일반 백성들을 보호할 수 있기 때문이다. 본 사업은 뚝섬에서 하루 물을 1천만 갤런을 한강변 상수원 세 곳으로 옮기고, 다시 성내로 송수하는 것으로 송수관은 30인치 파이프였다. 이 공사 규모는 당시 한성 인구 20만 명의 5배 정도를 예상한 규모였다.

### 경인철도 부설

의료사역으로 조선에 최초로 들어온 알렌은 의료뿐만 아니라 한국의 근대화의 각 분야에 개척자의 모습을 유감없이 보여주었다. 이는 그만큼 조선의 근대화에 누구보다도 열정을 갖고 있었기에 가능했다. 알렌은 조선반도의 관문이 인천과 한성을 잇는 교통망으로 철도의 필요성을 누구보다도 절감하고 있었다. 철도가 경인 간에 부설되기 전에는 종일 걷거나 우마를 사용해야 했다.

알렌은 수도 사업에 이어 철도 사업에 미국자본이 동원되어 철도가 부설되도록 허락을 조정에서 받아내었다. 1896년 3월 29일이었다. 미국인 모스(J.Morse)에게 부설권이 주어졌다.

1897년 3월 22일 기공식이 거행되었으나 미국 은행은 조선의 정치 상황이 불안하다는 이유로 차관을 대여하지 않아 결국 일본 철도업자에게 넘어갔다. 결과적으로는 일본에 의해 경인 철도가 건설되었지만 철도 부설의 필요성과 그 사업을 기획하고 추진한 것은 알렌 선교사였기에 그에 대한 공로는 지대했다.

### 전기, 전차부설 사업

전기가 조선인들의 실생활에 제공되었다는 사실은 근대화가 일반 백성들의 생활에 가장 큰 혜택을 주었다는 데 의미가 있다. 본 사업은 1898년 2월 29일, 상수도 사업을 시행한 미국의 콜부란, 보스트윅과 한국 황실의 공동 사업 형식으로 계약이 체결되었다. 전기 철로의 경로는 한성~제물포 철도의 서울 정거장에서 출발하여 남대문을 거쳐 종각을 경유하여 동대문을 지나 명성황후의 무덤이 있는 홍릉까지 이르는 단행 선로로 거리가 약 10km였다. 당시 회사의 자금은 150만 원 이상이었고 자본금의 반은 조선 황실에 귀속되고 나머지 절반은 미국의 투자사에게 돌아가게 되어있었다. 회사의 명칭은 '한미전기회사'로 결정되었다.

알렌 선교사는 의료 사역에 3년 동안 봉사하면서 총 18년을 주미한 국공사의 일원으로 파견되어 조선의 자주 외교를 위해 일했고 주한 미공사의 일원으로도 공무하면서 조선의 개화를 위해 거의 모든 분야(의료, 보건, 교육, 상수도, 전기, 철도, 외교 등)에 개척자적인 공헌을 했다.

## 기독교가 사회 전반에 준 영향

여러 개신교의 선교 사역은 조선의 개화기에 실로 여러 분야에 지대한 영향을 주었다. 다양한 선교 활동은 서양의 우월한 과학 지식을 전해줌으로 서양에 대한 인식을 새롭게 하였으며 서양 교육 방법의 소개는 매우 유익했다. 종래의 교육제도는 관료 배양을 위하여 뽑힌 소수의 사람을 훈련시키는 것이었다면 공립학교 교육의 개념과 근대교육 교과 과정은 일반인이면 누구나 배울 수 있는 개방형 교육이요, 신분과 남녀 구분이 없는 평등 교육이었고 각 분야에 걸친 다양한 교육 제도였다.

교육에 가장 공헌한 분야라면 당연히 한글 교육이었다. 이 교육은 한국 문화 발전에 가장 훌륭한 도구였다. 상류층들은 한글을 업신여기면서 한자를 선호하고 사용했다. 개화기 당시 선교사들은 성경과 기독교 문서들을 번역하여 한글의 부흥과 일반화에 가장 큰 공헌을 했다. 그 당시 절대다수가 문맹이었으나 기독교는 이들을 개화시켜 문명인으로 변화시킨 것이다. 뿐만 아니라 한글의 체계화와 문법의 구축은 한글의 과학화에도 많은 영향을 주었다.

미국과의 수교 이후 조선은 여러 분야에 미국에 대한 많은 기대가 있었기에 조정은 미국에 특명전권대사의 파견, 정부 주요기관에서의 미국인 고문관들의 채용, 국립학교에 미국인 교사들의 초빙, 광산 개발을 위한 미국인 기술자들의 채용, 의사 선교사들의 왕과 왕비의 전문 치료담당인 시의(侍醫)로 임명하였다.

선교사들은 수교 당시에 조약상으로는 전도의 권리를 가지고 있지 못했다. 그러나 1890년부터는 전도를 금하는 '척외법(斥外法)'이 사실상 사문서화 되었다. 이는 조정과 일반 백성들이 선교사들에 의한 교육, 의료. 보건과 구제 및 사회에 긍정적인 다양한 영향을 주었기에 가능했던 것이었다. 이로써 복음을 전하는 활동이 본격적으로 수행되어 복음 사역이 크게 구체화, 저변화하였다.

참고로 1884년 9월 의료선교사 알렌으로부터 최초로 한반도에 입국하여 1941년 일제가 외국인 선교사들을 추방하기까지 50여 년 동안 미주와 구주 등 세계 각국으로 온 선교사들 1,529명의 국적별 및 소속부별 자료를 소개하면 다음과 같다.

### 국적별 선교사 통계

| 순위 | 국적 | 선교사 수 | 비율 | 비고 |
|------|------|-----------|------|------|
| 1 | 미국 | 1,059 | 69.3% | |
| 2 | 영국 | 199 | 13.0% | |
| 3 | 캐나다 | 98 | 6,4% | 영국 연방 소속 |
| 4 | 호주 | 85 | 5,6% | 영국 연방 소속 |
| | 기타 | 88 | 5,7% | 국적 불명자 포함 |
| 합계 | | 1,529 | 100% | |

### 소속 선교부별 통계

| 순위 | 소속 선교부 | 선교사 수 | 비율 | 비고 |
|------|-------------|-----------|------|------|
| 1 | 미국 북장로회 | 338 | 22.1% | |
| 2 | 미국 북감리회 | 250 | 16.4% | |

| | | | | |
|---|---|---|---|---|
| 3 | 미국 남장로회 | 190 | 12.4% | |
| 4 | 미국 남감리회 | 182 | 11.9% | |
| 5 | 구 세 군 | 127 | 8,3% | |
| 6 | 호주 장로회 | 84 | 5.5% | |
| 7 | 영국 성공회 | 76 | 5.0% | |
| 8 | 캐나다 장로회 | 82 | 5.4% | 캐나다 연합교회 포함 |
| 9 | 안식교 | 28 | 1.8% | |
| 10 | 동양선교회 | 25 | 1.6% | |
| | 기타 | 147 | 9.6% | 소속 불명자 포함 |
| | 합계 | 1,529 | 100% | |

## 하나님의 주권적 섭리로 통일을 이루심

봉건 사회였던 조선의 개화와 근대 문명화는 미국의 선교사들에 의해 기획되고 개척되었다. 제2차 세계대전 후 강대국으로부터 해방된 50여 개의 많은 나라 중에 한국만이 유일하게 민주화와 산업의 선진화에 성공한 모범국이 되었다. 이는 해방 이후 미군정을 통해 정치적으로는 자유민주주의와 자유시장경제를 구축하고 경제적인 지원을 받았기에 가능하였다. 이처럼 미국은 한국의 현대산업화 국가를 건설하는 데 시대적으로 두 번째 후견국의 역할을 하였다. 특히 6.25전쟁 후 미국은 70여 년 동안 한미군사동맹 관계를 통해 한국의 안보를 보장해 주어 건국 후에 정부의 기능을 발휘할 수 있도록 재정 지원을 전폭적으로 지원해 주었다. 특히 국방 예산을 전적으로 책임져 주어 군대 운영을 수행할 수 있게 하였다. 나아가서 민간 지원에도 힘을 써 식량과 의료를 지원했으며 한국의 유망한 대학생들이 미국의 각종 장학제도(플브라이트 장학금 등)를 통해 미국 대학에서 과학과 경제와 다양한 학문 과정을 마치고 귀국하여 오늘날의 대한민국 발전에 공헌하는 인재를 배양시켜 주었다.

부존자원이 없었던 한국에 유일한 자원은 오직 인재 자원이었고 그 우수한 인적 자원은 오늘날의 선진 대한민국을 탄생시켜 원조를 받는 나라에서 원조를 세계 각국에 공여하는 선진국이 되었다. 이제 이 시대에 성취해야 할 역사적 과업은 오직 통일이다. 불원간에 분단 시대를 종식하고 대한민국의 통일을 성취하는 데에도 대내외적인 각 분야에 통일 전략이 필요하다. 특히 대외적으로는 독일처럼 미국의 역할이 절대적으로 필요하다. 하나님께서 지난 70여 년을 통해 한국의 해방과 건국과 북한의 남침을 막아주었던 미국과 군사 동맹체가 지금까지 유지되게 하셨고, 이제는 산업동맹국이며 가치동맹국으로 결속되어있기에 통일에도 미국과 그 축을 함께 할 때 한반도 지정학적 난제를 풀도록 역사하실 것이다. 그것은 독일 통일의 사례를 통해서 입증되었다. 독일은 그 당시 미국 다음가는 막강한 경제력과 외교력을 지녔고 국제 사회의 기여도가 높았기에 미국도 독일의 편에 서서 통일에 일조하였던 것 같이 한국도 독일 같은 국가적 능력을 더욱 제고하며 국제 사회의 기여와 신뢰를 쌓을 때 통일 조건도 충족될 수 있다.

한 나라의 흥망성쇠는 하나님의 주권적 섭리에 달려있기에 통일을 이루기 위해서는 하나님께서 첫 번째로 통일에 가장 걸림돌이 되는 북한의 공산정권을 하나님의 방법으로 하나님의 때에 훼파하실 것이다. 이는 먼저 동독의 호케너 공산정권을 일시에 붕괴시키시고 베를린 장벽을 무너뜨리신 후 통일을 이루신 독일의 통일 사례에서도 볼 수 있다.

두 번째로는 세상 제국인 러시아와 중국의 흥망성쇠를 주관하시어 통일의 대외적 여건을 극적으로 조성하셔서 통일을 반대하는 나라의 지도자들도 잠잠하게 하시고 손을 들게 하셔서 한반도의 통일이 곧 동아시아와 세계 평화와 번영에 놀라운 상승효과를 미치게 하실 것이다.

하나님께서 지구상에 유일하게 남아 있는 분단 대한민국을 통일로 이끌어 가시기 위해 국내적으로는 지금보다도 각종 분야의 첨단 산업의 경쟁력을 제고시키시고 경제 대국의 위상과 문화 강국의 힘을 더욱 확장시키실 것이다. 현재 세계적으로 국민 인구가 5천만 이상이고 1인당 GDP 3만 달러 이상인 나라는 미국, 일본, 독일, 프랑스, 영국, 그리고 대한민국뿐이다. 특히 한국의 경제력과 최첨단의 반도체와 자동차 등과 방위산업의 기술도 세계적으로 큰 영향력을 확장해 가고 있다.

최근의 그 사례로써 한국의 대통령이 유럽 나토정상회담에 초청되었다는 것이 있다. 이는 그 나라들이 한국이 국제 사회에서 큰 역할을 해야 한다는 요구이기도 하며, 그러한 국력을 지닌 강대국임을 저들이 인정하는 것이다. 통일에도 주변 나라들의 협조가 절대적으로 필요하기에 한국이 국제 사회에서의 역할에 더욱 힘쓸 때, 통일의 역량도 상승할 것이다. 이 시대에 우리는 통일에 필요한 모든 대내외적 조건들을 더욱 완숙시키어 마침내 통일 대한민국의 위업을 성취해야 한다. 대한민국 국민은 하나님의 택하심을 받은 백성이기에 하나님께서 섭리의 역사를 통해 반드시 통일을 이루실 것이며 북녘의 동포들은 마침내 복음으로 자유케 되며 하나된 민족공동체이자 신앙공동체가 될 것이다. 한반도의 통일은 곧 동아시아와 세계 평화와 번영에 놀라운 상승 작용을 할 것이다.

> "그 땅 이스라엘 모든 산에서 그들이 한 나라를 이루어서 한 임금이 모두 다스리게 하리니 그들이 다시는 두 민족이 되지 아니하며 두 나라로 나누이지 아니할지라" (겔 37:22)

# 박성배

서부전선 애기봉 밑 민통선 마을에서 어린 시절을 보내면서 통일의 꿈을 가지게 되었다. 극동방송에서 '통일을 앞당겨 주소서', '히즈북 영상 칼럼', '희망 한국이 온다' 등의 프로그램을 진행하였고 『한국이 온다』, 『한국교회의 아버지 사무엘 마펫』 등 다수의 책을 집필하였다. 코칭전문작가로서 『베개혁명』, 『양탕국 커피가 온다』, 『질그릇 속에 담긴 은혜』 등 수많은 책을 코칭하여 출간하였다.

현재는 인천공항이 있는 하늘신도시에서 한우리미션밸리(H.M.V, Hanwoori Mission Valley)의 대표로 통일코리아와 미션코리아의 인재 양성을 위한 미션센터를 준비하고 있다.

# 통일 한국을 위한
## 준비된 리더십

한반도 통일은 언제쯤이나 가능할까?

2023년으로 분단 78년이 되었다. 한반도 통일은 언제쯤이나 가능할까? 한반도 통일은 어떻게 가능할까? 대한민국 최고의 한국교회사(韓國敎會史) 학자이면서 필자의 은사인 민경배(閔慶培) 박사님은 강의 시간에 종종 이런 말씀을 하셨다. "사람은 자신이 태어난 곳과 사명과 깊은 연관이 있다."라는 말씀이었다. 실제로 박사님은 자신이 한국교회사를 일평생 연구하게 된 것은 '한국 최초의 교회인 황해도 장연(長淵)에 있는 소래교회[1]에 출석하면서 신앙생활을 했기 때문'이라고 하셨다.

필자는 분단된 한반도의 중심인 경기도 김포의 애기봉 밑 민통선

---

[1] 소래교회는 1883년 5월 16일 황해도 장연군 대구면 송천리에 세워진 한국 최초 자생교회이다.

(DMZ)[2]마을에서 자랐다. 6.25전쟁 이후 일시적으로 전쟁이 멈추고 불안한 임시의 평화를 유지하고 있는 민통선 마을은 필자의 조상이 고려말 조선 초부터 600여 년 살아온 삶의 터전이었다. 필자의 어린 시절은 민통선 마을에서 남북 분단의 현실을 몸으로 체험하면서 지난 시간이었다. 개성 쪽 북한 초소에서는 카랑카랑한 북한 말투의 여성이 남한을 향해서 날마다 대남방송을 했다. 그리고 북한 쪽에서 가끔 총격을 가해 올 때면 우리 마을까지 총알이 떨어지곤 했다. 심지어 이웃이 총알에 맞아 숨진 일도 있었다. 북한에서 남쪽으로 보낸 비방 전단지인 '삐라'는 수시로 우리 마을에 떨어졌다. 가끔 간첩이 발견되거나 하면, 밤새도록 조명탄이 터지고 지역에 주둔하고 있는 해병대와 예비군이 출동하곤 했다. 그런 불안한 민통선 마을에서 필자는 중학교 2학년까지 생활을 하면서 남북 분단의 현실을 몸소 체험했다.

## 결코 포기할 수 없는 통일의 꿈을 심어준 인생 책들

필자가 민통선 마을에 살면서 통일에 구체적으로 관심을 갖게 된 것은 다니고 있던 금성초등학교 5학년 담임선생님이신 한용 선생님께서 읽으라고 전해주신 한 권의 책 때문이었다. 전기도 들어오지 않는, 모든 것이 열악한 민통선 마을의 초등학교에 부임하신 한용 선생님은 열정을 가지고 아이들을 가르치셨고 특히 아이들에게 책을 읽히고자 반 뒤쪽에 작은 문고를 만드셨다. 한용 선생님이 내게 건네

---

2) 비무장지대. 군사력을 동원한 무장을 하지 못하는 지역으로 휴전선으로부터 남북으로 각각 2km 펼쳐져 있다. 비무장지대는 6.25전쟁 휴전 협정 당시, 남북은 휴전선으로부터 2km씩 병력을 배치하지 않기로 했다.

준 책은 『이태리 건국 삼걸전』[3]이었다. 감수성이 많은 민통선 마을의 12살 소년이었던 필자는 비록 어린 나이였지만, 『이태리 건국 삼걸전』을 읽으면서 통일의 문제를 생각하기 시작하였다. 통일을 생각하기에는 비록 어린 나이였지만, 민통선 마을이라는 특수한 환경에서 그 책을 읽었기에 더 마음에 와닿았던 것 같다. 이탈리아의 통일은 마치니, 카부르, 가리발디의 연합으로 이루어졌는데, 이 글에서는 이탈리아 통일의 사상적 기초를 놓은 마치니를 중심으로 이야기하고자 한다.

또, 필자에게 통일의 꿈을 심어준 책으로는 함석헌의 『뜻으로 본 한국 역사』[4]가 있다. 1978년 재수할 때 청계천 고서점에서 구입한 책인데, '3.8선은 신이 낸 시험문제이다.'라는 구절이 내게 한반도 분단의 해답을 역사의 주관자이신 하나님께서 갖고 계심을 알게 해주었다.

그 후에 필자는 하나님의 소명 가운데 오엠[5](OM, Operation Mobilisation) 소속 선교사로 영국과 헝가리에서 사역하게 되었다. 헝가리에서 사역할 때 사회주의의 붕괴를 눈으로 목격하였다. 소련이 붕괴하

---

3)  『이태리 건국 삼걸전』량치차오 저, 신채호 옮김. 한용 선생님이 주신 책은 현재 갖고 있지 않다. 육영수 여사가 만든 잡지인 『어깨동무』에서 부록으로 발간한 책으로 기억하고 있다. 지식의 풍경에서 2001년에 발간한 책은 통일의 꿈을 심어준 인생 책을 다시 읽어보고자 2003년 2월 20일에 구입했다.
4)  함석헌의 『뜻으로 본 한국 역사』는 일제 강점기에 우리 민족의 희망을 쓴 역작이다. 서울대학교 박홍규 교수는 "함석헌은 뜻으로 본 한국 역사를 쓴 것만으로도 역사적 소명을 다하였다."라고 하였다. 필자는 이 책에서 발견한 문장인 '3.8선은 신이 낸 시험 문제이다'라는 구절을 오랫동안 생각하다가 2017년에 단행본 『한국이 온다』를 출간했다.
5)  오엠은 미국인 선교사인 조지 버워에 의해서 시작된 국제 선교단체로서 전 세계 수십 개의 나라에서 사역하는 세계에서 2번째로 큰 선교단체이다.

면서 위성국가였던 헝가리 국민들이 사회주의에 분노하면서 도끼를 들고 레닌 동상을 철거하는 모습을 보았다. 그러한 급격한 변화를 보고 귀국한 필자는 극동방송에 출연해서 "통일은 곧 된다."라고 말했다. 그러나 그 후 30년이 지난 지금은 통일이 더 멀어져가는 느낌이다. 도대체 지구상에 유일한 분단국가인 한반도의 통일은 언제쯤이나 가능할 것인가? 통일이 지연되는 이유는 무엇인가? 어떻게 통일의 길을 열어갈 수 있을까?

### 하나님은 준비된 사람을 통하여 통일을 이루어 가신다

필자는 이 글을 통해 한반도 통일의 해법을 '준비된 리더십'에서 찾고자 한다. "하나님은 준비되지 않은 사람을 쓰신 일도 없고, 준비된 사람을 안 쓰신 일도 없다."는 말은 네비게이토(Nevigators)의 창시자 '도슨 트로트맨(Dawson Trotman)'의 말이다. 강준민은 『영적 거장의 리더십』[6]에서 "하나님은 준비된 사람을 통해서 역사를 이루어 가신다. 이스라엘 민족의 광야 40년은 준비된 모세를 통해서 일하셨고, 그 후 가나안 정복의 지도자로는 모세의 후계자 여호수아를 사용하셨다. 하나님은 귀하게 쓰실 인물일수록 오랜 기간을 거쳐 만드신다. 그 후에 그를 크고 굵게 사용하신다."라고 하였다.

한반도의 통일을 위해서도 하나님은 잘 준비된 존귀한 믿음의 사람들을 사용하실 것이다. 여기에 언급한 주세페 마치니, 크리스티안 퓌러, 독일 통일 3걸(헬무트 콜, 게르하르트 슈뢰더, 앙겔라 메르켈), 링컨과 세

---

6)  『영적 거장의 리더십』 (강준민, 2004)

종, 다윗, 사무엘 마펫, 주세페 베르디는 한반도 통일을 위해서 벤치마킹해야 할 인물이기에 '통일 한국을 위한 준비된 리더십'이라는 주제로 이 글을 쓰게 되었다.

## 통일 한국을 위한 준비된 리더십

### 주세페 마치니 이탈리아 통일을 위한 사상가 리더십

주세페 마치니(Giuseppe Mazzini, 1805~1872)는 민통선 마을 12살 소년인 필자에게 '통일의 꿈을 처음으로 심어준 사상가'이다. 그는 신앙심 깊은 어머니의 영향으로 하나님을 사랑하는 신앙의 사람이었고 "내 가슴을 열어보라. 그러면 이탈리아라고 쓰여있을 것이다."라고 할 만큼 일평생 이탈리아를 사랑하며 통일을 위해 헌신한 통일 사상가이다. 마치니를 연구한 『마찌니 평전』을 쓴 볼튼 킹은 이탈리아 통일의 사상가였던 마치니에 대해서 다음과 같이 평했다.

> "마치니가 한 일은 한마디로 통일이라는 이상을 향해 이탈리아 국민을 분기시키는 일이었다. 그는 글을 썼고, 팜플렛과 신문을 제작했으며 민중에게 연설했다. 이탈리아 민중을 교육시켜 사상으로 무장시키려는 것이었다."

> "19세기의 정치가들 중에서 그의 민족의 무엇을 의미하는지를 이해하고 민주주의와 민족 간의 본질적 관계를 파악해서 민족을 든든한 토대 위에 앉힌 거의 유일한 정치가였다. 그를 이탈리아 통일의 스승으로, 또 현대 이탈리아의 창조자로 만든 것이 바로 이것이었다. 그가 없었다면 이탈리아가 과연 통일되

었을까? 그것은 확언할 수 없다. 그러나 하여튼 통일에의 충동을 주고, 통일이란 어려운 과업이 성취될 수 있는 과감한 비전을 제시하고 다른 사람들에게도 그 비전을 볼 수 있는 믿음을 준 사람은 바로 그였다."

"주세페 마치니는 누구인가? 이탈리아 통일의 위대한 혁명가로서 민족 분단 1천 4백 년을 종식시키는 삶을 산 마치니, 유럽 열강의 각축장 조국 이탈리아로부터 외세를 몰아내고 민족통일을 달성하기 위해 스스로를 불사른 마치니 그는 순수와 열정, 시대와 역사를 꿰뚫는 통찰력과 이상을 오늘 우리에게 보여준다. 기나긴 외세 지배에 의해 흐려진 민족의식을 일깨우는 일을 한 점 부끄럼 없는 생애를 통해 그는 부단히 전개했다. 사랑하는 조국을 떠나 망명 생활로 전전해야 했지만, 그는 결코 좌절하지 않고 다시 일어서곤 했다. 실의와 좌절, 생명의 위협 속에서 일구고 가꾼 그의 말과 글과 행동은 조국 이탈리아를 구시대 식민 통치의 늪에서 뛰어나오게 했고 새 시대를 창조하는 계기를 만들었다."

"일찍이 신채호가 그의 『이태리 건국 삼걸전』 서문에서 조국통일에 대한 그 뜻과 의지를 높이 기렸으며, 한용운이 『님의 침묵』에서 이탈리아의 님이라고 칭송한 마치니, 민족통일은 궁극적으로 민중의 성장과 성장한 민중의 힘에 의해서만 비로소 가능하다고 확신하였으며 그 민중과 더불어 행동한 마치니, 진정한 애국자와 혁명가가 늘 그러하듯 쓸쓸한 만년을 보내면서도 그의 삶에 대해 결코 비탄해 하지 않았던 마치니, 그러나 그가 남긴 신념과 뜻과 민족과 사회와 문학과 종교를 논한 빛나는 언어들, 그 순수와 아름다움은 지중해의 그 물결보다도 더 푸르게 반짝이면서 현대 민족 운동사를 찬연히 밝힌다."(『마찌니 평전』 표지 글에서)

우리 민족의 역사가 어두웠던 일제 강점기에 역사와 글쓰기로 민족의식을 일깨우던 단재 신채호[7]는 중국의 량치차오(梁啓超, 1873~1929)가 쓴 『이태리 건국 삼걸전』을 한국어로 번역하면서 "이태리 건국의 삼걸과 같은 애국적 영웅이 나타나기를 갈망하는 마음에서였다."라고 하였다. 또 신채호는 서문에서 결론의 말로 "나의 이태리 삼걸전을 읽는 이여, 화복을 근심하지 말고 영욕을 돌아보지 말고, 오직 진심 어린 정성으로 하늘 아래 우뚝 서라. 그러면 그대로 말미암아 장래 이 나라를 구할 수가 있게 되리니 이것이 독자에게 바라는 바이다."라고 하였다.

주세페 마치니는 이태리 통일의 사상가로서 정치인 카부르, 군사 지도자 가리발디와 연합하여 1,400년이나 분열되어 있던 이탈리아의 통일을 이루어냈다. 우리 대한민국도 1945년 해방과 더불어 분단된 지 78년이 되어간다. 마치니의 이탈리아 통일을 위해서 한평생을 바쳤던 열정을 다시 배워야 할 때이다. 마치니가 비록 조금 예전의 인물이기는 하지만, 그의 열정은 통일을 이루어야 할 우리의 가슴에

---

7) 신채호는 일제 강점기의 암울한 시기에 민족의 정기를 다시 회복하는 꿈으로 역사를 연구하고 글을 썼다. 특히 량치차오가 쓴 『이태리 건국 삼걸전』을 번역하여 출간하면서 해방의 꿈을 이야기하였다. 필자는 신채호가 번역해서 출간한 『이태리 건국 삼걸전』을 통해서 일평생 동안 포기하지 않는 통일의 꿈을 갖게 되었다.

다시 새겨져야 할 것이다.

### 크리스티안 퓌러 독일 통일과 교회의 역할 리더십

크리스티안 퓌러(Christian Führer) 목사는 독일 통일의 가장 중요한 역할인 교회의 촛불 기도회를 통해서 통일의 구체적인 길을 준비했던 하나님의 사람이다. 겉으로 보면 독일의 통일이 정치가들의 노력에 의해서 이루어진 것으로 보이지만, 니콜라이 교회를 중심으로 역사의 주관자이신 하나님께 신실하게 기도하면서 독일 통일의 역사를 이루어낸 진짜 주역은 크리스티안 퓌러(Christian Führer) 목사였다.

크리스티안 퓌러 목사의 "니콜라이 교회를 중심으로 한 촛불 기도회가 독일 통일의 문을 열었다."라고 하는 이야기를 국내에 구체적으로 소개한 것은 현재 한동대학교 교수로 있는 최용준 교수가 크리스티안 퓌러의 자서전[8]을 번역 소개하면서부터이다. 최용준 교수는 책 프로필에서 크리스티안 퓌러 목사를 다음과 같이 소개하고 있다.

"크리스티안 퓌러 목사는 1943년 라이프치히에서 태어났으며 거의 30년 동안 니콜라이 교회의 담임 목회자였다. 평화 혁명에 중요한 역할을 했고 나아가 그가 인도한 평화기도회는 동독의 종말에 기여한 월요 시위를 일으켰다. 동독의 종말 이후 퓌러 목사는 특별히 실업자들에게 관심을 주고 활동했다. 2005년 그는 미하일 고르바초프와 함께 아우크스부르크 평화

---

8)  크리스치안 퓌러지음, 최용준옮김, 『그리고 우리는 거기에 있었다』 (크리스티안 퓌러 저, 최용준 옮김, 2015)

상을 수상했다. 아내 모니카가 소천한 지 약 1년 후인 2014년 6월 30일 그는 하나님의 부르심을 받았다."

퓌러 목사의 책 『그리고 우리는 거기에 있었다』에서 가장 마음을 뭉클하게 하는 부분은 퓌러 목사가 한국인 독자에게 직접 쓴 글이다. 그는 자신의 교회와 기도를 통해서 하나님께서 일하신 독일 통일의 역사를 이렇게 고백하고 있다.

"그것은 겨자씨만큼이나 작게 시작되었다. 동독과 서독에 중거리 핵미사일을 배치하는 것에 반대하면서 정의, 평화, 그리고 창조 세계의 보존을 위한 기도회로 시작된 것이다. 하나님을 향한 전적인 신뢰와 정기적인 기도로 헌신한 이 작은 사역을 하나님께서 이토록 크게 사용하실지는 그 누구도 몰랐다. 피 한 방울 흘리지 않고 강력한 공산주의 체제를 붕괴시킨 평화 혁명이며, 성경적 방법이 낳은 기적이었다.

하나님의 능력이 약한 자를 통해 나타날 때 세상이 알 수도 없고 줄 수도 없는 길이 열리고 해결책이 보인다. 우리는 평화 혁명을 통해 이 진리를 체험했다. 분단된 조국은 다시 하나가 되었고 소련 군대는 철수했다. 그리하여 동서독은 통일되었으며 2차 세계대전도 종결되었다. 우리는 진정 이 말씀을 체험했다. '하나님께는 불가능한 일이 없습니다.(눅 1:37)'

나는 진심으로 기원한다. 끝까지 포기하지 않는 공적인 기도와 하나님의 전능하심에 대한 하나된 신뢰로 한반도의 분단

상황이 평화적으로 극복되며 폭력을 사용하지 않고 통일되기를 바란다.[9]"

그리고 퓌러 목사는 책의 머리말에서 어떻게 평화기도회가 성공적으로 독일의 통일까지 어어졌는가를 설명하고 있다.

"1989년 10월 9일은 라이프치히의 평화 혁명에서 시작되어서 결국 독일의 통일을 가능하게 한 결정적인 날이라고 할 수 있다. 그러나 아직까지도 이날은 올바른 평가를 받지 못하고 있다. 니콜라이 교회의 목회자로서 이 일에 직접 관여했던 나는, 이 평화 혁명이 교회에서 수년간 설교한 산상수훈에 있는 예수님의 비폭력 정신에서 나온 것임을 단언한다. 교회에서 비롯된 비폭력 행동 강령이 대중의 마음을 사로잡았고, 이것이 바로 거리에서 행동으로 옮겨진 것이다. '비폭력!'이라는 강력한 외침이 그때까지 국민의 지지를 받지 못하고 또 국민을 억압하던 시스템을 쓸어버린 것이다. 독일인들은 그때까지 한 번도 혁명에서 성공해 본 적이 없었다. 이 평화 혁명은 피 한 방울 흘리지 않고 거둔 첫 성공이었다. 독일 정치사에서 유일하게 성공한 사례이다. 그야말로 성경적 메시지가 낳은 기적인 것이다!"

코로나의 큰 어려움을 견뎌낸 한국 교회가 앞으로 우선적으로 해

---

9) 크리스치안 퓌러지음, 최용준옮김, 그리고 우리는 거기에 있었다, 2015, 예영, 6-7면.

야 할 일 중의 하나는 바로 독일 평화기도회를 통해서 독일 통일의
문을 열었던 퓌러 목사의 모범적인 길을 따라가는 것이다. 그렇게 하
는 것이 한국 교회의 사회를 위한 신뢰를 회복하는 길이고 통일한국
을 위해서 기여하는 일이라 여겨진다.

**헬무트 콜, 게르하르트 슈뢰더, 앙겔라 메르켈 독일 통일 3걸(三傑) 리더십**

"전범(戰犯) 국가의 오명을 덮어쓴 독일이 어떻게 경제적 부흥과 통
일을 이뤄내 유럽의 지도국으로 우뚝 설 수 있었을까?" 김황식은 독
일의 민주정치, 특히 그 정치를 이끌었던 총리들의 역할을 저서 『독
일의 힘, 독일의 총리들 1』[10]에서 제시하고 있다. 국익을 위해서라면
정치적 희생까지도 감내하며 일을 추진했던 독일 총리들의 리더십
을 '거룩한 몸부림'이라고 표현하고, 한국의 대통령도 이처럼 '거룩한
몸부림'을 쳐야 성공하는 리더가 될 수 있다고 강조했다.

책에는 콘라드 아데나워 총리부터 루드비히 에르하르트, 쿠르트
게오르크 키징거, 빌리 브란트까지 독일 통일의 기초를 놓은 독일 총
리들의 리더십을 이야기하고 있다. 다당제와 정당명부식 연동형 비
례대표제, 소연정 등으로 상징되는 독일 의회정치, 특히 나치 외교부
방송 책임자였던 기민당의 쿠르트 게오르크 키징거와 나찌 저항 망
명자 출신인 사민당의 빌리 브란트 간의 대연정은 배울 점이 많다.
그들은 대다수가 '존경받는 독일인' 여론조사에서 상위권에 오르는

---

10) 『독일의 힘, 독일의 총리들 1』 (김황식, 2022) 김황식은 책의 서문에서 준비된 리더였던
콘라드 아데나워, 루트비히 에르하르트, 쿠르트 키징거, 빌리 브란트를 통해서 독일이
어떻게 통일을 이루고 번영하게 되었는가를 밝히고 있다.

모습은 우리에게 참 많은 것을 생각하게 한다.

### 헬무트 콜(Helmut Cole) 독일 통일의 아버지 리더십

1990년 10월 3일, 독일은 평화 통일을 이룩했다. 독일의 평화 통일은 헬무트 콜 총리와 한스 디트리히 겐셔 외무장관과 같은 뛰어난 정치 지도자들이 있었기에 가능했다. 45년의 분단을 청산하고 통일을 이루어 '독일 통일의 아버지'로 추앙받고 있는 콜 총리가 2017년 16일 87세의 일기로 별세했다. 그는 통일에 국가 지도자의 역량이 얼마나 중요한가를 보여주었다.

첫째, 1989년 가을 서독으로 오고자 희망하는 동독 탈주민들을 모든 외교력을 동원하여 데려오며 통일의 발판을 마련했다는 점이다. 콜 총리와 겐셔 외무장관의 적극적인 외교로 헝거리, 체코, 폴란드로 몰려든 동독 주민들이 서독으로 올 수 있었다. 이 결과 베를린 장벽을 붕괴시킨 동독 주민의 평화 혁명이 이루어졌고 베를린 장벽 붕괴는 결정적인 통일의 발단이 되었다.

둘째, 베를린 장벽의 붕괴를 통일의 기회로 판단하고 추진했다는 점이다. 1989년 11월 28일 콜 총리는 '독일과 유럽 분단 극복을 위한 10개 방안'을 깜짝 발표하며 통일을 추진했다. 그러나 통일 문제에 관여할 수 있었던 전승 4개국의 미하일 고르바초프 소련 공산당 서기장을 비롯하여 마거릿 대처 영국 총리와 프랑수아 미테랑 프랑스 대통령은 독일 통일을 거세게 반대했다. 이들의 반대로 불투명했던 통일을 조지 H.W 부시 미국 대통령이 지지하여 가능했다. 콜 총리는 부시의 강력한 지지를 업고 통일을 추진했다.

셋째, 신속한 통일을 추진했다는 점이다. 콜 총리는 준비가 부족했고, 전승 4개국의 동의가 쉽지 않기 때문에 3~5년에 걸쳐 점진적으로 통일을 이루고자 했다. 그러나 계속되는 동독 주민들의 이주와 과도한 부채 등으로 동독의 제반 사정은 점점 나빠졌다. 소련 정세의 불안정으로 고르바초프 서기장의 장래도 불투명했다. 콜 총리는 동독을 조속히 안정시키고 고르바초프 재임 중에 통일을 이루어야 한다는 판단에 신속한 통일로 선회했다. 결국 그의 판단은 옳았다. 1991년 12월 말 고르바초프가 퇴진하고 소련이 해체되었을 때 점진적인 통일을 추진했더라면 통일을 장담할 수 없었다.

넷째, 통일에 따른 '대외적인 문제'를 서독이 전승 4개국과 함께 해결한 점이다. 독일은 전쟁을 일으킨 책임이 있기에 독일 통일은 미국, 영국, 소련, 프랑스 등 전승 4개국의 동의가 필요했다. 콜 총리는 통일 문제 협의에 독일이 반드시 참여해야 한다는 입장을 관철시켜 아들과 함께 '대외적인 문제'를 해결하여 통일을 이룩했다.

다섯째, 활발한 정상 외교로 전승 4개국의 지지를 얻어 통일을 이룬 점이다. 콜 총리는 1990년에만 부시 대통령(4회), 고르바초프 서기장(2회), 미테랑 대통령(3회), 대처 총리(1회)와의 양자 정상 회담은 물론 유럽공동체(EC), 북대서양 조약 기구(NATO), G7 정상 회의 등을 통해 전승 4개국의 지지를 얻었다. 이러한 콜 총리의 노력으로 독일은 1990년 10월 3일 통일을 이룩할 수 있었다.

독일 통일은 통일에 국가 지도자 역량의 중요성을 보여준 좋은 사례다. 우리의 통일이 언제, 어떠한 방식으로 이루어질 것인가 예상하기 쉽지 않다. 그러나 통일의 기회가 언제 오더라도 통일에 대한 역량을 갖추는 준비를 해야 한다. 국민이 공감할 수 있는 정책을 수립하고 국민을 설득하여 지지를 얻으며 기회가 된다면 통일을 이루는 국가 지도자의 덕목도 중요하다.

1871년 독일 통일을 이룩한 비스마르크는 "역사 속을 지나가는 신의 옷자락을 놓치지 않고 붙잡는 것이 정치가의 임무."라고 하며 지도자의 책무를 강조했다. 한반도의 분단과 긴장이 계속되면서 국가 지도자의 책임이 점점 중요해지고 있다.[11]

**게르하르트 슈뢰더** 독일 통일 이후의 성장과 통합의 기반을 만든 용기있는 리더십
"통일 후 반드시 필요한 개혁을 너무 늦추지 말라.", "독일 통일의 초석은 대화의 정치를 통한 긴장 완화다." 슈뢰더 전 총리는 제주도에서 열린 포럼에서 권영세 전 주중대사(국회 한독 의원 친선협회 회장)와 '독일 통일 이후 구조개혁과 한반도 통일의 성공조건'이라는 주제의 대담에서 "한반도 통일에 대해 조언하면 통일 후 반드시 필요한 개혁을 너무 늦추지 말라는 것이다. 고통을 수반하지만 정치적, 경제적, 사회적 성공을 반드시 가져올 것이다."라고 강조했다.

그는 "독일 통일의 초석은 대화의 정치를 통한 긴장 완화였다. 분단 극복이 한 세대 이상의 긴 시간이 걸렸다. 장벽만이 두 나라를 갈라놓은 것 아니다. 장벽은 베를린에만 아니라 사람들 머리속에, 사회

---

11) 매일 경제, 2017년 6월 29일

속에, 경제 속에, 사회 시스템 속에 스며 있었다."라며 대화를 통한 통일의 밑그림을 강조했다.

슈뢰더 총리는 이날 대담에서 통일 비용을 어떻게 극복했는지 소개했다. 그는 "통일은 엄청난 비용을 수반한다. 통일 후 10년도 채 안 돼 국가 부채는 약 5,000억 유로에서 1조1,000 유로로 2배 이상 늘어났다. 노동시장에서도 구조적 실업이 나타나고 매년 실업률도 증가했다."고 당시를 소개했다. 또 "의료보험, 연금보험, 실업보험 등이 재정적 한계에 직면하고 구조개혁을 하지 않았기 때문에 국제적 경쟁력 잃게 됐다."고 설명했다. 하지만 그는 1998년 연방 총리로 선출된 이후 이를 근본적으로 바꾸기 위해 '아젠다 2010'이라는 구조개혁에 집중했다. 그는 통일 이후 독일의 발전을 가능하게 했던 세 가지 요인을 설명했다.

첫 번째는 "(중소)기업 구조의 슬림화다. 이런 기업들은 독일 경제의 중추다. 이들이 자기 자본을 강화하고 수익성 구조를 개선하고 경쟁력도 높였다. 수년 동안 완만한 임금 상승 정책도 펼쳤다. 노사가 모두 성장 친화적이면서 고용 친화적으로 행동했다."고 소개했다.

두 번째는 독일의 직업 교육 시스템이다. 그는 "중소기업에서 많은 직업 교육을 담당한다. 이원 시스템은 학교와 현장에서 실습과 이론을 병행하는 것이다."라고 말했다. 또 "독일 제조업 구조가 영국과 프랑스의 GDP 대비 제조업 비중은 각각 16%, 12%에 비해 높은 24%를 차지한다."라며 "독일이 생산한 제품은 혁신성이 높고 지식 기반이다. 독일 제조업은 결코 사양산업 아니고 독일의 기간산업으로 지속적으로 발전하는 분야이며 독일 경제의 중추로 인식된다. 서비스 분야에서 소비 시간 절반이 제조업 준비에 들어간다. 선진국과 독일의 다른 점이다. 글로벌한 세계시장에서 경쟁력을 지켜줬다. '아젠다 2010'이 이를 더 강화했다."라고 소개했다.

그는 마지막으로 노동시장을 탄력적으로 만들어 일자리를 창출했다는 점도 강조했다. "경제가 성장하면서도 일자리 창출이 안 되는 경우가 있다. 노동시장을 탄력적으로 만들었기 때문에 경제성장률이 높지 않은 상황에서도 일자리를 창출할 수 있었다. 독일 노동시장 상황은 다른 나라와 다른데, 독일에서는 부당 해고 방지 규정 완화, 파견직 근로 간소화, 연금개혁, 재정상황 개선, 소득세와 법인세 인하 등과 함께 연금 수급 연령도 높였다. 이런 모든 조치는 고용 강화 방향으로 가는데 기여했다. 실업자가 500만 명에서 300만 명으로 줄고 독일 수출 경제 붐을 맞았다. 독일 국가재정도 흑자를 기록했다."라고 말했다.

슈뢰더 총리는 끝으로 "이런 개혁 관철이 쉽지는 않다. 환영받지 못하기 때문에 정치적 용기가 필요하다. 특히 재선 실패의 리스크도 감내해야 한다. 인기에 연연하다 보면 꼭 필요한 일을 하기 어렵다. 한국도 마찬가지다."라고 조언했다.[12]

---

12)  노컷뉴스, 2015.5.21. 기사 인용

이수영 박사가 쓴, 한국의 정치와 교회가 배워야 할『앙겔라 메르켈의 통일독일 리더십』[13]을 정독하면서 한반도 통일과 리더십의 의미를 배우게 되었다. 누구도 자신의 조국을 선택해서 태어날 수는 없다. 태어나 보니 그곳이 조국이 되었고, 설령 그곳이 죽도록 싫은 곳이라 하더라도 쉽게 바꿀 수 없다. 북한 땅에서 고생하는 주민들을 생각하면 그런 의미에서 참으로 안타까운 생각이 든다.

서독 함부르크에서 태어난 앙겔라 메르켈은 생후 8주 차 때 순전히 아버지의 선택에 의해 동독으로 이주하게 됐다. 그 당시 동독 주민들 상당수는 동독에서 서독으로 이주하는 추세였기에 그녀의 부모님은 매우 의외의 선택을 한 것이다. 따라서 그녀도 본인의 의사와 상관없이 동독에서 살아야 했으며 그렇게 35년을 살다가 1990년에 드디어 통일을 맞이했다.

독일의 통일은 독일 국민이라면 누구나 마음 한편으로 기대는 하고 있었겠지만, 그렇게 갑작스럽게 또 매끄럽게 진행될 줄은 아무도 예상하지 못했다. 심지어 빌리 브란트 수상의 특별보좌관으로 사민당의 동방정책 입안자였던 '에곤 바르(Egon Bahr)'는 통일 직전까지도 관련 이야기를 일축했었다. 게다가 동독 수상 에리히 호네커의 뒤를 이은 '에곤 크렌츠(Egon Krenz)' 또한 통일이 불가능할 것이라 자신감에 차 있었다. 그런데 기적이 일어났다. 물론 그 기적 뒤에는 소련 공

---

13)  『앙겔라 메르켈의 통일독일 리더십』(이수영, 2021)

산당 서기장이었던 고르바초프(Mikhail Gorbachev)의 페레스트로이카와 글라스노스트가 결정적인 역할을 했다.

그럼 그가 없었다면 독일의 통일은 없었는가? 그가 없었다 해도 독일의 통일이 불가능하진 않았을 것이다. 다만 훨씬 더 거칠게 진행되었을 확률이 높다. 이미 동구권 전체가 흔들리고 있었기 때문이다. 80년대 들어서 동유럽의 자유화 물결은 꽤 거세게 불고 있었다. 가장 큰 이유는 그동안 이들 국가에 큰 영향력을 행사해오던 소련의 경제가 무너지고 있었기 때문이다. 따라서 동구권 최전선의 보루이자 사회주의 모범국가라는 평을 받던 동독도 흔들리기 시작했다. 그런데 사실은 동독의 경제도 겉보기와 달리 진작에 파산 상태였다.

서독의 눈부신 발전과는 너무 비교되게 당시 동독에서는 주민들이 자기 인생을 허비하고 있다는 느낌이었다고 한다. 그들은 서독 TV를 통해 동서독 사이의 차이가 얼마나 큰지 잘 알고 있었다. 노동자 천국이라는 사회주의 국가에서 작업복 한 벌을 구할 수가 없었다. 월급을 받아도 도대체 살 물건이 없었다. 오렌지 한쪽, 청바지 한 벌이 귀했기에, 그들은 서독의 친지들로부터 심지어 속옷까지도 공급받아야 할 정도였다. 자연스레 시장이 움직이고 있었다. 자유 시장경제의 대표 주자인 서독이 2차대전 후 미국의 도움을 받으며 빠르게 세계 정상의 경제국으로 부상하는 사이, 장벽 너머의 동독은 40년이 지나도록 50년대 수준에서 전혀 발전이 없었기 때문이다. 전후 소련의 사주를 받은 동독 정부가 그들의 사회주의를 실현하기 위해 비밀 경찰을 통해 주민 개개인을 철저하게 감시하고 억압한 결과였다. 창의성, 위험 부담 감수, 그리고 성실과 근면이라는 인간 본성에 기초한 시장 경제를 부정하고 몇몇 사람들이 책상에 앉아 그린 통제 경제가 만들어 놓은 당연한 귀결이었다.

한마디로 동독 주민들에겐 희망이 없었다. 그럼에도 당시 동독의 지도부는 '개혁된 사회주의'니 '제3의 길'이니 하는 속임수로 주민들을 현혹하면서 서독의 도움을 받아 일단의 위기만 넘기면 자신들의 기득권은 유지할 수 있다고 생각했다. 게다가 서독의 사민당(SPD) 인사들도 어려움에 처한 동독 정부를 도와야 한다고 거들었다. 그렇게 시간을 끌다 보면 통제에 익숙한 동독 주민들이 정부의 관리에 따라올 것이라 착각한 것이다. 그러나 동독 주민들은 자유를 원했다. 그들이 진짜 원한 것은 조금 변화된 동독이 아니었다. 그들은 이젠 사회주의 독재 체제에서 살고 싶지 않았다. 그리고 그런 생각은 당시 베를린의 물리화학연구소 연구원이었던 앙겔라 메르켈에게도 마찬가지였다. 그녀가 뒤늦게 반정부 운동에 관여했던 것이 사실이지만, 그녀는 누구보다도 사회주의로는 비전이 없다는 인식이 분명했다. 사실 그녀는 동독을 자신의 조국으로 생각하지도 않았다. 스포츠 중계 외에는 동독 TV도 거의 보지 않았다.

슈피겔(Der Spiegel)의 티나 힐데브라트(Tina Hildebrandt) 기자는 앙겔라 메르켈이 정치가로서 탁월한 이유를 다음 3가지로 요약했다. '깨어있는 지(wacherVerstand)', '빠른 파악력(schnelle Auffassungsgabe)', '기회 포착에 대한 본능(Instinkt die richtige Gelegenheit)'이 그것이다. 독일 정치계에서는 매우 드물게도 그녀는 일반인 출신으로 특정한 지지 세력도 없었다. 젊은 시절 내내 연구원으로 활동했을 뿐, 정치를 배우거나 사람들을 만날 기회도 없었다. 1990년 10월 3일 독일이 통일되면서 민주 변혁은 기민당에 흡수되었고 메르켈도 자연스럽게 기민당에 입당한다. 동독 출신 여성 정치인이 필요했던 헬무트 콜 총리는 메르켈을 적극 등용했고 그는 정치에 입문한 지 2년 만에 1991년 독일 연방의 영성청소년부 장관이 된다. 그리고 1994년에는 환경부 장관에 임명된다. 하지만 '콜의 딸'로 불렸던 메르켈이 정치인으로 두각을 나타낸 계기는 아이러니하게도 콜에게 등을 돌리면서이다.

동독 출신인 그녀가 서독의 총리가 된 것만 봐도 그녀의 삶이 다소 특이한 것은 사실이다. 그녀는 향수를 쓰지 않는다. 반지와 목걸이도 하지 않는다. 화장도 아낀다. 커피도 마시지 않는다. 아침에 그녀는 페퍼민트(Pefferminz) 차를 마신다. 수년 동안 이탈리아 여름 휴양지에서 입는 옷이 똑같았다. 또 개를 무척 무서워한다. 그러면서도 그녀는 열렬한 축구팬이다.

그 외의 사생활도 거의 알려져 있지 않다. 동독에서의 학창 시절 그녀는 러시아어와 수학에서 매우 뛰어난 학생이었다. 하지만 루터교 목회자의 딸로서 사회주의 동독 사회에서는 거의 불가능한 고등 교육의 기회가 그녀에게 주어졌다는 것은 다소 의아스럽다. 그녀의 아버지 호르스트 카스너(Horst Kasner)의 별명이 '붉은 목사(Der Rote Priester)'였다는 사실이 어떤 영향을 주었을까? 또 혹자는 그녀가 '에리카(Erika)'라는 암호명으로 불린 슈타지(Stasi)의 비밀 요원이었다고 음해한다. 그러나 그녀는 총리로서 당당하게 말한다. 동독에서 그 어떤 부끄러운 일에도 관여하지 않았다고 말이다.

이 책의 출발선은 이미 다 알고 있는 한 천재 소녀의 성공기를 다루려는 것이 아니다. 그녀가 공개적으로 밝힌, 그녀의 삶을 이끌었던 단 한 가지는 그녀의 신앙이었다. 어릴 적 아버지와 교회에서 배운

신앙이 그녀의 삶의 근원이었다. 결국 그녀의 삶은 성경적 삶을 실현하고자 했던 부단한 노력의 결과였다. 그녀의 공인 전기작가 스테판 코르넬리우스(Stefan Kornelius)의 표현대로 그녀의 입지전적인 삶은 성경으로 채워진 것이다.

"마르틴 루터가 낳고 활동했던 지역이지만, 그녀가 살았던 동독은 신앙의 자유를 통제한 나라였다. 그럼에도 그녀는 자신의 삶을 이끄시는 하나님을 의지하고 한 걸음씩 따라갔다. 그리고 이제 그녀의 신앙이 통일 독일의 정치가로서 매우 특출나게 드러나기 시작했다." 그녀를 오래 가까이서 지켜본 동료가 그녀에 대해 묘사한 말이다. 지금부터 그 이야기를 하고자 한다. 통일은 과연 그녀에게 어떤 의미일까? 동독에서의 35년 삶, 그리고 통일에 이르기까지와 그 이후의 전 과정을 가능한 그녀의 시각을 따라 살펴보았다.

결론적으로 4회에 걸쳐 독일 총리를 역임하면서 앙겔라 메르켈(Angela Merkel) 총리의 성공적인 리더십의 핵심은 바로 신앙이며 그녀의 삶은 성경적 삶을 실현하고 노력한 결과였다. 동독에서 목회했던 목사 아버지의 딸로서 태어난 그녀는 자신에게 부여된 시대적 소명을 잘 감당하였다. 2014년 제12회 서울평화상, 2011년 미국 타임지 선정 세계에서 가장 영향력 있는 100인, 2011년 포브스 선정 가장 영향력 있는 여성 100인 중에 1위 등을 하였다. 우리 대한민국도 통일을 위해서 메르켈 같은 준비된 리더를 기다린다.

### 링컨과 세종 국가 통일을 위한 화합과 소통리더십

에이브러햄 링컨(Abraham Lincoln)은 역경을 극복하면서 큰 인물로 성장했다. 톨스토이는 링컨을 가리켜 말하기를 "예수님을 가장 닮은 사람이 바로 링컨이다."라고 했다. 그는 항상 미국인들이 가장 존경하는 지도자 1위로 뽑힌다. 가난한 통나무집에서 태어나 인생의 모든 역경을 지나면서 자라난 링컨은 삶의 모든 순간이 역경이었지만, 그 역경을 성경과 독서의 힘으로 극복하고 뛰어넘으면서 인생의 모든 역경을 경력으로 만들었다. 결국은 인류 역사상 가장 위대한 인물인 하나님의 아들 예수 그리스도를 제외하고는 가장 훌륭한 인물의 반열에 올랐다.

남북 전쟁의 어려운 환경 가운데서도 링컨은 백악관을 기도실로 만들 만큼 성경을 보고 기도하는 지도자였다. 그리고 '화합과 소통의 리더십'으로 미국을 하나로 만들어 냈다. 그는 수많은 독서를 통해서 길러진 내공으로 민주주의 영원한 현장이 된 게티즈버그 연설을 직접 작성할 만큼 훌륭한 문장가였다. 우리 대한민국이 통일한국을 이룬 후에도 '남북한의 화합과 소통'을 위해서 모델로 삼아야 할 인물이 링컨이다. 링컨에 관한 자료는 독자 여러분이 직접 찾아 보면서 더 깊은 공부를 해보기를 바란다.

미국의 링컨이 항상 미국 국민들이 존경하는 지도자 1위라면, 대한민국 오천 년의 역사에서 가장 존경받는 지도자는 세종대왕이다. 백독백습의 독서 내공이 위대한 성군세종(聖君世宗)을 만들었다. 필자는 24대 선조인 박신(朴信)[14]이 세종 때 이조판서(吏曹判書) 등 중요한 관직

---

14) 박신(朴信). 정몽주의 문하생으로 장원급제하여 세종조 때에는 이조판서 등 주요 관직을 역임하였다. 박신의 둘째 아들 박종우는 태종 이방원의 부마(사위)이다. 필자가 분단의 현장인 민통선 마을인 김포 애기봉 밑에서 살게 된 연유는 박신이 관직에서 물러난 후에 김포 통진현에 삶의 터전을 잡았기 때문이다.

을 한 인물이기에 20대 초반부터 직계 선조인 박신과 함께 세종대왕에 대해서 관심을 많이 가지고 공부를 해왔다. 박신은 내 인생의 첫 멘토였고, 세종은 늘 나의 연구 대상이었다. 2017년에 출간한 필자의 책 『한국이 온다』[15]에서는 한국 역사에 기초를 놓은 인물 8인을 소개하면서 세종(世宗)을 첫 번째로 소개했다.

그렇다면 세종의 위대함은 무엇인가? 무엇이 세종을 한민족 오천 년 역사에 가장 훌륭한 지도자로 우뚝 서게 하였는가? 필자는 세종의 위대함은 '소통과 화합의 리더십'에 있다고 본다. 세종은 집현전을 만들어 신하들과 직접 소통했고 백독백습(百讀百習)의 독서 내공의 힘으로 창의력을 발휘하는 인재를 발탁하여 중요한 일들을 맡겼다. 그래서 우리 민족 오천 년의 역사에서 세종 때가 가장 문화가 꽃핀 시대가 되었다. 그 힘은 세종의 '소통과 화합의 힘'이었다.

지금 우리 대한민국은 K-POP, 드라마, 게임 등 한류로 세계를 이끌어갈 만한 문화 선진국이 되어가고 있다. 세계가 한국을 주목할 만한 괄목상대(刮目相對)[16]할 만큼 성장해가는 대한민국을 세계가 지켜보고 있다. 그런데 유독 뒤떨어진 분야가 있는데 바로 '정치 지도자의 리더십'이다. 필자가 이 책을 쓰면서 가장 고민했던 것은 '어떤 주제로 글을 쓸까?'였다. 몇 개월을 고민하다가 내린 결론이 '대한민국의 치명적인 부족인 리더십'에 관해서 써야겠다고 결론을 내렸다. 세

---

15) 『한국이 온다』(박성배, 남상효, 2017)
16) '눈을 비비고 상대방을 본다'는 뜻으로, 현재 세계는 한국의 성장과 발전을 그렇게 바라보고 있다.

종에 관한 글도 참고 문헌이나 각주를 많이 달기보다는 내가 세종 같은 인물이 되고자 하는 작은 결심부터 하는 것이 중요하다고 생각했다. 분단 77년이 된 한반도의 통일은 세종 같은 준비된 지도자가 나와야 가능하다.

### 다윗 통일 이스라엘을 위해 하나님이 광야에서 오랫동안 준비한 리더

다윗(David)은 통일 이스라엘을 위하여 오랜 시간 광야를 지나면서 보석처럼 빚어진, 준비된 리더였다. 신약성경 사도행전 13장 22절에서 바울은 다윗을 가리켜 '내 마음에 합한 사람'이라고 하였다.[17] 다윗은 우리아의 아내를 범한 실수[18] 이외에는 하나님이 인정하는 신실한 믿음의 지도자였다. 다윗은 소년 시절에 이스라엘을 괴롭히던 블레셋의 장수 골리앗을 물멧돌 하나로 쓰러뜨리면서 이스라엘의 영웅으로 떠올랐다. 그러나 당시 왕이었던 사울의 시기로 말미암아 10여 년이나 되는 긴 광야 생활을 하게 된다.[19]

그러나 다윗을 다윗 되게 한 것은 사울 왕을 피해 다니면서 겪은 광야 생활이었다. 그때의 다윗의 형편은 인간으로서는 가장 낮은 밑바닥 생활을 하였다. 그때 다윗은 자신의 몸 하나 가누기도 힘들 때였지만, 사람들이 400여 명이나 다윗 주변에 몰려들게 되었고, 다윗은 그들의 지도자가 되었다. 그는 그때의 절박한 심정을 시편 57편에

---

17) 폐하시고 다윗을 왕으로 세우시고 증언하여 이르시되 내가 이새의 아들 다윗을 만나니 내 마음에 맞는 사람이라 내 뜻을 다 이루리라 하시더니
18) 사무엘하 11장 참조
19) 사무엘상 17장, 22장, 시편 57편 참조

서 '아둘람 굴에서 드린 다윗의 기도'로 성경에 남겼다.

다윗이 정말 실패한 사울 왕과는 다르게 위대한 믿음의 지도자로 준비된 때는 '아둘람 동굴에서 지내던 광야 수업의 때'였다. 인간은 외모를 중요하게 여기지만, 하나님은 존귀하게 쓸 지도자를 광야에서 준비시키신다. 필자는 광야 수업을 받으면서 믿음의 사람 다윗을 새롭게 만났다. 그때 쓴 책,『일어나다』의 다윗 부분을 인용해 본다.

다윗(David)은 광야에서 보석처럼 빚어진 하나님의 사람이다. 하나님은 때때로 광야의 고난을 통해서 삶의 패러다임을 바꾸어 주신다. 그것은 좋은 품성의 사람을 얻기 위해서이다. 광야의 고난은 하나님이 사랑하는 사람들의 패러다임을 바꾸는 처방책이기도하다. 그렇게 바뀐 패러다임은 온전히 하나님께 초점을 두고 살아가도록 만든다. 하나님은 쉽게 사람을 만들고 얻으시는 것이 아니라 농부처럼 씨를 뿌리고 가꾸시고, 조각가처럼 정교하게 다듬어 가신다. 그리고 건축가처럼 벽돌 하나하나 쌓으셔서서 아름다운 인생의 집으로 만들어 가신다.

성경 사무엘상 30장 6절에 등장하는 다윗은 무너진 절망자에게 희망을 주는 믿음의 사람이다. 다윗이 위대한 믿음의 사람으로 우뚝 설 수 있었던 것은 광야의 고난의 시절에 하나님을 믿고 일어섰던 믿음의 결단 때문이었다. "하나님 여호와를 힘입고 용기를 얻었더라.(삼상 30:6)"

다윗은 골리앗을 때려눕히며 어린 나이에 역사의 무대에 등장했다. 그러나 다윗은 사울 왕의 질투심으로 생명의 위협을 받으며 들로

산으로 도망을 다녀야 했다. 다윗은 군대의 총사령관직에서 하루아침에 실직하여 떠돌이 신세가 되었다. 부도난 사람이요 파산한 사람이 되었다. 그뿐인가? 블레셋 사람 300명을 죽인 대가로 결혼한 아내 미갈이 떠나고 어렵고 힘들 때 용기를 주던 인생의 스승 사무엘도 세상을 떠났다. 생명을 함께 나눌 수 있었던 요나단도 만날 수 없게 되었다. 다윗의 사람들은 다 떠나갔다.

산다는 것이 무엇인가? 시편 34편에 보면 다윗은 목숨이라도 부지해 보려고 블레셋 사람들 앞에서 미친 짓 하다가 조롱거리가 된다. 다윗은 더 내려갈 수 없는 자리까지 추락했다. 다윗은 몹시 지쳐 있었고, 낙심되었다. 사람이 고난을 많이 당하면 한계를 느끼게 마련이다. 광야의 한복판에 있는 다윗은 하나님을 포기하고 내 힘으로 살아보려고 했다. 그래서 적군의 땅 블레셋으로 망명한다. 다윗은 도적 떼의 두목이 되어 1년 4개월을 폭도로 살았다. 다윗 일당은 시글락이라는 정착촌을 마련하였고, 아기스 왕의 신임도 얻었으니 일이 잘 풀려 간다고 생각했다.

그러나 세상일이란 생각한 대로 되지 않는다. 어느 날 다윗이 자리를 비운 사이에 다윗의 무리가 거주하던 정착촌이 아말렉 사람들의 습격을 받아 불바다가 되어 버린다.(삼상 30:1~6) 여인과 어린아이들은 모두 포로로 끌려가고 재물은 모두 빼앗기고 애써 세워놓은 집들은 모두 불타버렸다. 다윗과 그 백성들은 서럽고 억울했다. 땅바닥에 주저앉아 울 기력이 없을 만큼 울고 또 울었다. 갈 곳도 없고, 이제 더는 의지할 곳도 없는 막다른 골목이었다. 그런데 함께 울던 사람들이 갑자기 돌변하여 다윗 때문에 우리가 이렇게 망했다 하며 돌을 들어 치려 하는 게 아닌가. 다윗은 막다른 벼랑 끝에 혼자서 서 있었다. 적군에 의해서가 아니라 믿고 사랑했던 동족에 의해 돌에 맞아 죽을 지경이 된 것이다. 성경은 '다윗이 크게 군급하였다(삼상 30:6)'라고 기록하고 있다. 마음이 심히 답답하고 괴로웠다는 뜻이다.

다윗의 인생은 여기가 끝이었다. 그러나 성경은 바로 이 마지막 자리에서 일어난 사건을 이렇게 기록하고 있다. "하나님 여호와를 힘입고 용기를 얻었더라."(삼상 30:6) 하나님은 언제나 인생의 광야 끝에서 계신다. 그리고 더는 한 발자국도 디딜 수 없는 끝자락에서 만나주신다. 다윗은 인생의 끝자락에서 만난 하나님과 다시 인생을 시작하게 된다.

다윗은 광야 인생의 끝자락에서 만난 하나님을 "나를 위하여 모든 것을 이루시는 하나님"(시 57:2)이라고 고백하고 있다. 여기가 마지막이라고 생각이 드는가? 거기에 하나님이 계신다. 다윗의 광야 수업, 그때의 고백이 믿음의 사람 다윗을 만들었다. 다윗은 광야의 고난을 통해서 성숙했다. 사울의 시기에 쫓겨 젊음의 시절을 광야에서 보낸 다윗은 겸손과 인내를 배웠고 인생이 하나님의 손에 있다는 것을 체험했다. 광야의 고난은 다윗을 다윗 되게 한 특효약이었다. 그러한 의미에서 다윗의 광야의 고난은 축복이었다. 그곳에서 예수님의 예표인 다윗은 보석처럼 빛나는 인격과 믿음의 사람으로 빚어져서 이스라엘의 믿음의 왕으로 쓰임 받았다.

다윗처럼 당신의 광야 여정을 간증으로 만들라. 광야의 체험을 바탕으로 희망을 노래하라. 모든 하나님이 귀하게 쓰신 사람들은 광야

대학을 졸업한 사람들이다. 광야는 전공 필수이다. 나의 삶과 광야 체험을 함께 나누어 보자. 광야의 체험이 나의 사명이다. 다윗을 통해서 배우는 한 줄은 '진정한 지도자는 광야에서 보석처럼 빚어져 쓰임 받는다.'라는 사실이다.[20]

### 사무엘 마펫 평양을 제2의 예루살렘으로 만든 영적 리더십

이 책의 공저자 중의 한 사람인 강석진 저자와 2021년에 『한국교회의 아버지 사무엘 마펫』[21]을 출간했다. 책을 출간하면서 필자의 은사이신 민경배 박사님께서 "교회사에 길이 남을 역작(易作)이다"라고 과분한 평가를 해주셨다. 사무엘 마펫(Samuel Moffett, 1864.1.25.~1939.10.24.)은 미국 북장로교 선교사로 한국 땅, 그것도 그 당시에는 불모지였던 평양 땅에 들어가 복음을 전했다. 예수 믿는 신자가 한 명도 없던 평양 땅에서 마펫은 온갖 핍박과 역경 속에서도 오직 믿음으로 복음을 전하고, 특별히 한국 교회의 인재 양성의 산실인 '평양신학교(平樣神學校)'를 세웠다. 평양신학교는 오늘날 장로회신학교와 총신대 모체이다.

한반도의 통일에 관해 깊이 통찰하며, 기도하면서 사무엘 마펫을 언급하는 것은 '그의 한반도 북녘땅을 향한 복음의 열정'을 배웠으면 하는 마음에서이다. 마펫은 남쪽인 서울(당시 한양)에서 복음을 전한 언더우드나 다른 많은 선교사처럼 알려지지 않았다. 그러나 그의 책을 집필하면서 큰 감동을 받은 점은 그의 멈추지 않는 도전정신과 복음에 기초를 둔 불굴의 개척정신이었다. 우리가 통일을 위해서 가

---

20)  『일어나다』 (박성배, 2015)
21)  『한국교회의 아버지 사무엘 마펫』 (박성배, 강석진, 2021)

져야 할 마음이 바로 '마펫과 같이 준비된 지도력과 복음적 열정으로 북녘땅 회복과 통일의 열정을 갖는 것'이다. 책을 쓰면서 책 앞에 약술한 마펫의 생애를 옮겨본다.

　사무엘 마펫(Samuel Austin Moffett, 1864~1939)은 평양을 세계 최대 선교 지부로 발전시킨 20세기의 가장 위대한 선교사 중 한 명이요 한국 교회의 영적 아버지이다. 미국 하노버 대학과 맥코믹 신학교를 졸업하고 26세인 1909년에 미국 북장로교 선교회 파송으로 내한하였다. 1809년부터 1936년까지 46년간 한국의 평양을 중심으로 사역했다. 평양을 중심으로 1천여 교회와 3백여 학교를 세웠고 평양신학교를 설립하여 8백여 명의 목사를 배출하면서 평양을 제2의 예루살렘으로 만들었다. 독노회 초대노회장과 장로회총회장을 역임했다. 사무엘 마펫 목사의 생애와 사역을 다시 출간하는 목적은 한국 교회의 비전을 새롭게 함과 다가오는 통일한국과 선교 한국 교회의 모델을 사무엘 마펫을 통해서 정립하고자 함이다.

### 주세페 베르디 오페라 작곡을 통한 이탈리아 통일 리더십

　필자는 지금부터 10여 년 전인 2010년경에 한 권의 책을 통해서 '주세페 베르디(Giusppe Verdi, 1813~1901)'를 알게 되었다. 그 책은 칼럼니스트 정진홍이 쓴『완벽에의 충동』이라는 책이었다. 책의 서문에는 다음과 같은 문장이 나온다.

　"음악가로서 나는 일생동안 완벽을 추구해 왔습니다. 완벽하게 작곡하려고 애썼지만 하나의 작품이 완성될 때마다 늘 아쉬움이 남았습니다. 때문에 나는 분명하게 한번 더 도전해 볼

의무가 있다고 생각했던 것입니다."

위의 말은 오페라의 왕이라 불리는 베르디가 80세에 생애의 마지막 대작(大作)인 오페라 '폴스타브(Falstaff)'를 공연하고 당시 18세였던 피터 드러커에게 한 말이다. 피터 드러커는 18살에 빈에서 베르디의 폴스타프를 관람한 이후에 베르디를 만났다. 그리고 그의 '완벽에의 충동'이라는 정신이 감동을 받고 95세까지 살면서 일평생 완벽에의 충동으로 베르디처럼 수많은 명작을 남겼다.

민통선 마을에서 자라면서 통일에 대해 관심이 많았던 필자는 오페라의 왕이라고 불린 베르디의 생애를 연구하면서 글을 써서 통일에 기여를 해야 겠다는 소명을 갖게 되었다. 그런 소명을 준 문장은 '베르디, 이탈리아 통일과 자유를 노래하다'이다. 구체적인 이유는 베르디의 오페라 나부코 4장에 나오는 '히브리 노예들의 합창'을 작곡하게 된 베르디의 작곡 이유가 내가 남은 생애 동안 작가로서 어떤 글을 써야 할지에 대한 분명한 방향을 제시해 주었기 때문이다. 베르디에 관한 이 글은 전수연 작가의 베르디 자서전[22]과 음악과 조연범의 'kbs 특강 유튜브 영상'[23]을 참조하였다.

베르디가 오스트리아의 침공으로 늘 위험과 불안을 느끼던 조국 이탈리아에 '나부코 4장의 히브리 노예들의 합창'으로 이탈리아의 통일과 자유를 노래했던 것이 중학교 2학년까지 민통선 마을에 살면

---

22)  『베르디 오페라, 이탈리아를 노래하다』(전수연, 책세상, 2013)
23)  유튜브, 인문강단 樂, 조윤범의 클래식 여행, 2014

서 통일에 대한 염원과 소원을 품고 답을 찾던 필자에게 방향을 제시해 주었다. 베르디가 오페라를 작곡해서 통일의 염원을 가진 이탈리아 국민들에게 통일의 희망을 주었던 것처럼 글을 써서 아직도 지구상에 유일한 분단국가로 남아있는 대한민국의 통일과 희망의 길을 제시하는 글을 써야겠다는 분명한 로드맵을 발견하였다.

오페라의 왕 베르디의 '폴스타프'를 관람한 18세의 피터 드러커가 95세까지 살면서 매 순간 '완벽에의 충동' 정신으로 수많은 명작을 써서 현대 경영학의 아버지로서의 큰 발자취를 남겼던 것처럼 필자는 본격적인 복음 통일을 위한 글쓰기를 통해서 '분단국인 코리아의 통일과 미래 희망'을 써가는 소명을 이루어 가려고 한다.

이제 피터 드러커와 내 인생에 큰 영향과 울림으로 다가온 오페라의 왕 주세페 베르디의 생애를 따라가면서 '오페라로 이탈리아 통일을 노래했던 베르디는 어떻게 준비되었으며 그 영향력은 얼마나 큰 것이었는가'를 살펴보자. 베르디는 오페라의 왕이라 불리는 이탈리아의 국보급 오페라 작곡가이다. 그는 이탈리아의 낭만과 오페라 작곡가였으며 오르가니스트로서 '이탈리아의 통일과 자유를 노래'하였다. 그는 일평생 수많은 오페라 작곡의 명작들을 남겼고 음악인들과 수많은 사람들에게 '한 사람의 위대한 힘'으로 영향력을 끼치고 있다. 대표작은 '라트라비아타, La Traviata', '나부코, Nabucco', '리골레토, Rigoletto', '아이다, Aida', '폴스타프, Falstaff' 등이 있다.

**초기 작품들을 작곡하면서 오페라 작곡 왕의 길을 걷다**
베르디는 어린 시절부터 천재였고 오페라 작곡의 재능을 일찍부터 보였다. 대중의 사랑을 가장 많이 받은 오페라 작곡가였다. 베르디는 자신이 위인이 될 것을 알았고 역사에서 자신이 어떻게 평가되고 기록될 지도 알았다. 그는 돈을 받고 어린 시절부터 오르간을 연주하는 오르간 연주자였다. 안토니오 바렛지의 집에 머물면서 그의 딸과 사랑에 빠졌다. 밀라노에 유학을 가서 밀라노 음악원에 입학하려 했으나 거절을 당했다. 그때 밀라노에 머물면서 개인레슨을 받다가 하이든의 오라토리오의 지휘를 맡게 되었다. 그는 밀라노에서 지휘자로 활동하며 성공을 거두었다. 그리고 가족과 함께 밀라노로 이주를 하였다. 그때부터 평생 30개 이상의 오페라를 작곡했다. 그러나 인생의 초반인 30세의 젊은 나이에 딸이 죽은 아픔을 겪게 된다. 그 슬픔을 극복하고 쓴 것이 '오베르토'이다.

베르디는 인생의 중기에 해당하는 때에 쓴 오페라부터 유명해지기 시작했다. 그는 첫 번째 부인 '마르게리타 바레치(1814~1840)'와 결혼하여 행복한 가정을 이루었으나 4년 만에 딸과 아들, 그리고 아내까지 사망하는 인생의 큰 역경을 당한다. 그때 두 번째 오페라인 코미디 장르의 오페라를 썼지만 처절하게 실패를 경험한다.(1839년) 처참히 실패한 베르디는 인생의 모든 의욕을 잃고 침대에 그냥 퍼져있었다. 그때 친구가 오페라를 작곡하라고 나부코의 대본을 펼쳐 놓고 갔다. 침대에서 힐끔 대본을 보니 다음과 같은 문장이 눈에 들어왔다.

'가라! 내 마음이여! 황금 날개를 타고'

인생의 가장 힘든 시기를 지나고 있던 베르디는 '나한테 하는 이야기인가?' 하고 일어나 거부할 수 없는 매력에 이끌려서 생애 세 번째 오페라인 '나부코(Nabucco)'를 쓴다. 오페라 나부코의 성공으로 베르디는 이탈리아에서 가장 유명해졌다. 특별히 4막에 나오는 '히브리 노예들의 합창'은 바벨론에서 포로 생활을 하는 히브리인들이 잃어버린 조국을 그리워하는 마음을 표현하였다. 나부코는 곡을 만든 베르디 자신에게는 역경을 극복하고 일어나는 데 큰 의미가 있는 오페라였고 오스트리아의 침공과 괴롭힘에 시달리고 있던 조국 이탈리아 국민들에게는 통일의 꿈과 희망을 심어주는 큰 의미가 있는 노래였다.

### 히브리 노예들의 합창, '가라! 내 마음이여, 황금 날개를 타고'

나부코 4막에 나오는 합창곡, '히브리 노예들의 합창'은 바벨론에서 포로 생활하는 히브리인들의 잃어버린 조국을 그리워하는 마음을 표현하였다. 모든 이탈리아인이 '히브리 노예들의 합창'을 부르면서 '베르디는 우리의 마음을 대변하고 있다'라고 생각했다. 베르디의 음악으로 이탈리아는 하나가 되었다. 나부코는 무려 57회나 공연이 되어 큰 성공과 영향력을 미쳤다. 베르디는 나부코의 대성공으로 큰 돈을 벌었고 사교계의 유명 인사이자 조국 이탈리아의 영웅이 되었다. '가라! 내 마음이여, 황금 날개를 타고'는 이제 군중가로도 사용되기 시작하였다.

나부코의 대성으로 너무 많은 일정을 소화하던 베르디는 결국 건강이 악화되었다. 모든 것을 내려놓고 쉬고 있을 때 주변 사람들이 권유로 셰익스피어의 작품을 만났고 오페라 '맥베스'가 탄생하였다. 베르디는 오페라 공연을 할 때마다 완벽을 추구했기에 주변 사람들이 힘들어하기도 했다. 가족을 모두 잃은 아픔을 겪은 베르디는 자신의 오페라를 자신이 원하는 대로 완벽하게 부르는 오페라 가수 '주세피나'와 동거를 시작했고, 오랫동안 이어진 동거 끝에 그녀와 결혼했다. 주세피나 역시 가족을 잃은 같은 아픔을 겪었기에 두 사람은 음악적 동지이자 부부가 되었다.

앞에서 언급한 주세페 마치니의 이탈리아 통일 사상을 주세페 베르디는 음악으로 노래했다. 이탈리아의 통일을 이루어 낸 데는 마치니와 함께 베르디가 있었다. 베르디의 오페라는 이탈리아 사람들에게 조국의 통일을 위해서 분연히 일어날 수 있는 용기와 기개를 주었다. 그의 오페라는 국민을 향한 격문이었다. 베르디는 나부코의 성공 이후, 나부코와 유사한 작품들을 계속 썼다. 오페라 장인(匠人)의 경지에 오르기 위해서 일 평생에 걸쳐 뼈를 깎는 노력을 했다. 결국 베르디는 26편의 오페라를 통해서 이탈리아 통일의 상징이 되었다.

### 하나님은 준비된 사람을 통해서 통일의 길을 열어가신다

하나님은 준비된 사람을 통해서 일하실 뿐만 아니라 하나님께서 친히 일하신다. 하나님은 광야에 길을 내시며 황무지에 장미꽃이 피게 하시는 분이시다. 이 글을 쓰면서 언급한 주세페 마치니, 크리스티안 퓌러, 독일 통일 3걸(헬무트 콜, 게르하르트 슈뢰더, 앙겔라 메르켈), 링컨과 세종, 다윗, 사무엘 마펫, 주세페 베르디를 공부할 수 있어서 감사하다. 그들 이외에도 한반도 통일을 위해서 배워야 할 모델들은 더 많이 있을 것이다. 이 글을 더 발전시켜서 복음 통일에 관한 단행본을 쓰고자 하는 소망을 갖는다. 그리고 이 시대에 '그래도 아직 포기하지 않은 통일의 꿈'으로 함께 글을 쓴 8인의 통일 전문가들로부터 배울 수 있음에 큰 기쁨과 감사를 느낀다.

우리가 이렇게 소중한 복음 통일 책을 출간하면서 통일의 꿈을 향해 작은 걸음을 걸어갈 때, 역사의 주관자이신 하나님께서는 큰 역사로 한반도에 복음 통일의 역사를 이루어 주시리라 믿는다.

## 참고 문헌

『통일을 앞당겨 주소서』 극동방송 기획, 박성배 외 14명, 2016
『이태리 건국 삼걸전』 랑치차오 저, 신채호 번역, 2001
『마찌니 평전』, 봉튼킹 저, 1980
『그리고 우리는 거기에 있었다』 크리스티안 퓌러 저, 최용준 번역, 2015
『뜻으로 본 한국 역사』 함석헌, 1965
『일어나다』 박성배, 2015
『한국이 온다』 박성배, 2017
『앙겔라 메르켈의 통일독일 리더십』 이수영, 2021
『독일의 힘, 독일의 총리들 1』 김황식, 2022
『독일 통일에 관하여 잘못 알고 있는 것들』 리하르트 슈뢰더 저, 최기식, 정환희 옮김, 2014
『하나님의 시나리오 조선의 최후』 박호용, 2011
『한국교회의 아버지 사무엘 마펫』 박성배, 강석진, 2021
『이때를 위함이 아닌지』 임영수, 1991
『세종이라면』 박현모, 2014
『하나님은 통일을 원하신다』 평화통일을 위한 기독인 연대, 2013
『베르디 오페라』 박종호, 2021
『베르디 오페라, 이탈리아를 노래하다』 전수연, 2013
신약성경 에베소서

국내외 탈북민을
통한 복음 통일

2장

# 조요셉

복음 통일의 꿈과 비전을 품고 남·북한 사람들이 함께하는 믿음의 공동체인 물
댄동산교회를 목회하는 신실한 목회자이다. 민족복음화를 위해 통일전략아카데
미 원장과 예수전도단 북한선교연구원장, 선교통일한국협의회 상임대표로 일하
고 있다. 저서로는 『북한선교의 마중물, 탈북자』 등 다수의 책이 있다.

# 교회 안에서의
# 남·북한 사람 소통,
# 어떻게 할 것인가?

    남북한은 분단 이후 같은 민족임에도 불구하고 적대적 관계로 인해 교류가 없을 뿐 아니라 대화와 소통이 제대로 이루어지지 않고 있다.[24] 이는 정부 차원에서뿐 아니라 민간 차원에서도 마찬가지이다.[25] 그 주된 이유는 서로 상이한 체제를 오랫동안 유지하여 상당 부분 이질화(異質化)되었기 때문이다. 북한 사역을 하면서 탈북민을 접해 본 사람들은 그들과 소통이 얼마나 어려운가를 실감할 수 있다. 이를 극복하는 것이 북한선교의 첫 관문이다.

    하나님께서는 우리가 북한에 가서 복음을 전할 수 없음을 알고 3만 명이 넘는 탈북민들을 남한으로 보내주셨다. 이들 대부분은 중국이나 제3국에서 선교사들을 도움을 받아 복음을 듣고 입국하였다.

---

24) 대화는 마주 대하여 이야기하는 것이고, 소통은 가지고 있는 생각이나 뜻이 서로 통하여 오해가 없는 것을 의미한다.

25) 탈북민들과 의료진 사이에 소통이 안 되어 치료의 어려움이 많다. 이를 해소하기 위해 북한이탈주민정착지원사무소(하나원)와 국립암센터가 『북한이탈주민을 통해 본 남북한 질병 언어 소통 사례집』을 발간하였다. (통일부, 2020.12.9. 보도자료)

그래서 남한에 처음 왔을 때 70%의 인원이 교회 출석하지만, 시간이 갈수록 35%로 저조해진다.[26] 북한기독교총연합회 회장 김권능 목사는 실제 현장에서는 체감하는 복음화율은 10%도 채 되지 않으며, 교회 정착해 헌신자가 되는 것은 낙타가 바늘구멍을 통과하는 보다 더 어렵다고 말한다.[27] 탈북민의 교회 출석률과 복음화율이 떨어진다는 것을 통일을 준비하는 한국교회는 심각하게 받아들여야 한다. 왜냐하면 이곳에 와 있는, 3만 명이 조금 넘는 탈북민들도 복음화하지 못하면서 북한에 있는 2천만이 넘는 동포를 복음화한다는 것은 자가당착이기 때문이다.[28]

이 글은 같은 민족이지만 다른 체제에 살아온 탈북민 성도가 교회 안에서 남한 성도들과 어떻게 소통하며 예수 안에서 하나가 되어가는가를 살펴보는 데 그 목적이 있다. 이 문제에 접근하는 데 사회학·신학적 접근방법[29] 등 있겠지만 여기서는 오랫동안 탈북민사역과 목회현장인 물댄동산교회에서 경험한 것을 중심으로 살펴보고자 한다.

---

26) 『통일실험, 그 7년』 (전우택 외, 한울아카데미), 국민일보, 2015.2.9.
27) '한국교회와 탈북민교회의 하나됨이 북한선교의 문을 여는 마스터키' (투데이N, 2021.7.7.)
28) 『북한선교의 마중물 탈북자』 (조요셉, 두날개), 『통일을 넘어 열방으로』 (북한사역목회자협의회, 아가페북스)
29) '교회 내 북한이탈주민 부서 사역의 쟁점과 과제' (김의혁), '탈북민교회 연구 세미나' (선교통일한국협의회), '남북 사역자가 목회하는 남북통합목회' (하광민), '탈북민교회 연구 세미나' (선교통일한국협의회), '탈북민교회 연구 세미나' (북한사역목회자협의회)

# 교회 내에 남북한성도 소통이 어려운 이유

## 서로 다른 인간관(人間觀)의 충돌

일반적으로 정치 권력자들은 체제의 안정을 위해 그 체제가 추구하는 세계관에 맞는 인간형을 만들려고 노력한다.[30] 분단 이후 남한은 자유민주주의(자본주의)체제에 부합되는 민주시민을, 북한은 정권 초기 지덕체를 겸비한 공산주의 인간형을 추구하였으나 80년대에 접어들면서 김부자 세습과정을 통해 김일성·김정일에게 맹목적으로 순종하는 충성둥이(주체형인간)를 만들어 왔다.[31] 남북한은 70년 넘게 교류 없이 적대적 관계를 유지해왔기 때문에 서로 이질화된 부분을 확인조차 할 수 없었다.

북한 체제가 폐쇄적이라 갈 수도 없고 정보도 얻을 수 없어 북한 사회가 어떠한지, 또 그 속에서 살고 있는 주민들은 어떠한 생각을 하는지 알 수가 없다. 그러던 중 1990년 중반 자연재해와 김일성 사망으로 탈북민들이 대거 입국하면서 그들을 통하여 북한 사회의 실상을 알게 되었다.

남한에 온 탈북민들은 북한 정권의 왜곡된 교육으로 말미암아 남한이 미 제국주의 하에 빌어먹고 사는 거지의 나라라고 배워왔는데 실제 와서 보니 북한의 주장과 정반대라는 것을 알았다고 한다.[32] 그들은 우리와 전혀 다른 체제에 살아왔기 때문에 우리 사회에 잘 적응하지 못하는 것이 어떻게 보면 당연하다. 그러므로 탈북민의 남한

---

30) 『탈북자와 함께하는 통일』(조용관(조요셉), 김윤영, 한울)

31) 『탈북자와 함께하는 통일』(조용관(조요셉), 김윤영, 한울)

32) 『탈북자와 함께하는 통일』(조용관(조요셉), 김윤영, 한울)

사회 적응과정은 상이한 세계관·인간관의 충돌이라고 할 수 있다. 서로 다른 가치관을 가진 사람들이 하나 된다는 것이 얼마나 어려운가는 독일의 통일이 잘 보여주고 있다. 동독과 서독은 전쟁을 경험한 적이 없고 상호왕래가 있었음에도 통일 이후 경제적 후유증과 사회적·심리적 후유증으로 어려움을 겪고 있다.[33] 서로 교류가 있었던 동·서독과는 다르게 6.25전쟁을 경험하고 교류가 거의 없는 상태였던 남한 주민과 북한 주민이 소통하는 것은 쉬운 일이 아니다. 교회 안에서 탈북성도와 소통이 어려운 것은 서로 세계관·인간관이 다르기 때문이다.

### 북한 사회에 대한 이해 부족과 무관심

분단 초기에는 이산가족도 있고 통일에 대한 열망이 높았으나 시간이 갈수록 그 열기는 사라지고 무관심하여 분단이 자연스러운 현상이 되었고,[34] 이러한 현상은 교회 내에서도 별반 다르지 않았다. 일반 국민이나 기독교인 중에 통일이 안 되어 고통받고 마음 아파하는 사람은 실향민이나 탈북민을 제외하고는 없을 것이다. '못사는 북한과 통일되면 함께 못살 것'이라는 생각 때문에 통일을 원하지 않고 북한에 대해 관심을 갖지 않는다.

---

33) 독일이 겪은 통일 후유증 가운데서 경제적 후유증과 사회적·심리적 후유증이 가장 심각한 후유증으로 알려졌다. 경제적 후유증은 동독 재건과 동독 실업자의 생계지원에 예상보다 훨씬 많은 재원이 소요된 데서 비롯된 것이며, 사회적·심리적 후유증은 동독 주민들이 서독 체제 적응과정에서 겪게 된 어려움과 갈등에서 비롯된 것이다. (DailyNK. 2015.1.27.)

34) 서울대학교 통일평화연구원이 발표한 자료(2021.10.5)에 따르면, 통일의 필요성에 대해 19~29세 이하 27.8%, 30대 40.9%, 40대 46.5%, 50대 46.9%, 60대 이상 56.4%로 나이가 어릴수록 통일을 원하지 않는 것으로 나타났다. (헤럴드경제. 2021.11.4.)

그러나 예수 믿는 우리는 주님의 마음으로 통일을 위해 노력하고 북한의 복음화를 위해 준비하여야 한다. 왜냐하면 평화의 사도인 예수님은 동족끼리 총부리를 맞대며 원수처럼 살기를 원하지 않고 통일되기를 원하시기 때문이다.(엡1:10) 통일을 위해서는 우리는 그동안 북한 사회와 북한 동포들에 대해 무관심했던 것을 회개하고 이곳에 와 있는 탈북민들을 통해 서로가 다른 것이 무엇이며, 또 같은 것이 무엇인가를 찾아가면서 분단의 골을 메우도록 노력해야 할 것이다.

## 물댄동산교회 사역 소개

### 교회 표어
'부활의 증인'되어 통일과 민족 복음화를 이루자! – 하나님이 기뻐하시는 교회. 성령의 권능으로 부활을 증거하는 교회. 통일을 준비하는 교회

### 성경 구절 : 이사야 58장 10~12절
10. 주린 자에게 네 심정이 동하며 괴로워하는 자의 심정을 만족하게 하면 네 빛이 흑암 중에서 떠올라 네 어둠이 낮과 같이 될 것이며, 11. 여호와가 너를 항상 인도하여 메마른 곳에서도 네 영혼을 만족하게 하며 네 뼈를 견고하게 하리니 너는 물 댄 동산 같겠고 물이 끊어지지 아니하는 샘 같을 것이라, 12. 네게서 날 자들이 오래 황폐된 곳들을 다시 세울 것이며 너는 역대의 파괴된 기초를 쌓으리니 너를 일컬어 무너진 데를 보수하는 자라 할 것이며 길을 수축하여 거할 곳이 되게 하는 자라 하리라

교회 연혁과 프로그램

물댄동산교회는 2007년 7월 17일 통일과 민족복음화를 꿈꾸는 남북한 청년들이 주축이 되어 양재동 하이패밀리(대표 송길원 목사) 건물 지하에서 창립되었다. 통일이 영토의 통일, 제도의 통일, 사람의 통일로 이루어진다면 우리 교회는 통일의 마지막 단계인 사람의 통일이 이루어지는 교회이다. 하이패밀리에서 2년 동안 있다가 2009년 12월 이대 앞으로 이전하였고, 그곳에서 1년 넘게 있다가 2010년 6월 현재 사당동 성전으로 이전하였다.

교회 성도는 약 70명 조금 넘게 모이며 70%가 청년층이고, 전교인의 27%가 탈북민이다. 창립 초기에는 탈북청년들이 많았으나 결혼과 직장 등으로 숫자 조금 줄어들었다. 우리 교회는 지역교회가 아니라 교회 주변에 사는 사람이 2가정뿐이고 나머지는 모두 원거리 성도들이다.

- 예배 : 새벽예배, 수요예배, 주중 구역모임
- 매일성경 통독
- 성경공부 : 약 2개월간 일대일 성경공부. 주일설교·새벽설교 듣고 간증문 쓰기

**물댄동산교회 소통목회 현황**

**북한 사회에 대해 이해력을 갖도록 한다**

남북한 분단 이후 필요에 따라 부분적으로 물적 교류는 있으나 민간 차원에서 교류는 거의 없었다. 북한은 외부와 단절된 폐쇄체제이

기 때문에 북한 안에서 어떠한 일이 일어나고 있는지 또 북한 주민들이 어떻게 살아가고 있는지 알기 어렵다. 사람이 소통을 하려면 그 사람이 어떻게 살아왔는지를 알아야 한다. 통일과 북한의 복음화를 위해 세워진 우리 교회는 필자가 하는 통일전략학교(북한선교전략학교, 숭실통일아카데미, 통일전략아카데미)를 수강하도록 한다. 국내 최고 북한 전문가들로 구성된 통일전략학교를 다닌 사람들은 탈북 성도들을 만나도 별다른 충격 없이 소통을 잘한다.

또 궁금한 것이 있으면 탈북민 성도에게 자연스럽게 물어보고, 탈북 성도들 또한 남한 생활하다가 잘 모르는 것이 있으면 남한 성도에게 물어본다. 우리 교회에서는 남북한 성도가 소통이 안 되어 문제가 되는 경우는 거의 없었다.

### 예수 안에서 우리는 한 가족이다

예수 믿는 우리는 예수 안에서 한 형제이고 자매이며 한가족이다. 가족 안에는 차별이 없다. 하나님은 과부와 고아와 나그네를 선대하라고 하셨다. (신 10:18~19) 고향을 떠나온 탈북민들이 사회에서는 차별을 받을지라도 우리는 주님의 사랑으로 품어야 한다. 우리가 남한에 태어나고 싶어서 태어난 것이 아닌 만큼 탈북민들도 자기가 원해서 북한에 태어난 것이 아니다. 그러므로 우리와 다르다고 해서 차별하는 것은 하나님의 뜻이 아니다. 우리 교회는 남북한 성도 간에 차별이 없이 똑같이 인격적으로 대우한다. 단지 우리 고향이 부산, 목포, 대구, 서울, 평양, 회령, 청진 등으로 다를 뿐이다. 다음은 우리 교회 탈북자매의 간증이다.

'북한 사람'이라는 타이틀은 저의 말문을 막았고 조심스러워지게 했고 추억까지도 지워버렸습니다. 하지만 물댄동산교회 공동체를 만나고서야 하나님을 알았고 지금까지의 모든 역경과 고난이 하나님을 만나러 가는 소중한 축복의 통로였음을 알게 되었습니다. 이제야 당당히 말할 수 있게 되었습니다. "저는 북한 사람입니다. 그리고 하나님을 믿는 믿음으로 살아갑니다."라고 말해줄 수 있어 너무 행복합니다. 이렇게 저는 하나님의 사랑 속에 이제야 꿈이 생겼습니다. 나도 세상에 치어 살아가기 힘든 사람들에게 복음을 전하고, 우선 지금은 우리 가족과 친척, 그리고 그들이 또 다른 사람에게 복음을 전하는 사람들이 될 수 있겠다는 꿈이 생겼습니다.

## 탈북 성도뿐 아니라 남한 성도도 바뀌어야 한다

북한사역을 하는 많은 목회자가 탈북민사역을 하기 어렵다고 한다. 심지어 북에서 와서 신학을 하고 교회를 담임하고 있는 탈북민 출신 목회자들도 탈북민사역이 어렵다고 고백한다. 탈북민 출신 김권능 목사는 "가족의 배신, 사람으로부터 받은 상처, 생존을 위한 처참한 삶 등으로 '언젠가 버림받을 수 있다'라는 생각이 뿌리 깊이 박혀있고, 무엇보다 북한에서는 태어나면서부터 반종교 교육과 사상교육을 받기 때문에 탈북민사역이 어렵다."라고 한다.[35] 정종기, 마요한 목사도 "세뇌교육으로 인한 조직생활의 거부감과 거친 언행, 낮은 신앙 성숙도, 영적 권위의 결여, 목회자와 일반 성도 간의 괴리

---

35) '한국교회와 탈북민교회의 하나됨이 북한선교의 문을 여는 마스터키' (투데이N, 2021.7.7.)

감 등으로 탈북민사역이 어렵다."라고 한다.[36]

　우리와 전혀 다른 체제에서 살아온 탈북민에게 복음을 전하는 것이 힘들고 양육하기도 힘든 것이 사실이지만 그렇다고 해서 손 놓고 있을 수는 없다. 왜냐하면 주님께서 "오직 성령이 너희에게 임하시면 너희가 권능을 받고 예루살렘과 온 유대와 사마리아와 땅끝까지 이르러 내 증인이 되리라."(행 1:8) 라고 하셨기 때문이다. 북한은 사마리아와 땅끝과 같은 곳이다. 주님의 지상명령이기 때문에 힘들다고 포기할 수 없다.

　탈북민사역은 북한의 복음화와 직결되어 있고, 또 하나님께서 우리에게 감당할 수 없는 시험은 허락하시지 않기 때문에 힘이 들어도 해야 한다.(고전 10:13) 이곳에 와 있는 3만여 명 탈북민들이 북한 주민을 대표할 수 없으나 북한에서 살다 왔기 때문에 그들이 가지고 있는 사고방식이나 행동양식은 북한 주민들과 동일하다고 할 수 있다. 이들의 복음화 과정이 통일되었을 때 북한 주민의 복음화 과정의 선행(先行)으로 볼 수 있기에 탈북민의 복음화가 중요한 것이다. 문제는 한국교회가 이를 어떻게 극복하느냐는 것이다.

　1995년부터 탈북민 사역을 해왔고 지금도 탈북민들과 함께 통일을 꿈꾸는 통일목회를 하고 있는 필자는 탈북민 사역의 어려움을 많이 경험하였다. 많은 목회자가 탈북민이 잘 변화되지 않는다고 하지만 목회를 오래 한 목회자들은 남한 성도들도 변하지 않는 것은 마찬가

---

36) 〈탈북 목회자가 사역하는 교회의 역할〉 (정종기, 마요한)

지라고 본다.[37] 홍정길 목사는 40년 목회를 했으나 사람들이 변화되지 않는 것으로 보고 실패했다고 고백하였다.[38] 우리의 관점에서 볼 때 탈북민이 잘 변화되지 않는다고 하지만 하나님의 관점에서 보면 남한 성도나 탈북민 성도나 오십보백보일 것이다.

문제의 초점을 탈북민에게 둘 것이 아니라 남한 성도들의 모습에서 찾아야 할 것이다. 몇 년 전 기독교통일학회세미나에서 한 탈북신학생이 "우리보고 예수 믿으라고 하지 말고 남한 성도의 모습 속에서 예수의 모습을 보여주면 예수를 믿겠다."라고 하였다. 이 탈북신학생의 말에 한국교회가 갈 길이 있다고 생각한다.[39] 이 말은 한국교회 성도들이 믿음과 삶을 따로 살고 있음을 보고 하는 말이라 생각된다. 탈북민들이 남한에 처음 왔을 때 교인들에 대한 기대감이 높았으나 실제 교회에서 신앙생활을 하면서 보는 남한 성도들의 모습 속에서 정말 예수님의 모습이 보이지 않아 실망해서 하는 말이다. 우리는 탈북민이 왜 변화되지 않는가에 초점을 두지 말고 내가 정말 예수님의 말씀을 삶으로 담아내고 있는가를 살펴보아야 할 것이다.

## 삶이 변화되는 교육을 해야 한다

예수 믿는다는 것은 "주 예수를 믿으라 그리하면 너와 네 집이 구원을 받으리라."(행 16:31) 라는 말씀처럼 내가 주인이 되어 살아온 죄를 회개하고 예수님을 주님으로 모시고 사는 것을 의미한다. 목회를

---

37) 『통일을 설교하라』 (쥬빌리설교집발간위원회, 포앤북스)
38) '나의 목회는 실패' (홍정길 목사, 뉴스앤조이, 2013.3.9.)
39) 기독교학술연구원에서 개최한 세미나 '기독교 입장에서의 통일정책 방향' (조요셉, '통일과정에서 있어 복음화된 탈북민의 역할')

하면서 왜 사람들이 변화되지 않을까 고민을 많이 하였다. 한국에서 제자 양육을 잘한다는 교회의 교제를 가지고 가르쳐 보았고, 예수전도단 DTS도 보냈지만, 기대만큼 변화가 없었다. 그러다가 필자가 공직생활을 그만두고 본격적인 사역을 시작한 2014년 춘천한마음교회를 통하여 부활복음(신앙)을 알게 되었다. 그 교회는 무당, 조폭, 우울증 환자들도 변화되는 놀라운 역사가 일어나는 교회였다. 그래서 한마음교회 사역을 배우려고 필자의 부부도 교회 근처에 방을 얻어 한 달을 체류하였고 우리 교인들을 여름, 겨울 수련회에 데리고 갔다. 또 탈북청년 2명, 본인의 딸과 아들도 그 교회 생활관에 입소시켜 1~2개월 있으면서 배워 오게 하였다. 그 결과 한마음교회와 같은 변화의 역사가 우리교회 내에서도 일어나고 있다.

우리 교회는 한마음교회의 양육 교재, 『성령의 권능으로 부활을 증거하라』를 가지고 양육을 하는데 놀라운 삶의 변화가 일어났다. 이 교재는 사도행전 17장 30~31절 말씀처럼 예수를 느낌이나 감정으로 믿지 말고 모든 사람이 믿을 만한 증거인 예수님의 부활을 통해 예수님이 하나님의 아들이심을 믿는 데 초점을 두고 있다. 즉 자기가 주인된 것을 회개하고 예수님을 삶의 주인으로 모시고 그분과 연합하여 매 순간마다 그분의 통치를 받고 살아야 된다는 것이다. 이 교재로 양육한 사람의 간증일부를 소개하면 다음과 같다.

### 남한 성도 C집사의 간증

복음의 핵심은 십자가와 부활이다. 요즘 사회에서 '게임 체인저'라는 말을 많이 쓴다. 기존에 갖고 있던 유불리의 지형이나 형편, 그리고 일반적으로 예상되는 판세를 완전히 무의미하게 만드는 그 무엇을 말한다. 이과를 통해 십자가와 부활이 나의 인생에서 게임 체인저로 다가온다. 그전에 어떠했든 모든 것이 용서되고, 그리고 앞으로를 어떻게 설계했든 이 복음을 받아 내 것으로 만드는 순간에 인생의 고민, 특히 세상적으로 승패는 깨끗하게 정리된다. 너무 기쁘다. 그래서 매일 항상 이 기쁨을 만끽하기 위해 말씀으로 훈련하고 기도로 성령의 도우심에 간절하게 매달리고자 한다. 또한 기쁨도 더욱 자라 나의 수준을 초월하기를 소망한다. 십자가와 부활의 결과는 나의 주인 바꿈이다. 이것이 복음을 복음되게 만드는 것이다. 예수님의 십자가와 부활 그 자체로도 놀랍지만 나의 주인 바꿈이 없으면 그것은 복음에서 나는 관중이 되고 나의 삶에서 살아 움직이지 못한다.

### 탈북 성도 A자매의 간증

사실 나는 어릴 적 상처로 인해 사람과의 관계가 잘 형성되지 못했다. 사람을 두렵고 경계의 대상으로 여기며 나의 마음을 줄 수 없는 상황까지 왔었지만, 지금의 나는 하나님 안에 포도나무 같이 달려 있으니 마음의 평강이 뭔지 알 것 같았다. 사람이 그렇게 좋아 보이기는 처음이고 서로가 통하여 함께 하는 시간이 소중함을 이제야 느끼게 되었다. 나는 지난날 마음 둘 곳 없이 떠다니던 인생이었으나, 하나님을 알게 된 지금에야 처음으로 보금자리를 찾고 따뜻한 품에 안기게 되었다. 이렇게 나는 이 세상 어두운 터널을 지나 예수님 품에서 누리는 삶으로 걷고 있는 나를 보게 된다. 나는 부활교재를 마치며 나의 마음을 다해 하나님을 증거하고 싶다.

### 탈북 성도 B자매의 간증

이전에는 제가 제 인생의 주인인 줄 알고 내 뜻대로 안 되면 화가 나고, 남편하고도 정말 많이 싸웠는데 제가 주인이 아니라는 것을 깨닫고 나니 저에게 작은 변화가 일어났습니다. 이전에는 어떤 일로 화가 나면 그 일이 해결되어야만 마음이 풀렸는데 지금은 그 일이 해결되지 않아도 주님께 맡기고 주일예배 드리고 나면 마음이 평안해졌습니다. 그래서 주일예배를 빼먹지 않고 나가게 되었는데 화가 나는 일이 생겼어도 예배만 드리면 바로 가라앉더니 지금은 그 많던 화도 없어지게 되었습니다. 제가 이렇게 변하니 남편도 처음에는 교회에 호의적이지 않았다가 지금은 저에게 교회 체질이라면서 예전부터 다녔어야 한다면서 응원해주고 있습니다. 부활하신 예수님은 살아계신 하나님이시고 나의 주인이십니다. 나의 옛사람은 십자가에서 죽고 부활하신 예수님과 함께 새로운 사람이 되었습니다. 성령하나님이 인도하심 따라 연합하고 동행하며 복음의 도구로서 살기 원합니다.

### 탈북신학생의 간증

조요셉 목사님의 가르침으로 부활복음을 알아가는 시간은 성령님의 임재함을 경험하고 체험하는 귀중한 시간이었습니다. 악한 어둠의 권세 잡은 자들과의 영적 싸움에서 승리하는 길은 오직 부활하신 예수님이 나의 주인으로 모시는 것입니다. 내가 이 싸움을 하는 것이 아닌 나의 안에 계신 예수님이 싸우셔서 이긴다는 것입니다. 이 세상의 빛과 소금으로 불러주신 하나님의 사랑과 한량없는 은혜로 이번에 부활하신 주님을 나의 주인으로, 주님으로 모시고 살아야 한다는 믿음의 신앙고백을 다시금 다지면서 북한 땅에 부활하시고 살아 역사하고 계시는 예수님을 전하는 복음의 전파자, 전달자로 더 잘 준비하기 위해 오직 성경, 오직 말씀과 기도로 자신을 예수님의 제자, 군사로 준비해 나가며 부활하신 주님을 증거하는 삶을 살아가겠습니다.

### 암으로 투병 중인 자매의 간증

**부활의 기쁨으로 살아가기**

지난 한 주 동안 슬며시 웃음이 나곤 했습니다. 하나님께서 날 위해 독생자 예수님을 죽게 하셨다고? 하나님께서 나를 그렇게 사랑하셨다고? 그 생각으로 한 주가 행복했습니다. 사랑이 부족했던 저에게 부활에 대한 믿음은 주께서 나에게 주시는 사랑을 확인하고 그 사랑에 기쁨이 넘치며 당당해 질 수 있는 힘이 되었습니다. 그 사랑으로 주님을 사랑하며 아이들과 남편에게 그 사랑을 흘려보낼 수 있을 것 같습니다. (중략) 세상을 묵상하기보다 주님을 묵상하며 눈에 보이는 것을 믿는 것 보다 보이지 않는 것을 믿으려 합니다. 이 가슴 벅찬 사랑을 주심에 감사합니다. 언제라도 이 사랑을 나눌 수 있는 준비를 하려고 합니다. 주께서 명령하실 때까지 묵묵히 준비하려고 합니다. 이 기쁜 삶을 주심에 감사드립니다.

## 인내하며 사랑으로 섬겨라

어느 탈북민이 자기는 북한에 있을 때 '사랑'이라는 단어를 들어보지 못하고 탈북하여 중국에 갔을 때 선교사를 통하여 처음 들었다고 했다. 북한 주민들은 서로 사랑의 대상이 아니라 감시의 대상이기 때문에 서로 사랑하면 안 된다. 성경은 "네 이웃을 네 자신과 같이 사랑하라"(막 12:31) 라고 말하기에 북한에서 성경 반입을 금지하고 있기도 하다.

사랑을 모르는 사람들에게 사랑을 가르치는 것은 쉽지 않다. 통제와 감시받는 체제에 살면서 마음이 황폐해졌고, 또 남한으로 오는 과정에서 상처를 많이 받는 탈북민들을 주님의 사랑으로 품는다는 것은 쉽지 않지만 불가능한 것은 아니다. 이들을 품기 전에 이들이 어떠한 삶을 살아왔는가를 이해하고 그들이 마음을 열기까지 인내하며 기다려야 한다. 인내하면서 탈북민 성도를 주님의 사랑으로 섬기면 마음 문을 연다.

우리 교회에서 탈북민 성도의 차가 낡아 폐차되자 남한 여집사님이 자기가 쓰던 차를 선물로 주었다. 또 배우 생활을 하던 탈북자매가 회사를 옮기는 과정에서 위약금을 물게 되자 여러 성도가 지정 헌금하여 위기를 잘 넘겼다. 우리 사모가 심적으로 어려운 상태에 있을 때 탈북 성도가 무더위가 한창인 8월에 어린아이를 데리고 지하철과 버스를 몇 번씩 갈아타면서까지 찾아와 대게를 주고 갔고, 또 다른 탈북자매는 과일과 위로금을 놓고 가서 사모가 감동받아 울기도 했다. 이렇게 우리 교회에서는 주님의 사랑으로 서로 섬기기 때문에 소통의 어려움이 없다.

### 탈북 성도 C자매의 간증

물댄동산교회에 오지 않았더라면 하나님을 만나지 못했을 것이라는 생각이 든다. 복음이 가리어진 북한 땅에서 태어나 세뇌 교육을 받고 자라면서 철저히 자신이 주인되어 살아왔었다. 한국에 와 교회를 일찍 접했지만, 하나님을 만나지 못했다. 여기 물댄동산교회에 와서 강력한 부활복음을 접하고 그 능력으로 하나님을 만날 수 있었다. 부모님 마음으로 돌봐주시는 목사님, 사모님께 감사하다. 동서는 친부모에게서 느껴보지 못한 부모의 사랑을 목사님과 사모님에게서 느낀다며 울었다. 나도 같이 눈물이 났다. 목사님 볼 때마다 친아빠처럼 느껴진다. 공부해라, 책 읽어라 하며 자식이 잘되길 바라는 진심어린 부모의 마음이 고스란히 전해진다. 인자하던 나의 어머니는 저 세상에 가셨고 고향에 있는 아빠는 볼 수 없고 동생들, 조카들도 볼 수 없지만, 목사님과 사모님을 통해 부모의 사랑을 주시고 교회 지체들을 통해 형제자매의 사랑을 주시는 주님 감사합니다.

### 탈북 성도 K형제의 간증

나는 15년 전에 죽지 못해 겨우 한 줄기의 살아갈 소망을 품고 고향을 떠나게 되었는데 물댄동산교회로 불러주시고 예수님이 친히 나의 주, 나의 하나님이 되어주셨다. 목사님의 귀한 섬김으로 주님을 제대로 알고 배우게 되었다. 예수님의 사랑과 용서가 내 삶의 목적이 되었고 하루의 목표가 되었다. 주님 안에서 꿈과 소망이 회복 되고 그리스도의 장성한 분량까지 도달하도록 사랑과 용서를 멈추지 않는 것이 오늘의 일상 속에서 내가 걸어가야할 길이다. (중략) 하나님께서 움직여 주시면 우리 교회처럼 남북도 즉시 하나가 될 수 있다고 본다.

### 탈북 성도 D자매의 간증

나는 예전에는 교회 목사님이 하시는 말씀이 내 삶 속에서는 비현실적이라고 느껴졌습니다. 그러나 물댄동산교회 공동체를 만나며, 또 목사님과 함께 하시는 강력하신 하나님 말씀과 사모님과 함께 한 부활복음 공부가 나에게 모든 삶의 의미를 바꾸어 놓았습니다. 그리고 가장 감사한 것은 공동체가 보면 볼수록 정이 들어 참 좋은 것 같다는 생각과 이 공동체를 꿈꾸시고 지금 현실화하고 계신 목사님의 고충이 예전에는 멀리서 보기만 했다면 지금은 바로 옆에서 피부로 느껴지는 시간인 것 같습니다. (중략) 늘 이 모든 일을 해오시며 목사님이 진정으로 우리 사람들 위해주시는 분이라는 것을 살면서 처음 만나보았습니다. 그리고 정말 감사합니다.

## 함께 배우고 함께 나누는 공동체를 지향한다

데오 순더마이어(Theo Sundermeier)는 선교사역을 할 때 어느 한쪽이 일방적으로 도움을 주고 다른 한쪽이 도움을 받는 '타자를 위한 교회'가 아니라 '콘비벤츠(Konvivenz)'라는 이름을 빌려 서로 돕고, 서로 배우고, 서로 나누는 '배움의 공동체', '나눔의 공동체', '잔치의 공동

체'의 교회를 강조하였다.[40]

우리 교회는 남한 성도가 일방적으로 탈북 성도를 돕거나 탈북 성도가 남한 성도에게 도와 달라는 요구를 하지 않는다. 서로가 작은 교회(셀모임)를 통하여 기쁨과 아픔을 함께 나누며 서로 모르는 것을 배우고 함께 기도한다. 이렇게 공동체 안에 있으면 서로의 필요를 알게 되면 조용히 돕는다. 도울 때에도 선생의 입장에서가 아니라 종의 모습으로 겸손하게 섬긴다. 한 집사님은 변호사이며 좋은 직장을 다니고 있지만 정말 겸손하게 자기 구역 식구들을 잘 섬겨 감동을 준다. 탈북 성도들도 남한 성도들을 집으로 초청하기도 하며 어린 아이들을 서로 돌본다. 우리교회는 남북한 성도가 따로 없고 모두가 물댄동산교회 교인만 있다.

### 주체사상도 복음으로 해결된다

북한 정권은 주체사상으로 북한 주민들이 다른 사상을 갖지 못하도록 한다. 말이 주체사상이지 김일성 3대 세습을 유지하기 위해 내세운 세뇌 교육에 지나지 않는다. 탈북민들에게 복음을 전하였는데 어려움이 닥칠 때 가끔 "내 인생의 주인은 나다."라고 하는 경우를 종종 보았다.

그러나 우리 교회에서 부활복음으로 양육하고 난 다음 그런 사람을 본 적이 없다. 도리어 이들은 북한에서 학습 받은 주체사상이 허구라는 것을 알고 복음을 그대로 받아들여 남한 성도들보다 더 신앙생활을 열심히 한다. "우리의 싸우는 무기는 육신에 속한 것이 아니

---

40) '북한선교를 위한 인식적·실천적 차원의 콘비벤츠에 관한 대안적 연구' (오성훈, 2009)

요 오직 어떤 견고한 진도 무너뜨리는 하나님의 능력이라 모든 이론을 무너뜨리며, 하나님 아는 것을 대적하여 높아진 것을 다 무너뜨리고 모든 생각을 사로잡아 그리스도에게 복종하게 하니"(고후 10:4~5)라는 말씀처럼 복음은 절대 능력을 가지고 이 세상에서 형성된 모든 가치관을 무너뜨리기 때문에 주체사상을 염려할 필요 없다.

**구역모임을 통하여 소통을 이루어 간다**

우리 교회는 코로나 이전에 작은 교회가 활발하게 모였다. 교회에서도 모이지만 집에서 모이기도 하고 야외로 나가기도 했다. 코로나가 심하지 않을 때는 계속해서 양평, 강화도, 서울 시내에 집을 얻어 식사를 같이하고 밤새 교제하면서 가까워졌다. 한번은 젊은 부부들을 데리고 강화도에 가서 고기를 구워먹는데, 한 탈북 성도가 "목사님, 한잔하면 안 되나요?" 해서 내가 "안 되지요."라고 했더니, 이 형제가 "다른 목사님은 술 마시던데요."라고 대답하였다. 그러자 옆에 있는 여 집사님이 "그 사람 가짜 목사야."라고 말해 모두 웃었다. 경치 좋은 곳에 가서 함께 식사하고, 운동하고, 사진 찍고, 차를 마시며 살아온 이야기도 듣고 함께 기도하면서 가까워진다.

앞에서 본 바와 같이, 남북은 분단 이후 많은 부분이 이질화되었기 때문에 북한에서 온 탈북민들과의 소통이 쉽지 않은 것이 사실이다. 그래서 북한사역을 하는 많은 목회자가 탈북민사역이 힘들다고 하는 것이다. 필자도 이 사역을 하면서 그만두고 싶은 적이 한두번이 아니었다. 그럴 때마다 주님께서 "네가 내 백성을 거두어주어서 고맙다.", "너도 가려고 하느냐?"라고 말씀하셔서 30년 가까이 이 사역을 해왔다.

그런데 필자가 탈북민사역에 대한 인식의 전환을 가져온 것을 부활복음을 접하면서부터이다. 서기관과 바리새인들이 하나님의 아들인 표적을 보여 달라고 했을 때, 예수님은 "악하고 음란한 세대가 표적을 구하나 선지자 요나의 표적 밖에는 보일 표적이 없다"(마 12:39)라고 하셨다. 즉 예수님이 당신이 십자가에 죽으시고 사흘 만에 살아나는 것을 보고 하나님의 아들이심을 믿으라고 하신 것이다. 예수님은 부활하셨기 때문에 하나님의 아들이다. 사도들도 처음에는 예수님을 하나님의 아들로 믿지 않았으나 부활하신 것을 보고 하나님의 아들이심을 믿고 예수님의 부활을 전하다가 순교하였다. 그래서 부활은 기독교의 심장이다.

　우리 교회는 부활복음으로 내가 주인되어 살았던 죄를 철저히 회개하고 예수님을 삶의 주인으로 모시고 사는 삶을 강조한다. 이는 곧 예수님의 말씀을 내 삶으로 담아내라는 것이다. 탈북민사역이 힘든 것은 내가 주인되어서 하려고 하기 때문이다. 예수를 믿는다는 것은 "내가 그리스도와 함께 십자가에 못 박혔나니 그런즉 이제는 내가 사는 것이 아니요 오직 내 안에 그리스도께서 사시는 것이라 이제 내가 육체 가운데 사는 것은 나를 사랑하사 나를 위하여 자기 자신을 버리신 하나님의 아들을 믿는 믿음 안에서 사는 것이라"(갈 2:20)라는 말씀처럼 나는 이미 죽고, 이제 내 안에 계시는 예수님으로 살아가는 것을 의미한다.

　만약 예수님이 지금 살아 계신다면 과연 이 사역이 힘들다고 하실까? 탈북민사역이 힘든 것은 내가 하려고 하기 때문이다. 내가 아닌 내 안에 살아계신 주님과 함께 하면 그다지 힘들지 않다. 필자가 개인적으로 지금 육체적으로 어려움으로 겪고 있지만 부활복음으로 이겨 나가고 있고, 또 우리 교회 성도들도 이 복음으로 말미암아 서로 사랑하기 때문에 소통의 어려움 없이 기뻐하며 감사하는 삶을 살고 있다. 결론적으로 교회 내 남북한 성도의 소통 문제도 내 힘으로가 아니라 내안에 살아계신 예수님을 의지하고 인내하며 그분의 사랑으로 그들을 품으로 해결될 것이다. 왜냐하면 복음은 절대 능력을 가지기 때문이다. 아멘!

## 최용준

기독교 명문대학인 포항 한동대학교에서 학생들을 가르치며, 이 시대의 신실한 믿음의 일꾼들을 키워내는 올곧은 믿음의 길을 가는 학자이다.
2016년에 극동방송에서 기획한 『통일을 앞당겨 주소서』에 공저자로 참여하였으며 이번에 두 번째로 참여하였다. 현재 한동대학교에서 통일아카데미를 운영하고 있으며 『그리고 우리는 거기에 있었다』 등 수많은 명작을 써낸 믿음의 저명한 작가이다.

# 해외에서의
# 통일 노력

    한반도의 평화적 통일을 위해 해외에서 한국인이 아닌 외국인들이 큰 노력을 하고 있다는 것을 안다면 매우 놀라지 않을 수 없을 것이다. 하지만 이것은 사실이다. 이에 대해 몇 가지 예를 들고자 한다. 첫째는 네덜란드의 오픈도어스 선교회가 북한과 탈북민 및 지하교회 성도들을 지원하는 사역들을 소개하겠다. 둘째는 필자가 벨기에에서 사역하면서 벨기에 정부와 현지인들이 어떻게 탈북 난민들을 섬기는지 직접 경험한 내용을 나누겠다. 마지막으로는 독일, 스웨덴, 미국, 스위스 및 유럽연합에서 어떻게 북한을 섬기고 있는지 살펴본 후 우리가 배워야 할 교훈을 결론으로 정리해 보겠다.

## 해외에서의 통일 노력

### 네덜란드의 탈북민 지원

    제일 먼저 언급하고 싶은 나라는 네덜란드이다. 네덜란드가 도대체 한반도의 통일과 어떤 상관이 있나 의아할 수 있다. 하지만 필자는 1989년부터 약 10년간 네덜란드에 살면서 여러 가지를 경험했는데 그중에 특히 '오픈도어스'[41]라는 단체가 북한과 탈북민들을 지원하는 내용을 소개하려고 한다. 이 단체는 전 세계적으로 인권을 침해당하는 나라들, 특히 박해받는 크리스천들을 위해 기도하면서 돕는 단체이다.

이 단체를 1955년에 설립한 사람은 '브라더 앤드류(Brother Andrew)'라는 분이다. 네덜란드 정식 이름은 '안느 판 드 베일(Anne van de Bijl)'이다. 앤드류는 1960년대 전후 소련과 중국, 그리고 동구권을 여행하면서 그곳으로 성경을 비밀리에 전달하는 사역을 하면서 '하나님의 밀수꾼(God's Smuggler)'라는 별명을 얻게 되었으며 이 제목으로 책을 출판하기도 했다.[42]

오픈도어스는 전 세계적으로 인권을 침해받고 박해를 가장 많이 받는 50개국을 매년 발표하는데 북한은 항상 1등을 차지해왔다. 북한의 헌법은 종교의 자유를 보장하고 있지만, 실제적으로는 그렇지 않다. 특히 그리스도인들은 가장 심한 박해를 받고 있다. 다른 인권보호단체인 'Human Rights Watch'에 의하면 "북한에는 더는 종교의 자유가 없으며 전 국민이 감시당하고 있다. 신앙의 자유가 있는 것처럼 선전하기 위해 정부가 주도하는 교회가 있기는 하지만 이것은 대외 선전용일 뿐이다."라고 한다.

또한 오픈도어스는 오랫동안 탈북자들도 많이 지원해 왔는데 이

---

41)  Open Doors : www.opendoors.nl
42)  『God's Smuggler』 (Van der Bijl, with John and Elizabeth Sherrill, Chosen Books, 2015)

분들의 증언에 의하면 현재 북한에는 나치 수용소보다 더 심한 강제 노동 수용소에 약 15만에서 20만 명이 수용되어 있다고 한다. 거기서 고문, 기근, 강간과 살인, 인체 의약 실험, 강제 노동, 그리고 인공 낙태 등이 자행되고 있다. 북한 정권을 반대하는 정치범들은 가족들 모두 이러한 수용소에 보내진다.

북한에서 김일성과 김정일은 거의 신격화되어 우상처럼 군림하고 있어 모든 음악, 예술, 조각 등 문화 활동이 김일성, 김정일 우상화에 초점을 맞추고 있다. 그래서 김일성은 언제나 '위대한 영도자'로 추앙받으며 그 아들 김정일은 '친애하는 동지'로 존경하도록 전 국민을 세뇌하고 있다. 김일성은 사망 후에도 '영원한 주석'으로 신격화시켰으며 북한에서 제일 좋은 대학은 김일성대학, 제일 좋은 경기장은 김일성 스타디움이며 제일 좋은 광장은 김일성 광장이다. 나아가 김일성의 생일은 북한에서 가장 중요한 공휴일이다.

오픈도어스는 매년 두 차례 북한을 방문한다. 형식적인 방문 목적은 관광이지만 실제 참여하는 분들은 거의 신실한 그리스도인들로서 북한의 박해받는 분들을 위해 기도하며 돕는 분들이다. 북한 정부도 이들의 정체를 알고 있지만 묵인하며 오히려 가장 모범적인 관광객들로 인정한다. 이분들도 평양에 가면 김일성, 김정일 동상 앞에 가지만 절할 필요는 없으며 주일이 되면 대표적인 개신교회인 봉수교회에 가서 예배를 드리는데 한국어로 '죄 짐 맡은 우리 구주'라는 찬송가를 함께 부를 정도로 북한에 관해 관심이 깊다. 하지만 이런 부분들은 그들의 사역 보안 문제로 인터넷에 노출되지 않는다.

또한 북한을 방문할 때마다 가슴에 나무 십자가 목걸이를 달고 다닌다. 언어가 통하지 않지만, 그들이 여행하면서 북한 주민들을 만날 때 어떤 분들은 가슴의 십자가를 보면서 표정으로 반응을 보이거나 고개를 끄덕이는 분들이 있다고 한다. 오픈도어스는 아직도 북한에 지하교회가 있다고 보며 탈북한 주민들을 물질적, 정신적으로 돕고 있다. 이분들을 비밀리에 안전한 집으로 안내하여 그곳에서 생활하도록 도우면서 가능하다면 남한으로 갈 수 있도록 다양한 지원을 하고 있다. 하지만 오픈도어스가 일하는 곳은 어디나 감시자들과 밀고자들이 있다. 지금도 북한 사람들이 중국으로 탈출하고 있지만, 종종 망명자로 가장한 보안요원들이 조직망을 망가뜨리기도 한다. 그 결과 적지 않은 남한 사역자들이 중국 감옥에 갇혀 있으며 대부분 탈북자는 다시 북한으로 끌려가 인권을 유린당하며 여러 고난을 겪고 있다.

이들의 중요한 탈북자 사역 중 하나는 훈련세미나이다. 이분들은 북한, 중국 등지에서 온 지하교회 사역자들과 함께 체포되어 고문당할 때, 지도자가 죽임을 당하게 되거나 모임 시 총격이나 폭격을 당하면 어떻게 할 것인지 깊이 생각한다. 그리고 기도를 통해 자신들의 결단을 굳히게 됩니다. 그들은 믿음에 굳게 서서 원수를 사랑하며 생명의 위협이 닥칠 때도 흔들리지 않는다.

오픈도어스는 일 년에 한 번 전국대회를 네덜란드에서 개최한다. 이때는 북한을 위해 기도하며 후원하는 회원들 수천 명이 모이는데 이때 보통 탈북자 한 분을 초청하여 경험을 듣기도 한다. 필자도 이 대회에 참가한 적이 있다. 나아가 이 단체는 탈북자들의 생생한 경험들을 책으로 출판하여 보급하기도 하고 북한을 위해 기도하면서 모금 활동을 하여 다양한 방법으로 그들을 돕고 있다.

전국대회에 탈북자로 초청된 분의 강연을 네덜란드어로 통역하는 분은 '하애린(Evelin Huizinga) 사모'라는 분이다. 1980년대 한국에 남편과 함께 선교사로 왔던 네덜란드 분으로 한국어를 잘하신다. 필자가 독일에서 이분을 초청하여 북한의 인권 침해 및 박해의 실상에 대해 들은 적이 있다. 그때 실제로 북한의 지도를 앞에 걸어 놓고 그 주변을 가시나무로 둘러 엮은 후 북한은 나라 전체가 하나의 감옥과 같다고 증언한 적이 있었는데 이것을 보면서 많은 분이 공감하기도 했으며 함께 성금을 모아 오픈도어스에 전달하였고 그 기금으로 탈북자들 및 북한 내 지하교회를 돕기도 했다.

한 예로 탈북자 김태진 씨는 지난 2006년 11월 4일, 네덜란드의 쯔볼레(Zwolle)에서 개최된 오픈도어스 전국대회에 초청되어 오셔서 아래와 같이 자신의 경험을 나누셨다.

"저는 1956년 4월 3일 중국에서 태어났습니다. 저의 부모님은 이혼했으며 저는 어머니와 함께 북한의 청진에 와서 초등학교를, 원산에서 중고등학교를 나왔습니다. 제가 탈북을 결심하게 된 결정적인 동기는 북한의 공포 정치로부터 탈출하고 싶은 갈망 때문이었습니다. '북한은 인민의 낙원'이라는 선전이 허위라는 것을 알게 되었습니다. 김정일은 김일성이 상처를 받으면 오래 못 산다면서 흉년도 풍년이라고 보고하게 했습니다.

국민을 거짓말쟁이로 만들고 폐쇄된 사회 속에서 맹목적인 충성을 강요했으며 김 부자의 비위에 거슬리면 3대가 처벌받았습니다. 이를 목격한 후 저는 더는 속으며 살고 싶지 않아 국경 지역에 가려고 '무산 광산 대형 자동차 운전기사'로 지원해서 무산으로 갔습니다. 중국의 개혁, 개방 또한 저의 탈북을 재촉하였는데 삼촌이 중국에서 북한에 왔을 때 저는 더욱 자유를 갈망했으며 중국에서 저의 삶은 더 나아질 것으로 생각했습니다. 당시 저는 결혼하여 아들 두 명이 있어 가족들을 데려가고 싶었지만 제가 가야 하는 곳이 어떤 곳인지 몰라 일단 혼자 가기로 했습니다. 저는 두만강을 건너 험한 산속에서 낙엽을 덮고 자며 천신만고 끝에 탈북에 성공하였습니다.

그 후 중국 용정시 노두구진에서 탄광일을 했습니다. 하지만 1987년 7월 25일 중국 공안에 체포되어 북한으로 보내졌습니다. 북한 당국은 저를 당 정책 훼방죄, 국가 반역죄, 그리고 반혁명분자라는 죄명을 씌워 8개월 동안 심한 고문과 조사를 하였습니다. 그 후 1988년 3월 31일에 함경남도 요덕군에 있는 15호 정치범 수용소에 재판도 없이 강제 수감되었습니다. 저는 심한 영양실조로 몸을 가누지 못하였지만 그런데도 강제 노동을 해야만 했습니다.

4월에 저는 산에서 부식토를 지게에 져 나르는 작업을 하였는데 힘이 없어 다른 사람보다 적게 담았습니다. 이를 본 하수인이 발로 차서 저는 산 아래로 굴러 내려갔습니다. 사무실로 불려가 내부 지도원에게 나무 장작으로 심하게 맞아 실신하기도 했습니다. 8월에도 영양 상태가 나쁜 저는 지게에 무거운 것을 진 채 머리를 숙이고 가다가 경비병이 지나는 것을 보지 못하였고 인사를 안 했다고 저녁에 경비병들로부터 심한 구타를 당했습니다. 그 후 나를 벌거벗기고 마당 한가운데 수갑을 채워 세워 놓았습니다. 그때 저는 추위에 떨며 맞는 것보다 이 멸시가 더 고통스러움을 느꼈습니다.

한번은 한 경비대원이 저의 손에 수갑을 채웠는데, 채울 때 발로 수갑을 조여 손이 금방 새까맣게 변했습니다. 그런 나를 생석회 위에 앉혀 놓았는데 비가 내려 생석회가 발화하여 온도가 100도 가까이 올라가기 시작했습니다. 그때 엉덩이에 화상을 입어 한 달 정도 바로 눕지도 못하고 대변을 볼 때도 엉덩이 살이 당겨 너무 고통스러워 한동안 바지를 입지 못했습니다. 상처에서 진물이 나와 옷에 붙으면 그 고통은 이루 말할 수 없었습니다. 수용소에서는 자신이 인간임을 잊어야 합니다. 저는 개 먹이를 훔쳐 먹기도 하고 뱀과 개구리, 쥐 등 영양 보충만 할 수 있으면 살기 위해 가리지 않고 먹었습니다. 수용소 안에 일이 너무 고되어 자신의 손가락을 자르거나 미친 것처럼 위장하는 사람도 있었습니다.

5년 후 기근으로 통제가 덜 심해지자 저는 그 틈을 이용하여 중국으로 재탈출하였습니다. 그 후 2001년까지 중국에 머물다 다시 몽골로 갔습니다. 거기서 마침내 남한으로 올 수 있었습니다. 지금 저는 신학을 공부하면서 다른 탈북자들과 함께 북한, 중국, 그리고 남한에 있는 여러 탈북자를 돕고 있습니다. 저의 이야기를 들어 주셔서 대단히 감사합니다. 계속 북한을 위해 그리고 한반도의 평화통일을 위해 기도해 주시기 바랍니다."

오픈도어스는 전 세계적으로 일 년에 한 번 '박해받는 교회를 위한 주일' 캠페인을 한다. 북한을 비롯해 오늘날 고난받는 교회의 상황에 대해 자세한 정보를 제공하면서 이들을 위해 함께 기도하는 동시에 도움을 줄 수 있도록 모금도 한다. 또한 네덜란드 외에도 전 세계에 지부가 있으며 철야 기도회도 있다. 참여하기 원하는 사람들은 보통 주말에 모여 1박 2일간 밤을 새워 북한 등 인권을 유린당하는 나라들을 위해 기도한다. 한국에도 오픈도어스 지부가 있어 네덜란드 본부와 협력하면서 다양한 사역을 하고 있다.

### 벨기에의 탈북민 지원

필자는 2006년 여름부터 5년간 벨기에 브뤼셀에서 사역했는데 당시 탈북 동포들이 유럽으로 들어오고 있었다. 여러 나라에 난민 신청을 하여 이미 난민 지위를 확보한 후 언어교육과 함께 직장을 잡고 뿌리내리는 분들도 계신다. 영국에도 적지 않은 탈북민들이 있으며 상당수 현지 한인 교회에 출석하여 직, 간접적인 도움을 받았다. 벨기에에도 탈북 동포들이 왔다. 유럽연합 국가들이 이들에 대해 조사는 철저히 하지만 적법하게 난민으로 인정된 분들에게는 모든 복지 서비스를 제공하기 때문에 탈북 동포들에게는 큰 도움이 되고 있었다.

필자가 벨기에에 있을 때 한 병원에 입원하신 분을 찾아갔던 적이 있다. 함께 가신 다른 분들도 계셨는데 우연히 한 분이 그 병원에 한국 여자아이가 있어 말을 걸었다. 알고 보니 그 아이는 북한에서 왔으며 아빠가 폐결핵이 심해 치료받고 있다는 것이었다. 하지만 아빠는 접촉할 수 없어 필자가 일하던 교회 주소만 주고 헤어졌는데 거의 반년이 지난 후 딸과 함께 어느 일요일 오후에 갑자기 교회를 방문하러 오셨다. 이분은 당시 남부 국경 지역에 벨기에 정부가 운영하는 난민 수용소[43]에 머물고 있었는데 온종일 기차를 몇 번 갈아타고 물어물어 찾아오셨다.

알고 보니 그 병원에서 만났던 분임을 알고 많은 분이 기뻐하며 환영하였다. 이분은 탈북한 후 시베리아 횡단 열차를 타고 유럽으로 오셔서 난민 신청을 했으나 건강이 극도로 악화하여 입원 치료를 받은 후 회복되어 교회로 찾아오신 것이다. 필자가 직접 그 수용소까지 모셔다드리고 선물도 드려 위로하였는데 얼마 후 이 부녀는 벨기에 정부로부터 난민 자격을 취득하여 자리를 잡아가고 있다.

또 한 가정이 오셨는데 이분들의 사연은 더욱 감동적이다. 남편은 황해북도 신평군에서 출생하였으며 군대에 가서도 계속 승진하다 성분이 좋지 않아 결국 제대하였다. 그 후에 생활이 어려워지면서 중국으로 탈북하였고 교회에 가면 도움을 받을 수 있다는 소문을 듣고 3일 동안 거의 먹지 못한 채 걸어 마침내 한 조선족 교회에 가니 거기서 한 분이 도와주셔서 식사를 주셨고 다시 하얼빈까지 갈 수 있도록 도와주셨다.

하얼빈에서 열심히 일하여 돈을 모은 후 다시 북한에 가서 가족들을 만나려 하다가 중국 공안에 체포되었다. 결국, 북한 보위부에 넘겨져 거기서 모든 것을 빼앗겼으며 무시무시한 고문을 받았다. 한 평 남짓한 감방에 수십 명의 탈북자가 체포되어 누워서 잘 수도 없는 고통을 겪다가 다행히 돈을 부당하게 빼앗아간 관리가 이분을 밤에 몰

---

43)  www.fedasil.be

래 풀어 도망갈 수 있도록 해 주었다. 자기가 이 사람의 돈을 몰래 빼앗은 것이 드러나면 자기도 위험에 처하기 때문이었다.

이렇게 극적으로 탈출하여 다시 압록강을 건너게 되었지만, 건강이 너무 약해져 결국 수영하다가 의식을 잃었고 강물에 정처 없이 떠내려갔다. 다행히 중국 쪽 강가로 밀려갔고 거기서 구사일생으로 정신을 차려 다시 탈북에 성공했다. 먼저 국경 근처에 있는 조선족 교회에 찾아가 도움을 청하여 하얼빈으로 가서 과거에 일하던 곳으로 갈 수 있었다. 나중에는 베이징으로 가서 여러 일을 하다가 마지막에 조선족 동포가 운영하는 식당에서 주방장으로 일하게 되었고 거기서 지금의 부인을 만나 결혼하게 되었다.

부인은 함경북도 새별군이라는 곳에서 태어났다. 평양에서 결혼하여 두 자녀를 두었으나 식량난이 닥치면서 살기 위해 가족을 떠나 친정에 가서 장사하기 시작했다. 하지만 사기를 당해 가진 모든 것을 빼앗기고 말았다. 너무 절망하여 무엇을 어떻게 해야 할지 몰랐다. 그 와중에 여동생이 친딸을 보육원에서 찾아 데리고 왔지만, 그동안 너무 건강이 약해져 결국 어머니 품에 안겨 숨지고 말았다. 이후 중국에 가면 돈을 벌 수 있다는 소식을 듣고 무작정 다른 여성 몇 명과 함께 두만강을 건넜다. 그러나 그들을 인도한 사람은 인신매매꾼이었다. 결국 헤이룽장성 지역의 한 농장에서 몇 년간 일한 후 다시 연길에 와서 일하다 중국 공안에 체포되어 북송되었다.

북한에 돌아와 여러 감옥과 강제노동수용소를 거치면서 온갖 고통을 겪었다. 그중에 가장 어려운 것은 하루에 한 끼 식사를 주는데 옥수수죽 한 그릇뿐이었다. 결국 병에 걸려 거의 죽어가게 되었는데 마침 옛날 남자 친구가 도와주어 병보석으로 출옥하게 되었고 그분 집에서 건강을 조금이나마 회복할 수 있었다. 그 후 다시 탈북하여 베이징으로 가서 한 식당에서 일하게 되었는데 거기서 지금의 남편을 만나 결혼하게 된 것이다.

2008년 베이징 올림픽이 다가오자 중국 공안의 검문과 검색이 강화되어 이 두 분은 더는 그곳에 있을 수 없음을 깨닫고 식당 주인의 도움으로 벨기에로 와서 난민 지위를 신청하게 되었다. 1차와 2차 인터뷰 및 심사를 거친 후 마침내 벨기에 정부에서 이 두 분을 난민으로 인정해 주어 지금은 귀한 딸인 리나, 그리고 아들 다니엘과 함께 잘살고 있다.

이분들이 벨기에 정부로부터 지원을 받기 시작하면서 정착한 도시는 벨기에에서 세 번째로 큰 '리에쥬(Liege)'라는 도시이다. 이곳은 불어를 사용하는 지역이라 아는 사람이 아무도 없었다. 하지만 현지 교회에서 이분들에게 필요한 모든 것을 도와주었다. 교회에 처음으로 북한 가족들이 왔지만, 형제자매처럼 따뜻이 맞아주셨고 아파트를 구하는 일부터 모든 가구와 아기용품까지 제공해 주셨으며 기타 관공서에 통역까지 해주면서 정착하는 데 어려움이 없도록 도와주셨다.

그러나 아직 한 가지 소원이 있다. 이분들의 친아들 두 명이 북한에 있기 때문이다. 북한에서는 부모가 탈북한 경우 그 자녀들은 아무런 미래를 보장받을 수 없으며 오히려 많은 불이익을 받는다. 그래서 어떻게 해서든 아이들을 데리고 오려고 하는데 문제는 경비가 너무나 많이 드는 것이다. 필자는 이분들을 섬기며 이제 탈북민들을 돕는 일은 단지 북한 내에서나 국경 접근 지역뿐만 아니라 한국과 전 세계 디아스포라 한인들이 함께 섬겨야 할 일임을 다시금 깨닫게 되었다. 비록 해외에 있지만, 이분들이 통일의 마중물이 되기를 희망한다.

필자가 브뤼셀에 있을 당시 벨기에로 오신 모든 탈북자를 초청한 적이 있다. 앞서 언급한 네덜란드의 오픈도어스 관계자들도 오셨다. 거기서 필자는 북한에서 최근에 어떤 일들이 일어났는지, 왜 북한 동포들이 이곳까지 올 수밖에 없었는지, 그리고 그들이 이곳으로 오기 위해 얼마나 많은 고통을 겪었는가에 대해서도 알려 드렸다. 오픈도어스 관계자와 당시에 유럽의회에 근무하시던 분도 발표하는 시간을 가진 후 마음 모아 모금하여 오픈도어스를 후원했다.

마지막으로 함께 기도하는 시간을 가졌는데 특별히 함께 나누고 싶은 내용은 탈북민들이 직접 작성한 다섯 가지 기도의 제목들이다. 첫째, 우리의 소원은 통일입니다. 한반도에 전쟁이 종식되고 평화통일을 주십시오. 둘째, 북한의 굶주린 7백만 백성들에게 일용할 양식을 주십시오. 셋째, 북한의 지도자 김정은이 회개하게 해 주십시오. 넷째, 국경을 열어 주십시오. 더는 탈북자들을 북송하지 않게 해 주십시오. 마지막으로 다섯째, 북한의 모든 정치범 수용소를 해방해 주십시오. 이 제목들은 우리가 계속해서 기억해야 하겠다.

필자가 탈북민들을 도우면서 가장 어려웠던 부분 중 하나는 주체사상에 세뇌된 그들의 생각을 바꾸어 주는 것이었다. 이분들은 김일성 '신격화'라는 말을 들으면서도 사람이 신이 될 수 있다는 사실이 얼마나 거짓인지 모르고 있었다. 그동안 북한은 노동당 일당 체제로 김일성과 김정일, 그리고 김정은이 세습하면서 주체사상으로 북한의 주민들을 억압해 왔다. 이 세 가지는 기독교의 삼위일체와 비슷하다. 그래서 김일성을 성부 하나님, 김정일을 성자 예수님, 주체사상을 성령 하나님으로 설명하니 이분들이 기독교의 삼위일체 교리를 매우 쉽게 이해하는 것을 체험한 적이 있다.

벨기에는 북한 주민들의 인권을 위해 매우 헌신적으로 활동하고 계신 변호사도 있다. 이분은 'HRWF'[44]라는 단체를 만들어 활동하고 있는 '윌리 포트레(Willy Fautré)' 씨이다. 이 단체는 2001년에 브뤼셀에서 창립되었으며 전 세계 20여 개국에 지부를 두고 있는데 특히 북한의 상황을 예의주시하면서 어떤 이슈가 있을 때마다 유럽연합에 이를 알리고 필요한 경우 특별 세미나도 주최하여 북한의 인권 증진을 위해 노력하고 있다.

마지막으로 한 가지 경험을 나누겠다. 한 탈북자 부부가 아들 한 명을 데리고 벨기에로 와서 제2의 도시인 '안트베르펜(Antwerpen)'에 정착하게 되었다. 아들을 가까운 학교에 보내었는데 놀랍게도 이 아이가 잘 적응할 뿐만 아니라 외국어를 쉽게 터득하는 것이었다. 먼저 네덜란드어를 배우고 집에서는 한글을 사용하며 또한 중국어도 잘했다. 그 후 영어를 배우고 불어를 배우는데 학교에서 공부를 너무

---

44)  Human Rights Without Frontiers International (hrwf.eu)

잘해 선생님도 칭찬하고 부모님도 너무나 기뻐하는 모습을 보면서 필자는 '비록 1세대 부모들은 죽을 고비를 넘어 이곳까지 왔지만 2세대 중에는 탁월한 인재가 나오겠구나' 하는 생각이 들었다. 앞으로 전 세계에 흩어진 탈북민 디아스포라가 평화통일에 큰 자산이 될 수 있음을 생각하였다.

### 해외 곳곳에서의 통일 노력

마지막으로 해외 곳곳에서의 통일 노력에 대해 살펴보겠다. 지금 통일의 축복을 누리는 독일 정부와 국민은 이러한 기적이 한반도에도 임하길 바라고 있다. 특히 라이프치히의 니콜라이 교회는 지금도 매주 월요일 오후 5시에 평화기도회를 하고 있는데 특히 한반도의 평화통일을 위해서도 기도하고 있다. 이 기도회에 참석한 신자 한스 (55)씨는 이렇게 말한다. "한국이 유일한 분단국이라는 것을 알고 있다. 독일교회가 한반도의 통일을 위해 기도하고 있다. 기도하고 행동하면 통일을 이룰 것이다."[45]

스웨덴에서도 북한에 관한 중요한 모임이 있다. 스웨덴 남부의 '레스테나스(Restenäs)'라고 하는 곳에 'YWAM(Youth with a Mission)' 베이스가 있는데 이곳에서는 매년 북한 세미나[46]가 개최되고 있다. 이 세미나는 이렇게 소개되고 있다. "현재 북한보다 더 전략적인 국가는 없을 것이다. 이 나라는 거의 매일 뉴스 머리기사에 등장하고 있다. 당신은 이 나라 백성들을 회복시키기 위해 사랑으로 도와줄 준비가 되

---

45) "'분단 극복을…' 독일교회, 한반도 통일을 위해 기도하고 있다' (국민일보, 2015.10.15.)
46) NKSS (North Korea Study Seminar)

어 있는가? 이 세미나에 당신을 초청하며 환영한다. 본 세미나에서는 이미 북한에서 일하고 있는 분들의 생생한 경험과 증언을 들으실 수 있으며 나아가 여러 좋은 분들과 네트워킹을 할 수도 있다."[47]

세미나의 핵심 가치들은 사랑, 소망, 믿음, 그리고 하나됨이며 주제들은 북한의 현재 상황 이해, 유럽에서의 북한 사역, 한국 문화 체험 등 다양한 프로젝트이다. 이 세미나에 참가했던 스웨덴의 나타샤는 다음과 같은 소감을 남겼다. "이 세미나는 나의 삶을 송두리째 변화시켰다. 세미나, 강의, 예배와 기도는 내가 북한에 있는 분들에 대한 말할 수 없는 사랑의 깊이를 이해하도록 도와주었다. 그분의 빛이 비춰 나는 우리가 한국을 사랑하면서 하나 된 한반도의 미래를 위해 역할을 감당해야 함을 알게 되었다." 필자도 이 세미나에 한 번 참여하여 강의한 적이 있는데 스칸디나비아 지역에 북한에 관심을 가지고 한반도의 통일과 회복을 위해 돕는 분들이 많다는 사실에 놀라지 않을 수 없었다.

미국에서도 이와 유사한 단체가 있는데 Seattle 근교에 있는 NKSS[48]이다. 이 학교는 학생들이 한반도를 화해시키며 섬기도록 준비시킨다. 이 센터를 '성령의 샘(Pneuma Springs)'이라고 부르는데 원래는 오대원(David Ross) 목사님 내외분께서 YWAM 사역의 일환으로 시작하셨다. 필자도 이곳에 강의하러 갔었는데 그곳에서 북한을 위해 헌신한 많은 분을 만날 수 있었다. 교포 가정으로 아이들이 청소년

---

47) www.ywamrestenas.se/nkss
48) New Korea Servant School

나이임에도 불구하고 미국 시민권을 받으면 북한으로 들어가려고 준비하시는 분들도 보았고 탈북한 청년도 만났다.

지금은 은퇴하신 오대원 목사님을 이어 피터 양(Peter Yang)이 리더로 수고하고 있다. 이분은 캐나다에서 자란 2세대인데 신학을 공부한 후 캐나다에서 목회하려고 준비하던 중, 중국을 다녀오는 길에 홍콩 공항에서 오픈도어스 국제대표를 만나면서 북한을 돕는 일에 동참하게 되었다. 미국과 캐나다에 있는 젊은 2세대들을 초청하여 함께 북한을 여행하면서 통일과 화해에 대한 비전을 심어주었으며 후원금을 모아 두유 공장을 세워 북한의 가난한 어린이들에게 두유를 제공하는 등 여러 사업을 했다. 북한 정부도 이분이 북한을 자유롭게 출입할 수 있는 통행증을 발급해 주었고 모든 사업을 할 수 있도록 지원해 주었다. 현재는 '성령의 샘'에서 NKSS를 비롯한 다양한 사역을 하고 있다.

스위스 취리히에 본부를 둔 대학생 선교회(Campus für Christus)의 '국제아가페재단(Agape International)'은 북한에서 식량 생산과 에너지 공급 등 다양한 프로젝트를 진행하고 있다. 석유나 천연가스가 생산되지 않고 석탄도 매장량이 줄고 있어 북한 정부는 최근 재생에너지개발에 노력하고 있다. 그리하여 풍력과 태양광 및 수력 에너지 개발을 위해 다양한 사업을 진행하고 있는데 아가페재단은 식품 분야(가축 사료, 염소사육, 우유 생산 등)와 에너지사업(풍력, 태양광 및 에너지 절약형 건축 등) 분야에서 북한과 협력하고 있다. 얼마 전에는 북한 평안남도 평송의 한 공장에서 작은 풍력발전기 날개들을 대량으로 생산하였으며 소비자들도 만족하면서 전기를 생산하기 시작했다. 조만간 이 풍력발전기를 북한 전역으로 보급하여 전력난 해소에 이바지할 계획이라고 한다.

유럽연합도 북한을 다양한 방식으로 지원하고 있다. 2014년부터 2015년까지 식량농업기구(FAO)가 진행한 북한 농민의 재난위기감소(DRF) 프로그램에 7만 2천 유로를 지원했다. 유럽연합 집행위원회 산하 인도주의적 지원 및 시민 보호 위원회는 1995년부터 130여 가지 대북 사업에 1억 3천 530만 유로를 지원했다. 2015년 8월에도 북한에서 발생한 홍수피해 복구를 위해 국제적십자사에 20만 유로, 2012년과 2013년에도 각각 20만 유로와 13만 2천 유로를 지원했다.

유럽연합의 2017년 대북 인도적 지원 프로그램은 주로 농촌주민의 생계 보호, 취약계층을 위한 식량 지원, 보건사업 개선, 그리고 깨끗한 물과 위생 사업이 주요 사업이다. 유엔도 2013년 이후 북한에 들어가 조사를 하지 못해 최근 수년간의 식량 상황에 대해 정확한 평가를 할 수 없지만 계속된 가뭄의 영향으로 2010년 이후 처음으로 북한의 식량 생산이 감소하여 북한 주민의 70% 이상인 1,800만 명이 식량 공급 불안정에 노출돼 있다고 우려하고 있다.[49]

매년 1월 셋째 주간에 전 세계 그리스도인들은 교파를 초월하여 하나되기 위해 기도한다. 특히 지난 2009년에는 전 세계 그리스도인들이 '한반도의 통일'을 위해 기도했다. 주제 성경 구절은 구약성경 에

---

49) 'EU, 대북 지원 1억 5천만 달러 넘어' (자유아시아방송, 2016.6.7.)

스겔 37장 17절이다. 하나님께서 에스겔 선지자에게 한 막대기에 '유다'라고 쓰고 다른 막대기에는 '이스라엘'이라고 쓴 후 두 개를 서로 연결하라고 하신다. 이것은 당시 이스라엘이 바빌론에서 포로 생활하고 있었지만, 과거 남북으로 나누어져 있던 하나님의 백성을 통일하실 것이라는 사인이다. 이 기간에 브뤼셀의 성 삼위일체 교회에서 연합 기도회가 개최되어 여러 교회에서 오신 분들이 한반도의 통일과 화해를 위해 함께 기도했으며 한인들도 성가대로 참여하였다.

실제로 필자가 살던 동네의 오래된 교회에서는 다른 날 연합 기도회가 열렸는데 이곳에 참여하던 모든 분은 들어가면서 두 나무 막대를 받았다. 그리고 한반도의 통일을 위해 기도하면서 이 두 막대기를 연결해 에스겔 예언자처럼 그렇게 행동으로도 참여했었다. 가톨릭, 정교회 및 개신교회 모든 성직자와 신도들이 함께 모여 이렇게 한반도의 평화와 통일을 위해 간절히 마음 모아 기도하는 모습을 보면서 필자는 큰 감동을 하지 않을 수 없었다.

평양에 있는 과학기술대학교도 마찬가지이다. 이 학교에서 가르치는 교수 대부분은 해외 여러 나라에서 자원하여 가신 분들이다. 자신의 조국에서 훨씬 더 좋은 대우를 받으며 교수로 일하실 수 있는 분들이지만 북한을 사랑하는 마음으로 희생적인 봉사를 아끼고 있지 않은 것이다. 가장 어려운 부분 중의 하나가 음식이라고 한다. 이 분들 대부분은 크리스천들로서 남북한의 평화와 통일을 위해 묵묵히 일하는 매우 고마운 분들이다.

나아가 최근에는 스포츠와 문화 교류를 통한 남북한의 화합과 평화의 노력이 이어지고 있다. 특히 2018년 동계 올림픽에서 남북한이 동시에 한반도기를 들고 입장하였으며 여자 아이스하키팀은 남북단 일팀을 만들어 출전하기도 하였는데 국제 올림픽 위원회에서도 이를 적극적으로 지원한 것을 알 수 있다. 이것 또한 국제 사회가 한반도의 긴장 완화와 평화 정착을 위해 함께 협력하고 있는 분명한 증거라고 할 수 있다.

마지막으로 전 세계에 흩어져 있는 한민족 동포들의 수고를 언급하지 않을 수 없다. 그 중 대표적인 분은 북한에 억류되어 있다가 풀려나신 캐나다 토론토 큰빛교회의 임현수 담임목사이다. 임 목사는 지난 1997년부터 18년간 북한을 100회 이상 드나들며 북한 주민들을 위해 대규모 인도주의 지원 사업을 하다가 2015년 초 라선 지역 방문 중 북한 당국에 체포됐다. 북한의 지도자를 모독했다는 혐의였다. 그후 2015년 12월, 북한 당국으로부터 국가전복 음모 혐의로 무기 노동교화형을 선고받고 복역 중 캐나다 정부의 다각적인 노력으로 지난 2017년 8월 9일 풀려났다.

임 목사께서 북한 감옥에 갇혀 있던 31개월은 외국인으로는 가장 오랜 기간이다. 석방 후 인터뷰에서 복역 중 많은 고통을 겪었지만, 북한을 미워하지 않고 오히려 더 사랑하게 되었다고 고백하면서 앞으로 전 세계 탈북자들을 더 많이 돕겠다고 말했다.[50] 사실 이분 외에도 전 세계 많은 한인교포가 남북한의 화해와 통일을 염원하며 북

---

50) '북한에 억류됐다 풀려난 임현수 목사 "전 세계 탈북자 지원할 것"' (VOA 뉴스, 2017.8.29.)

한의 굶주리는 동포들을 돕기 원하고 탈북자들도 지원하고 있기에 이 모든 노력이 절대 헛되지 않을 것이라고 필자도 확신한다.

　지금까지 우리는 한반도의 평화적 통일을 위해 해외에서 한국인이 아닌 외국인들이 큰 노력을 하고 있다는 것을 살펴보았다. 먼저 네덜란드의 오픈도어스 선교회가 북한과 탈북민 및 지하교회 성도들을 지원하는 사역들을 소개했고 다음으로 벨기에 정부와 현지인들이 어떻게 탈북 난민들을 섬기는지 직접 경험한 내용을 나누었다. 그리고 나아가 독일, 스웨덴, 미국, 스위스 및 유럽연합에서 어떻게 북한을 섬기고 있는지도 살펴보았다.

　그렇다면 여기서 우리가 배워야 할 교훈은 무엇인가? 그것은 한반도의 평화적 통일은 분명히 주님께서 원하시는 뜻이라는 것이다. 이를 위해 주님께서는 당신의 사람들을 일으켜 지금도 일하고 계신다. 그러므로 우리도 모두 힘을 합쳐 낙심하지 않고 기도하면서 계속해서 여러 분야에서 협력하여 노력해 나간다면 언젠가 통일은 큰 축복으로 우리에게 다가올 것이라는 점이다. 그날이 속히 와서 통일된 한반도가 열방을 섬기는 축복의 통로가 되길 바란다.

성경 역사와 문화로
본 복음 통일

3장

# 추상미

영화감독 겸 배우. 대한민국을 대표하는 예술인 추송웅 씨의 딸로, 아버지로부터
예술적 감각을 물려받았다. 영화배우이며, 6.25전쟁으로 폴란드로 보내진 전쟁
고아에 대한 진실을 다룬 다큐멘터리 영화 <폴란드로 간 아이들>의 감독이다.
폴란드로 간 아이들은 제23회 부산국제영화제, 16회 서울국제사랑영화제, 제6
회 춘천영화제 등에 초청되었고, 빛가람 국제평화영화제에서는 김대중노벨평화
영화상 수상의 영광까지 안았다.

# 문화로 복음 통일의
# 길을 열다

내가 너의 아빠이고, 남편이다!

하나님은 산후 우울증의 고통을 통해서 북한을 향한 마음을 주셨다. 임신과 출산을 하고, 산후 우울증을 겪었다. 내 인생의 가장 큰 산과 같은 멘토였던 아버지[51]가 14살 때 갑자기 돌아가셨다. 2014년과 2015년에 우울증이 심하여 상담도 받았다. 우울증으로 고통을 받을 때 북한 꽃제비[52]들의 영상을 우연히 보게 되었다. 우울증에서 벗어날 방법으로 영화의 소재를 찾을 때, 고난의 행군 이후에 북한 소녀가 산천을 헤매고 다니는 영상을 보고 충격을 받았다. 연예인으로 살면서 북한에 관심이 없었다. 꽃제비 영상이 꼭 내 아이 같았다.

---

51) 추송웅(秋松雄, 1941 ~1985), 중앙대학교 연극 영화과를 졸업하고 1970년 대의 대표적인 배우로 활동했다. <달걀>로 연극 무대에 데뷔한 후 희극배우로서 명성을 쌓았다. 모노드라마 <빨간 피터의 고백>을 발표해 관중 신기록을 세우며 모노드라마 붐을 일으켰다. 1982년 동아 연극상 남자 연기상, 1979년 한국 연극영화상 최우수 남자 연기상, 1971년 동아 연극상 최우수 남자 주연상, 등을 수상했다.

52) 북한에서 집 없이 떠돌면서 구걸하거나 도둑질로 생계를 이어가는 유랑자.

그 영상으로 아버지의 '좋은 연극 한 편이 분노를 잠재우고, 대신 성찰하게 만든다는 것'을 깨달았다. 이런 아버지의 못다 이룬 꿈이 불혹을 넘기고, 안락한 삶을 흔들기 시작하였다. 경제적인 면에서는 안락한 삶이었으나, 연예계는 어릴 적 동경하던 아버지의 무대와는 너무도 달랐다. 정체성의 혼란이 왔고, 공황장애를 겪었다. 작가가 꿈이었던 대학 시절을 생각하면서 점차 나는 연예인이기보다는 아티스트의 길을 걷고 싶었다. 좋은 작품을 창작하고 싶다는 꿈을 갖게 되었다. 결국 서른아홉에 대학원 영화 연출 전공으로 진로를 변경했다. 출산과 육아의 경험, 우울증을 겪으면서 주님을 뜨겁게 만나고 새롭게 받은 소명은 하나님의 아티스트가 되어 킹덤 빌더(Kingdom Builder)로서 하나님 나라를 임하게 하는 영화를 만드는 것이었다. 결국 진정으로 원하지도 않던 인기, 명예를 위해 달리던 삶을 내려놓고 성공이라는 속박을 벗어 던지고 영혼의 자유를 얻게 되었다.

꽃제비 영상을 보고 충격으로 울 때 하나님께서 북한을 향한 마음을 주셨다. 하나님 아버지는 북한을 보실 때, 불쌍한 자식 같은 마음으로 북한을 보신다는 것을 알게 하셨다. 통곡의 눈물을 흘렸다. 그리고 그때 하나님께 작품 소재를 달라고 기도했다. 우연한 기회에 출판사에 들렀더니, 폴란드 전쟁고아들의 이야기 자료를 받게 되었다. 그 아이들의 이야기가 운명처럼 연결되었다. 하나님이 주신 소재라는 확증도 주셨다. 내 아이를 향한 나의 불안정한 마음과 폴란드 아이들의 상처받은 모습이 '상처의 연대'로 공감이 되었다. 상처받은 사람들과의 연대가 나와 영화를 같이 찍은 탈북 소녀 송이와의 연대, 그리고 폴란드 사람들과의 연대가 전쟁고아들과의 연대로 이어지면서 통일의 열쇠가 되는 영화 <폴란드로 간 아이들>을 폴란드 현장에 가서 찍을 수 있었다. 하나님께서 나를 안고 함께 가시는 것을 체험했다. 하나님이 나의 아빠이고, 남편인 것을 알게 해 주셨다. 영화 <폴란드로 간 아이들>은 주님이 만드신 영화이다.

> "내가 그리스도와 함께 십자가에 못 박혔나니 그런즉 이제는 내가 사는 것이 아니요 오직 내 안에 그리스도께서 사시는 것이라 이제 내가 육체 가운데 사는 것은 나를 사랑하사 나를 위하여 자기 자신을 버리신 하나님의 아들을 믿는 믿음 안에서 사는 것이다."(갈2:20)

### 그루터기의 땅, 북한에 대한 비전을 주시다!

그루터기들![53] 주님이 내게 보여주신 북한 땅의 비전이다. 동방의 예루살렘이라 불리던 땅. 북한 교회와 남한 교회가 연합하여 중국과 중동을 거쳐 결국 이스라엘까지, 땅끝까지 주님의 복음과 하나님 나라를 전하는 선교의 완성을 이루실 거라는 비전을 주셨다.

### 문화, 통일의 길을 열다[54]

2018년 세바시에서 강의했던 내용을 공유해 보고자 한다. 나는 최근에 배우에서 영화감독으로 전향을 했다. 두 편의 단편 영화를 만들었고, 지금 장편 극영화를 준비하고 있다. 현재 내가 작업하고 있는 영화는 바로 북한 전쟁고아들에 관한 이야기다. 실화인데 잘 알려지지 않았다. 6.25전쟁 직후에 한반도에는 정말 많은 고아가 생겼다. 10만 명이 넘었다고 하는데, 그중에서 북한의 전쟁고아들은 당시의 사회주의

---

53) 거룩한 씨가 이 땅의 그루터기니라 하시더라(이사야 6:13)
54) 세상을 바꾸는 시간 666회, '문화, 통일의 길을 열다', 2018

동맹국(러시아, 헝가리, 폴란드 등)으로 흩어져 위탁교육을 받게 된다.

　당시 북한 정권이 고아들을 수용할 형편이 아니었고, 사회주의 동맹국 간의 결속을 선전하기 위한 목적도 있었다. 그중에서도 폴란드로 간 아이들에 관한 이야기를 현재 영화로 준비하고 있다. 당시 6,000명이 넘는 고아들이 폴란드로 갔는데 그들 중 200여 명은 폴란드 시민들에게 공개가 되면서 체제의 선전용 필름도 찍었지만, 대부분의 아이는 폴란드의 인적이 드문 시골 마을에서 비밀리에 위탁교육을 받았다. 당시 폴란드의 식량난이 심각한 때라서 자국민들의 원성을 살까 두려웠고 폴란드 공산 당국의 결정이었을 것이다. 아이들을 가르쳤던 폴란드 교사들은 바로 이곳 출신의 아주 가난하고 순박한 사람들이었다. 피 한 방울 섞이지 않았던 낯선 땅의 아이들을 뜨거운 모성으로 사랑했던 폴란드 교사들, 그리고 북한 아이들의 이야기를 현재 영화로 준비하고 있다.

　2014년 대한민국 남녀 1,000명을 대상으로 통일 인식 조사를 했는데, 그중에 62%가 통일은 필요하다고 대답했고 38%는 통일은 필요하지 않다고 답했다. 찬성하는 이유는 북한의 값싼 노동력과 지하자원들로 경제 발전을 꾀할 수 있다고 대답했고, 반대하는 이유는 가장 많은 대답은 남북한의 경제 격차가 너무 심한데 통일 비용이 너무 많이 들 것 같다는 이유가 가장 많았다.

　통일이 되어야 하는 이유도, 통일이 되지 말아야 하는 이유도 모두 경제였다. 물론 지속적인 경제난으로 허덕이고 있는 나라 안팎의 사정을 볼 때 충분히 이해가 가는 대목이다. 통일을 위해서라도 나라의 경제가 풀려야 한다. 그럼에도 불구하고 찜찜한 것은 민족의 염원인 통일이라는 문제가 대한민국의 가장 중요한 이 사건이 오로지 눈앞에 보이는 물질적인 가치로만 계산되고 있다는 점이었다.

북한의 꽃제비들 사진을 보면 정말 비참하다. 여러분은 꽃제비들의 사진을 보면서 어떤 생각이 드는가? 불쌍하다, 눈물 난다, 참혹하다, 안타깝다. 그런데 더 솔직히 얘기하자면 '남한이 아니라 북한이라 그나마 다행이다.' 솔직히 그런 마음이 들기도 한다.

내가 좋아하는 작가 한 분을 소개하고 싶다. 미국의 여류작가 수잔 손탁(Susan Sontag, 1933~2004)이다. 그녀는 사진과 글을 통해서 사회의 비리를 고발하는 예술가이자 비평가이다. 미국이 이라크를 침공하기 바로 직전에 출간한 그녀의 유작 <타인의 고통>이라는 책에서 그녀는 전쟁 사진들이 어떻게 유통하고 검열되는지 고발한다. 현실을 투명하게 보여주지 않고, 고통을 추상화하고 미화하는 이미지들을 비판한다. 그리고 이런 사진을 보는 우리의 흥미와 관심에 대해서 그녀는 이렇게 말한다.

"우리는 타인의 고통을 이미지로 소비하며 그에 대한 연민을 느낀다. 그리고 이 연민이라는 감정은 우리가 이 고통에 연루되어 있다는 사실을 숨기는 자기방어 기재이다. 연민이란 감정은 쉽사리 우리의 무능력함 뿐만 아니라, 우리가 저지른 일이 아니라 말하는 무고함까지 증명하는 알리바이가 되기 때문이다. 실제로 전쟁을 경험하는 사람들은 더할 나위 없이 참혹하지만, 전쟁을 관람하는 사람들은 더할 나위 없이 스펙터클해진다. 바로 이때 전쟁의 실상은 소멸하며 이미지만 범람하게 되고, 전쟁은 은폐될 수밖에 없는 것이다. 사람들의 마음을 뒤흔들어 놓은 고통스러운 이미지는 최초의 자극만을 제공할 뿐이다."

그녀의 주장에 동의할 수 있을까? 우리는 모두 이미지의 홍수 시대에 살고 있다. 그런데 이미지라는 친구들은 그렇게 의리가 깊은 친구들이 아니다. 그들은 때로는 우리를 속이고 우리가 의도한 바와는 다르게 정작 중요한 것을 보지 못하게 하는 덫을 놓기도 합니다. 수잔 손탁은 자신의 책의 결론에서 어떤 대안을 제시한다. 우리는 참혹한 이미지를 보고 갖게 하는 두려움과 우리는 아무것도 할 수 없다는 무력감을 떨쳐내야 한다. 우리는 사진만을 볼 것이 아니라 사진 너머에 있는 실제 자행되고 있는 참혹한 현실을 봐야만 한다. 그때에만 우리는 연민을 넘어서 타인의 고통이 바로 자신의 고통으로 바뀌게 된다.

학교에서 흔히 진행하는 통일 포스터 그리기 행사에서 초등학생이 그린 포스터 중에 '포스터 그리기 지겹다 통일해라'라는 재미있는 포스터가 있다. 한편으로는 씁쓸한 이 포스터는 통일이 어느덧 우리에게 무력한 이미지가 되어 버렸다는 것을 보여준다. 본질에 닿기 전에 이미 식상한 주제가 된 통일, 우리는 이것을 대책도 없이 너무 많이 소비해 버렸다는 느낌을 지울 수 없다. 우리가 우리의 이웃 마을인 북한에 대하여 수잔 손탁의 말처럼 때로는 연민으로, 때로는 비교에 대한 우월감으로 강 건너 불구경하듯 해왔다는 사실을 이제는 인정해야 한다고 생각한다. 북한에 관한 수많은 이미지와 영상, 용어들이 난무하면서 북한 문제는 이제 고통이 아니라 하나의 그로테스크한 이미지가 되고 있다. 또한 세계적으로 북한을 조롱하듯 바라보는 관점을 우리 또한 비판 없이 수용하면서 이제는 거부감마저 생긴다. "우리는 왜 저들과 하나가 되어야만 하는거야?"라고 불평하는 현실을 마주한다. 북한의 형제자매들의 고통이 우리와 연결되어 있다는 사실에는 장님이 되어 버린채 말이다.

이 문제의 하나의 대안으로 문화 예술인들의 사회참여 리더십을 일으키는 것이 중요하다. 예술의 전통적인 기능에는 성찰과 치유가 있다. 예술은 마치 스펀지처럼 시대의 상처를 흡수하기도 하고 분노를 배출하기도 합니다. 그 자체로 어떤 혁명을 일으키는 위험한 수류탄같은 것이 아니라고 생각한다. 사회가 병들었으면 병들었다고 인정하게 만들고, 어떤 가치관이 부재한다면, "이것 봐. 이렇게 세상을 보는 관점도 있을 수 있어."라고 말하며 대중들에게 생각하는 힘을 제공하는 게 바로 예술이다.

　독일의 예를 들어보겠다. 1961년 베를린 장벽이 건축되었다. 이것은 분단과 냉전의 상징물이었다. 1960년 한 해 동안만 탈 동독 인구수가 20만 명이 넘었다고 한다. 반면에 서독은 라인강의 기적이라고 불리는 경제 성장을 이루었다. 그러나 나라 안팎으로 너무 경제 부흥에만 몰두한 나머지 서독 지식인과 예술가들이 이에 대해서 비판적인 목소리를 높이기 시작했다. 당시 독일 국민은 넉넉해진 살림살이 때문에 여가 생활에 몰두했는데, 특히 물밀 듯이 밀려 들어오는 헐리우드 영화에 흠뻑 취해 있었다. 이에 대항하여 독일 영화인들은 '뉴더먼 시네마 운동'이라는 영화 운동을 일으킨다. 운동의 주요 목적은 나치즘에 동조했던 독일의 과거를 반성하라는 내용과 분단이라는 딜레마에 놓여있음에도 경제 개발에만 치우치는 독일 사회를 파헤치고 대안을 찾는 것이었다. 이 운동으로 빈벤더스 파스, 파스 번더 감독은 새로운 형식의 독특한 영화를 만든다. 미술계의 활약도 있었다. 예를 들어 독일의 현존하는 현대 화가 중에 가장 유명하다고 볼 수 있는 게르하르트 리히터(Gerhard Richter, 1932~)는 이 당시에 독일인들이 정말 외면하고 싶었던 모든 영역의 사회 문제를 작품을 통해서 증언하는 용기를 보였다. 그런데 전시회에서 사회 문제가 그저 감상으로만 끝나는 것이 아니라 관람객들 사이에서 뜨겁게 주제가 되었다.

　독일 예술가들의 이러한 열정은 결국 독일 사회가 분단의 갈등을 극복하고 소통과 통합의 길을 찾아 나서도록 견인하는 역할을 하게 된다. 예술가들의 힘이 없었더라면 베를린 장벽이 무너질 때 서독 시민들이 쏟아져 나와 서로 끌어안고 같이 눈물을 흘리지 않았을 것이다. 또한 그들이 겪어야만 했던 고통을 함께 공감하는, 세계사에 길이 남을 아름다운 장면을 연출하지 못했을 것이다. '역사를 거울로 삼지 않는 민족은 희망이 없다'는 말이 있다. 역사는 그 민족의 정체성이기 때문이다. 결론적으로 말하면 독일의 경제성장은 역사를 성찰하자는 시대의 흐름을 가로막지 못했다. 덕분에 국민 정서가 굉장히 겸허해졌고, 나치의 만행으로 인해 인류에 대해서 어쩔 수 없이 느낄 수밖에 없는 양심의 가책과 불편한 감정을 독일 국민이 기꺼이 받아들인 것이다. 그 결과 독일은 오늘날 유럽을 이끄는 리더 국가의 위상을 새롭게 세워가고 있다.

다시 영화 이야기로 돌아가서, 폴란드 교사들은 피 한 방울 섞이지 않은 북한 고아들을 어떻게 그렇게 뜨겁게 사랑할 수 있었을까? 우리도 못하는 것을 그들은 어떻게 했을까? 폴란드에서 제작된 다큐멘터리를 보면 90세가 넘은 폴란드 교사들이 당시에 강제 북송 명령이 떨어지면서 갑작스럽게 북한 아이들과 이별하게 된 경험을 이야기한다. 60년이 넘은 일인데도 바로 어제 있었던 일처럼 어깨를 들썩이며 눈물을 흘리는 장면이 인상적이다. 그들이 북한 아이들을 각별하게 생각했던 이유를 폴란드 교사들을 현지에서 조사하는 과정에서 알았다. 폴란드 교사들은 자신들이 고아이거나 전쟁에서 가족을 잃은 피해자들이었다. 심지어 이들 중에는 아우슈비츠 수용소에서 살아남은 유대인 생존자도 있었다. 그들은 자신이 겪은 상처로 인해 자신도 모르는 사이에 탁월한 공감 능력을 얻게 되었던 것이다. 그들은 바로 '상처 입은 치유자들'이었다.

우리도 같은 하늘 아래서 남과 북이 함께 겪어야만 했던 6.25전쟁이라는 커다란 비극이 있었다. 그럼에도 불구하고 오늘날에는 '6.25 전쟁은 정말 비극이었다'는 사실 외에 이 상처로 인해서 우리가 얻은 교훈은 무엇인가를 생각해야 한다. 내 안에 절망이 있더라도 그것을 성찰의 기회로 삼고 겸허한 마음으로 이웃을 품고 상생하는 일. 그것이 우리가 북한을, 그리고 탈북자들을 품을 수 있는 유일한 방법이라고 생각한다.

마지막으로 통일 이미지를 검색하다가 '식상하지 않은' 사진 한 장을 찾았다. 어느 공원에서 파란 하늘을 배경으로 빨간 바람개비들이 공기의 흐름을 타고 아주 자유롭고 평화롭게 돌고 있는 사진이었다. 청명한 하늘이 언덕을 감싸고, 상처를 성찰하고 극복한 우리 사회가 저 파란 하늘처럼 커다란 가슴으로 북한을 품어, 고통으로 얼룩진 북한 사람의 영혼에 자유와 회복을 주는 그 길을 어서 빨리 걷게 되기를 소망한다.

### 역사, 하나님이 장식하는 모자이크!

작가가 원하는 형상의 밑그림을 판에 그려 놓고 그 위에 깨어진 돌이나 유리 조각들을 모아 붙였더니 아름다운 형상으로 승화되었다. 단순 회화표현에 싫증이 난 어느 화가의 실험이었을까, 아니면 단순 실수였을까? 모자이크. 비잔틴 시대의 기독교 가치관을 드러내는 데 널리 쓰임 받았던 이 독특한 미술 양식의 기원을 정확히 알 길은 없다.

얼마 전 동네 소품 가게에서 모가 난 색유리 조각들을 붙여 테두리를 장식한 모자이크 거울을 샀다. 보자마자 정이 든 그것을 사 들고 집으로 가져와 화장대 위에 두었다. 재미나게도 이 색유리 조각들이 그날 나의 묵상 소재가 되어주었다. 원래는 완전체에 붙어있었던 것들이 어떤 충격으로 부서지고 조각나 쓸모없게 되었을 것이다. 모가 나 있어 바닥에 뒹굴기라도 하면 누가 다칠까 쓰레기통에 버려질 운명이었을 것이다.

주님은 이처럼 상처 입고 버려져 누군가에게 해가 될지도 모를 우리를 사용하셔서 주님의 역사를 운용하신다. 왕이 되기 전, 다윗을 따르던 자들은 가족에게 쫓겨나고 공동체에 버림받은 오합지졸들이었다. 오갈 데 없어 함께 동굴에서 지내면서 배고픔과 추위에 떨던 아둘람 공동체[55]다.

훗날 이들은 하나님 나라의 모형인 다윗 왕국의 리더가 되었다. 쫓기며 살 때 이들 중 어느 누구도 자신들의 미래를 알지 못했다. 다윗조차도 대부분의 시간을 안개에 가려진 듯, 희미한 믿음을 붙들며 살았다. 그러나 그 시간을 통해 주님께 전적으로 의지하는 법과 상황이 아닌 언약을 붙드는 믿음을 배우게 되었다. 개인의 삶의 확장이 역사라면 주님은 인류의 역사 속에서도 동일하게 행하신다. 2015년, 나는 주님께 간절히 기도했다. 주님의 부르심으로 20년을 지속했던 연기자 생활을 접고 영화 연출을 공부한 지 6년째 되는 해였다. 인생의 가장 고달픈 시련 가운데 있던 시기이기도 했다. 조각난 색유리처럼 쓸모없어지고 한계에 부딪힌 자아를 대면해야 했던 시간이다. 그 후, 주님은 나를 위로하시고 정결케 하심과 동시에 장편영화의 소재를 친히 예비해주셨다.

---

55) 그러므로 다윗이 그 곳을 떠나 아둘람 굴로 도망하매 그의 형제와 아버지의 온 집이 듣고 그리로 내려가서 그에게 이르렀고 환난 당한 모든 자와 빚진 모든 자와 마음이 원통한 자가 다 그에게로 모였고 그는 그들의 우두머리가 되었는데 그와 함께 한 자가 사백명 가량이었더라(사무엘상 22:1~2)

1951년, 전쟁이 한창일 때 동유럽으로 보내졌던 북한 전쟁고아들, 그중에서도 폴란드로 간 고아들의 행적을 그린 실화였다. 독실한 가톨릭 교도였던 폴란드 교사들이 유년 시절 2차대전을 경험한 후, 6.25전쟁을 겪고 그들 곁으로 온 북한 고아들을 모성으로 품었던 아름다운 이야기이다. 폴란드 교사들은 자신들이 겪은 역사의 상처로 다른 민족을 품는 '상처 입은 치유자'가 되었던 것이다. 나는 이 소재로 시나리오를 쓰기 위해 2년 동안 한국과 유럽의 근현대사를 공부했다. 역사에 문외한이었던 나에게 주님은 감사하게도 그 시간을 통해 '하나님의 역사관'을 가르치셨다. 그리고 하나님은 역사의 주인이시라는 엄연한 진리 앞에 내 영혼은 숙연해졌다. 그리고 마지막 때를 살아가는 우리 그리스도인들이 하나님의 역사관으로 지나온 역사를 새롭게 통찰하는 일이 얼마나 중요한지를 깨닫게 되었다. 성경이 하나님의 역사를 기록한 역사서이기도 하다는 사실도 새삼스럽게 재인식했다. 그리고 비판하기 위한 것이 아니고 나에게 그럴 자격도 없지만 한국 교회가 하나님의 역사관에 얼마나 무지한지 보게 되었다.

우리 그리스도인들은 역사를 운행하고 계시는 하나님을 알지 못하거나 믿지 못하는 것 같다. 일제 강점기, 6.25전쟁, 그리고 전 대통령의 탄핵 사건을 포함한 대한민국의 모든 근현대사에 하나님이 깊이 개입하시고 운행하신다는 것을 인정하고 싶지 않은 것 같다. 역사에 존재했던 모든 조각나고 아픈 사건들을 이어 붙이고 계시는 하늘의 위대한 예술가의 솜씨를 보지 못하는 것 같다.

한국 기독교인들은 선택적 역사관을 갖고 있다. 자신이 생각하는 프레임대로 역사를 보고 거기에 하나님을 끼워 맞춘다. 그러므로 하나님은 우파 아니면 좌파의 하나님이며, 상대는 하나님의 대적이라고 믿어버린다. 지구촌에서 일어나는 크고 작은 사건들을 자신들의 분열된 관점에서 선, 아니면 악이라 규정한다. 그리고 그 사건들은 자신들의 프레임 안에서만 하나님과 관련되어 있다고 믿는다. 이데올로기 안에 갇혀버린 하나님, 구약의 율법의 하나님만을 믿거나 최악의 경우는 역사를 하나님과 분리시킨다.

우리는 신약시대 중에서도 마지막 시대를 살고 있다. 오직 십자가 복음으로, 주님이 요한계시록에 약속하신 열방의 그리스도의 신부들, 각 나라의 언어와 문화로 찬양하는 신부들을 일으킬 사명이 우리에게 있다. 이 역사의 중요한 타이밍에, 선교 완성의 동력이 될 대한민국의 통일을 준비해야 하는 사명이 우리에게 있다. 그 일을 감당해야 하는 한국 교회가 먼저 역사의 성찰을 통해 주님의 마음을 알게되길 주님은 기다리고 계신다.

신실하신 주님은 오늘도 한국의 아픈 역사의 한 조각 한 조각 친히들어 올려 이어 붙이고 계신다. 이렇게 이어 붙여진 조각들은 놀랍게도 아름다운 형상으로 승화될 것이다. 그것은 복음 통일이라는 형상일 것이고 이것은 또 다른 모자이크 장식들과 이어져 거대한 하나님 나라의 형상이 될 것이다. 나를 비롯한 한국 교회가 하나님이 운행하시는 역사의 방관자가 되지 않길 기도한다.

그리스도인들이 주님이 이루실 놀라운 복음 통일을 바라보며 이념을 넘어 하나가 되어 기도할 때 주님이 친히 남과 북의 화해자가되어주실 그 날을 꿈꿔본다. 그리고 내가 만들 영화도 하나님이 장식하시는 모자이크의 한 조각이 되길 꿈꿔본다.

**영화감독 추상미가 꿈꾸는 파란 하늘 같은 복음 통일의 꿈!**

현재 영화 드라마 대본을 구상 중이고, 영화제 집행위원으로 일하고 있다. 영화들과 영화계의 흐름과 트렌드를 통찰하다 보면, 문화 예술이 하나님이 허락하신 기능이라는 것을 알게 된다. 영화감독은 문제를 가지고 영화를 만든다. 세상 감독은 문제 제기로 끝나지만, 믿음을 가진 감독은 하나님의 마음을 품고 복음을 세상의 언어로 전달하는 일을 한다. 최근 10년의 영화를 분석해 보면, 동일 이슈는 '장벽과 분령'의 문제이다. <기생충> 같은 영화는 자본주의의 양극화를 다루고 있다. 흑백문제, 난민문제, 남성과 여성의 문제, 등 세상의 영화의 주제는 '장벽과 분열'이 공통점이다.

하나님을 믿는 믿음의 영화감독으로서 '복음 통일의 메시지'를 영화를 통해서 전달하는 것을 꿈꾸고 있다. 지구에서 유일하게 분단국가로 남아있는 남한과 북한이 분열과 장벽을 넘어 복음으로 하나 된다면, 가장 극단적인 해답으로 전 세계인에게 복음화의 가능성과 영감을 주게 될 것이다. 이제 대한민국은 한강의 기적을 이룬 경제적인 부강뿐만 아니라, 복음 통일이 된다면 영적 선도국가로 세계를 이끌어가는 나라가 될 것이다. 복음이 자연스럽게 전 세계로 전해지는 것을 상상한다. 겉으로는 정치이지만, 해답은 복음밖에 없다.

나는 문화로 통일의 길을 열어가는 일을 계속해서 하고 싶다. 앞에서 소개한 다큐멘터리 영화 <폴란드로 간 아이들>을 <그루터기 시나리오>로 폴란드로 간 아이들의 연장선에서 영화를 준비하고 있다.

8부작으로 고아 청년들이 자립해가는 과정을 쓰고 있다. 주님이 말씀하신 대로 뱀처럼 지혜로운 전략으로, 스파이 같은 전략으로 문화의 도구인 영화를 통해서 복음 통일의 길을 '복음을 세상의 언어로 녹여낸 작품'을 만들고 있다. 세상에서 복음으로 전투에서 승리하려면 잘 짜여진 치밀한 전략이 필요하다. 하나님은 최상의 전략을 갖고 계신 분이다.

상처의 연대, 상처 입은 치유자로 복음을 세상의 언어로 풀어내는 문화, 예술가로서의 길을 가고자 한다. C.S.루이스의 <나니아 연대기>처럼, 뱀처럼 지혜로운 전략으로 세상에 문화로 복음을 전하고 싶다. 통일 이야기도 언젠가부터 식상하고 루틴화되어 있다. 이제는 통일 운동도 기성세대뿐만 아니라 다음 세대인 청년들에게 새로운 트렌드로 이야기 할 수 있어야 한다. 문화 예술 콘텐츠가 젊은이들의 언어로 창작될 수 있어야 한다. 이제는 통일 이야기도 지혜로운 전략이 필요하다. 문화 컨텐츠는 놀라운 힘이 있다. 우리 시대에 맞게 트랜디 해야 한다.

### 다큐멘터리 폴란드로 간 아이들

"그 아이들에게 우리가 사랑한다고 전해주세요." 1951년, 한국전쟁 고아 1,500명이 비밀리에 폴란드로 보내졌다. 폴란드 선생님들은 말도 통하지 않는 아이들을 사랑으로 품었고, 아이들도 선생님을 '마마', '파파'라 부르며 새로운 가족으로 받아들인다. 그러나 8년 후, 아이들은 갑작스러운 송환 명령을 받게 되는데… 2018년, 아이들의 생사조차 알 수 없는 지금까지도 폴란드 선생님들은 아이들을 그리워하며 눈물을 흘린다. 역사 속 어디에도 기록되지 않았지만, 가슴에 남아있는 위대한 사랑의 발자취를 따라 추상미 감독과 탈북소녀 이송, 남과 북 두 여자가 함께 떠나는 특별한 여정이 시작된다!

<폴란드로 간 아이들, The Children Gone to Poland>은 2018년 10월 31일 개봉한 다큐멘터리이자 드라마 영화이다. 추상미가 감독을 맡았으며 폴란드 현지에서 촬영했다.

영화에서 동행한 이송(Lee Song)은 10대 때 목숨을 걸고 국경을 넘어 탈북한 청소년이다. 현재부터 과거까지, 한반도에서 폴란드까지. 가슴 아픈 고아의 분열에 대한 기억을 추상미와 이송이 함께 여행하면서 그들은 외국에서 온 아이들을 마치 자신의 것처럼 키운 교사의 기록을 배운다. 지금도 국가 간의 끔찍한 갈등이 계속되는 세상에서, 이 영화는 저항할 수 없을 정도로 상처 입은 아이들에게 다가가 잃어버린 '사랑'의 부활 가능성에 의문을 제기한다.

일본 시사회 당시 현지 관객들은 "한국전쟁 때 전쟁고아가 동유럽에 이송됐다는 역사는 전혀 몰랐던 사실이라 충격적이었다. 오디션에 참여한 탈북 청소년들의 표정과 이야기도 인상 깊었다."고 밝혔다. 또한, "폴란드 선생님들이 정말 자기 아이처럼 전쟁고아들을 사랑했다는 것이 느껴졌다. 북한에 다시 돌아간 아이들은 그 후 어떻게 됐는지 궁금하다." 등의 다양한 반응을 선보였다.

'폴란드로 간 아이들'은 제23회 부산국제영화제, 제16회 서울국제사랑영화제, 제6회 춘천영화제 등에 초청되었고, 빛가람 국제평화영화제에서는 '김대중노벨평화영화상' 수상의 영광까지 안았다. 한편 일본 배급은 '박열', '지슬: 끝나지 않은 세월2', '동아시아반일무장전선' 등 한국 영화를 일본 관객들에게 소개하는 배급사 '우즈마사(太秦)'가 맡았다.

배급사 대표인 고바야시 산시로(小林 三四郎)는 "저는 일본에서 만들어야 할 영화들을 한국 영화인들이 제작하고 있는 사실에 깊은 존경심을 갖고 있습니다. 일본에서는 근현대 사건을 소재로 한 영화가 많이 없습니다."라면서 "이런 경향은 갈수록 심각해지고 있는 것 같습니다. 역사를 배우는 이유는 다시는 자기들이 범한 실수를 되풀이하지 않기 위해서라고 생각합니다. 그리고 알게 된 사실은 잘 기억하고 전달해가야 한다고 생각합니다."라고 말했다.

이어서, "'폴란드로 간 아이들'은 코로나19 영향으로 2년 가까이 일본 개봉이 늦어져 추상미 감독님께 걱정을 끼쳤습니다. 이 작품은 지금 많은 나라에서 필요로 하는 작품이라고 생각합니다."라며 "어느 시대나 세계 어디서든 전쟁의 최대 피해자는 아이들입니다. 아이들의 미래를 뺏으면 안 됩니다. 이 작품은 그런 사실을 저에게 가르쳐 줬습니다. 추상미 감독님께 감사드립니다."라고 밝혔다.[56]

---

56) 시사상조신문

# 신동만

대한민국 예비역 육군 소장이며 사단장 시절부터 글을 쓰기 시작하였다. 포병 소위로 임관 후 군 생활의 대부분을 전방부대에서 근무하였다. 전역 후에는 국 군중앙교회의 장로, 극동방송운영위원으로 리더십 강의를 하고 있다. 또한 하나 님의 계획과 섭리 가운데 나라와 민족을 위해 기도하면서 글을 쓰고 있다.

# 시내산아! 예루살렘아!
# 오! 대한민국 서울이여!

주말에 아내와 함께 단풍이 아름다운 북한산 자락 서울 둘레길의 마지막 코스인 형제봉과 정릉을 지나 우이동에 이르니 삼각산으로 이어지는 길과 만나고 화계사를 지나 도봉산역을 향해 가고 있었다. 필자는 젊었을 때 대한민국의 수많은 성도들이 가난과 질병과 가정과 직장의 문제들을 놓고 간절한 마음으로 기도하기 위해 삼각산에 올랐다는 얘기를 많이 들었다. 이곳이 바로 그 옛날 믿음의 선배들이 철야기도를 하면서 나무뿌리를 뽑는 절박한 심정과 일사각오로 기도했던 곳이로구나! 그 덕분에 우리 대한민국은 세계에서 가장 못 사는 최빈국에서 세계 10위의 경제 대국으로 성장 발전했구나! 하는 생각이 들었다. 선진국의 5030클럽에 가입한 대단한 나라가 된 것이다. 5030클럽이란 인구 5천만 명 이상과 국민소득 3만 불이 넘는 선진국의 나라를 지칭한다. 미국, 영국, 독일, 프랑스, 일본, 이탈리아 6개 나라인데 한국이 7번째로 가입한 나라가 됐다. 한반도 5천년 역사 이래 가장 잘 사는 선진국이 된 것이다.

기원전 2,333년 단군은 한반도에 고조선을 건국하였다. 마니산 정상에 단군조선을 세운 기록이 있다. 마니산은 백두산과 한라산의 중간 지점인 강화도 길상면에 위치한 해발 472.1m의 산으로 접근하기 쉽지 않고 높지도 낮지도 않은 하늘에 제를 드리기에 적절한 높이의 제단이 있는 산이다. 정상에 오르면 저 멀리 중국과 가까운 경기만과 영종도 주변의 섬들이 한눈에 들어온다. 경기오악의 하나인 양주 감악산과 개성 송악산, 서울 북한산 등이 한눈에 보이며 한강과 임진강, 예성강이 합류하는 지역이다. 이곳은 하늘과 땅, 시간과 공간, 역사적으로 의미가 있고 고려 왕조의 수도 개성과 조선의 수도 한양이 눈앞에 보이며 고려시대에는 몽골제국의 침략을 끝까지 저항하기 위해 수도를 강화도로 천도한 지역이기도 하다. 가까이에 인천항과 김포국제공항, 영종도의 인천국제공항이 한눈에 들어온다. 산정에는 단군왕검이 하늘에 제사를 지내기 위해 마련했다는 참성단이 있으며 이곳에서는 지금도 개천절이면 제례를 올리고 전국체육대회의 성화가 채화되는 성지이다.

　마니산 정상으로 오르는 길에는 감리교단에서 운영하는 강화기도원이 있다. 일제 식민지 시절 전국의 교인들과 선교사들이 모진 핍박을 피해 이곳에 모여 나라의 독립을 위해 기도하며 독립 운동가들을 지원하기 위하여 기도원을 건축하고 마니산 정상에서 국가와 민족을 위해 애국지사들을 위해 기도했다고 기록하고 있다. 마니산은 한반도의 5천 년 역사의 성지(聖地)이며 한민족과 자유민주주의 대한민국의 성지(聖地)의 근원이다. 강화기도원은 지금도 매월 1회 국가와 민족을 위해 철야기도를 하며 온 교회가 연합하여 함께 기도를 드린다고 한다.

1941년 12월 7일, 일본이 미국 하와이 진주만을 기습적으로 폭격함으로써 시작된 태평양 전쟁은 1945년 8월 6일과 9일, 히로시마와 나가사키에 원자폭탄이 떨어지고 일본 천황이 8월 15일, 무조건 항복을 선언함으로써 끝났다. 이로 인해 우리나라는 일제로부터 해방을 맞이하게 된 것이다. 이후 남한의 이승만 대통령은 미국의 도움으로 자유민주주의 대한민국을 건국하였고 북한의 김일성은 소련의 스탈린의 전폭적인 지원으로 공산사회주의 북조선인민민주주의공화국을 건국하였다. 5천 년 역사를 가진 한민족이 두 동강이 난 것이다. 그나마 한반도의 남쪽에 이승만 대통령이 자유민주주의 대한민국을 세운 것은 하나님의 절대적인 인도하심과 권능의 산물로 천운 중의 천운이며 기적 중의 기적이고 5천 년 역사의 한민족을 향하신 하나님의 기가 막힌 섭리였다. 해방 당시 우리 민족은 대부분이 공산사회주의 사상을 신봉하고 지지하는 백성이었다. 조상대대로부터 지배계층인 사대부와 양반의 종과 노예로 살아오면서 모진 학대와 고난과 가난을 겪다가, 일제가 강제징용과 징병, 정신대로 백성들을 짓밟자 이들은 고향을 등지고 생존과 독립운동을 위해 옛 땅인 만주(동북 3성) 벌판과 연해주로 유리걸식하며 떠돌아다녔다. 당시 유라시아 대륙을 휩쓴 막스와 레닌을 추종하는 공산주의자들은 누구나 배를 곯지 않고 평등한 세상이 온다고 선전·선동을 해대니 나라 안팎의 대부분의 백성들은 이를 동경하였고 또 동경하지 않았다면 이상한 일이었다.

제2차 세계대전이 끝나고 전승국이며 공산사회주의 국가의 원조인 소련의 스탈린은 동유럽 국가들과 중국, 몽골 등 유라시아 대륙의 모든 나라에 공산사회주의 국가를 건설하였다. 태평양전쟁 막바지에 미국의 요청으로 뒤늦게 참전한 소련은 북한지역으로 진주했기 때문에 한반도는 백 퍼센트 공산화가 될 숙명이었다. 그러나 미국의 원자폭탄 투하는 미국이 예측한 것과는 너무 다르게 일본 천황의 무조건적인 항복을 불러왔고, 소련군이 한반도 남쪽까지로 진주하는 것을 막을 수 있었다. 하나님이 한반도의 완전한 공산화를 막아주신 것이다. 이는 한민족을 향하신 하나님의 섭리와 비밀이 숨어 있다. 이 글을 쓰는 이유와 목적이다. 하나님의 기적은 여기에서 끝나지 않았다.

이승만의 인물을 요약하면 기독교 정신과 동양철학과 서양문물과 학식에 세계 최고의 권위자이며 5년 7개월의 감옥생활과 오랜 망명생활로 단련된 인품과 누구보다도 공산주의 이론의 허구성과 잔혹성을 꿰뚫고 있었기 때문에 해방 후 국민의 대다수가 공산주의자들의 선전·선동에 현혹되는 것을 막을 수 있었고 현실을 직시할 수 있는 혜안과 통찰력으로 자유민주주의 대한민국을 건국할 수 있었다. 또한 국가의 근간이 되는 제헌헌법을 기독교 정신의 자유민주주의 이념을 기반으로 제정했다. 하나님은 5천 년 역사의 한반도 남쪽에 이승만이란 걸출한 인물을 예비하셔서 전 세계 어느 누구도 할 수 없는 일, 즉 73세의 노구를 이끌고 남북한 공산주의자들의 방해를 물리치며 자유민주주의 대한민국을 건국할 수 있었다. 공산주의가 유라시아 대륙이 붉게 물들이고 있을 때 한반도의 남쪽에서만 유일하게 공산화를 막고 자유민주주의 대한민국을 건국한 것이다. 하나님은 모세와 같은 걸출한 인물을 한반도 남쪽에 예비하셔서 하나님을 섬기는 백성의 지도자로 세우셨다. 당시 통계를 보면 남한 국민의 약 70~80%가 공산주의를 지지했다고 한다. 이러한 상황 속에서 자유민주주의 국가가 세워진 것은 하나님께서 한민족과 대한민국을 사랑하시기 때문이며 하나님이 개입하지 않았다면 불가능한 일이었다. 이승만 대통령이 자유민주주의 대한민국을 한반도에 건국한 일은 하나님의 섭리이며 기적중의 기적이었다. 하나님이 하신 일이다.

　이승만 대통령이 위대한 또 하나의 이유는 6.25전쟁 때문이다. 출애굽 당시 이스라엘 민족과 아말렉 족속과의 전투와 유사한 면이 있다. 모세와 아론이 기도하면 이스라엘의 군대가 승리를 했고 기도하지 않으면 패배한 사건과 같은 전쟁이었다. 1950년 6월 25일 소련의 스탈린의 사주와 중국 공산당 모택동의 지원 하에 북한의 김일성은 전쟁을 일으켜 수백만 명의 사상자를 냈으나 이승만은 풍전등화의 위기 속에서 대한민국을 지켜냈다. 김일성의 무력 기습 남침에 대한민국은 병력과 화력, 장비의 엄청난 열세에도 불구하고 미국을 비롯한 유엔 16개국의 신속한 참전으로 전쟁을 승리로 이끌었으며 한미상호방위조약을 맺은 것은 하나님이 행하신 기적 중의 기적이었다. 전쟁 중에 '낙동강 방어선의 붕괴는 곧 대한민국의 패망'이라는 절체절명의 상황에서 하나님의 백성인 유엔군 사령관 맥아더 장군은 이승만 대통령께 장마철임에도 융단폭격이 가능하도록 하나님께서 청명한 날씨를 주시도록 기도를 부탁하여 인천상륙작전을 성공적으로 이끌어 전세를 역전시켰다고 한다. 오늘날 대한민국이 세계 10위의 경제대국을 이룰 수 있었던 배후에는 이 조약을 근거로 한미연합사를 창설하여 지금까지 3천 여회의 북괴의 크고 작은 도발을 막아낸 것이 있다. 하나님은 이승만 대통령에게 지혜와 능력을 주심으로 이 나라를 지키신 것이다. 이 외에도 토지개혁을 민주적인 방식으로 성공적으로 시행했으며 전쟁 중에도 학교를 운영하였고 인재를 양성하기 위해 외국으로 유학을 보냈으며 과학기술의 바탕을 세우는데 기여하였다. 이승만 대통령이 절체절명의 6.25전쟁에서 대한민국을 지켜낸 일은 기적 중의 기적이다. 하나님의 절대적인 도우심이었다.

5천 년 역사 이래 하나님이 한민족과 한반도를 사랑할 수밖에 없는 가장 큰 이유는 바로 천주교 박해사건으로 수만 명의 천주교인들이 이 땅에서 순교의 피를 흘린 엄청난 사건에 있다. 이들은 천주(天主), 즉 하나님을 믿는다는 이유만으로 처형을 당했다. 1866년 병인년은 조선의 역사에 큰 획을 긋는 해였다. 흥선 대원군의 천주교 탄압에 대한 보복으로 프랑스군이 한강의 양화진을 정찰하고 강화도를 침략하여 강화산성을 점령하고 규장각의 각종 서적과 문화재를 약탈했다. 사건의 발단은 1860년 청나라의 수도 베이징이 서양 세력에 의해 함락되고 두만강을 사이에 두고 러시아와 국경을 접하고 병인년 초에 러시아의 상선이 원산에 출몰하자 대원군은 큰 위협을 느껴 국내에 들어온 프랑스 신부를 이용하여 러시아 세력을 막아 보려고 하였다. 대원군은 프랑스와 교섭이 잘 이루어지지 않자 9명의 프랑스 신부와 수많은 천주교인을 처형했고, 이에 북경에 주둔하고 있던 프랑스 함대사령관 로즈는 함대를 이끌고 강화도를 침략했다. 이때부터 대원군은 쇄국정책을 본격화하였다. 특히 양화진은 현재 마포구 합정동에 있는 한강의 나루터로 조선시대에는 한양에서 강화로 가는 주요 간선도로에 위치한 교통의 요지였을 뿐만 아니라 한강의 조운을 통하여 삼남 지방에서 올라온 세곡을 저장하였다가 재분배하는 곳이었다. 또 한양의 천연방어선을 이루는 요지였으므로 진대를 설치한 장소이기도 하다. 양화진의 지휘부는 잠두봉에 위치하여 한강을 건너려고 나루터에서 기다리고 있던 백성들과 저 멀리 한

강 하구까지 관측할 수 있으며 낙조가 아름다운 곳이다.

　1866년 일어난 병인양요의 핵심지인 양화진과 잠두봉은 조선의 멸망과 대한민국의 건국, 한국 기독교사에 엄청난 사건의 현장이 된다. 대원군은 양화진을 양이, 즉 서양 오랑캐의 군함이 정박하여 나루터를 정찰하고 돌아갔기 때문에 양이로부터 더럽혀진 이곳을 수많은 천주교인들의 참수로 인해 흐르는 피로 깨끗하게 한다는 악마와 같은 기상천외한 발상을 했다. 누에의 형상을 닮았다 하여 명명한 잠두봉은 천주교인들의 참수로 선혈의 피가 강물을 이루고 잘린 머리가 산을 이루었다 하여 '절두산성'이라 불렸다. 대원군의 악령으로부터 명령을 받은 조선 망나니의 칼로 아무 죄 없는 천주교인의 머리를 내리쳤으니 얼마나 처절하며 슬프고 안타까운 역사의 현장이 아닌가. 이로써 조선은 수만 명의 천주교 신자들의 뿜어져 나오는 선혈의 강물로 쇄국의 문은 활짝 열리고 조선은 멸망의 길로 들어섰다. 이와 동시에 서구 열강 세력과 함께 개신교의 선교사들이 활짝 열린 보혈의 문을 통해 이 땅에 들어와서 복음을 전하고 문맹퇴치 운동을 하며 학교를 세우고 병원을 건립했다, 수많은 조선의 청년들이 개화되어 일본과 미국의 신문물을 받아들이며 조선의 근대화에 기여했다. 그 중에서도 미국의 선교사 아펜젤러가 세운 배제학당은 하나님의 사랑과 공의가 넘치는 창조적인 인재를 양성하였고 이 학교에서 배출한 인물 중의 인물이 바로 이승만이며 훗날 일제와 싸우며 자유민주주의 대한민국을 건국하는데 결정적인 역할을 한 위대한 인물이다.

　경복궁은 임진왜란 때 소실됐던 것을 12살의 어린 고종이 즉위하자 대원군이 왕권강화 차원에서 이를 중건하였으며 일제 강점기에는 조선총독부가 이곳에 위치하여 한민족을 총칼로 억압하고 핍박하던 곳이다. 청와대는 조선왕조 경복궁의 궁궐터로 자유민주주의 대한민국을 건국한 이승만 대통령의 관저인 경무대의 전신이다. 이곳에서 이승만은 하나님의 절대적인 도우심으로 공산사회주의자들의 방해를 물리치고 제헌헌법을 기초로 자유민주주의 대한민국을 건국함으로써 하나님이 역사하신 성(聖)스러운 장소(地)가 되었다. 이곳에서 이승만은 피난 시절을 제외하고 6.25전쟁의 대부분을 통수하여 승리로 이끌었으며 자유민주주의 대한민국을 지켜내고 한미상호방위조약을 맺었다.

경복궁에 대해 좀 더 구체적으로 설명하면 태조 4년에 390여 칸으로 지었으나 조선의 수도를 개성에서 한양으로 천도하면서 계속 확장했던 궁(宮)이다. 궁의 명칭은 '시경(時經)' 주아 편에 나오는 '이미 술에 취하고 이미 덕에 배부르니 군자만년 그대의 큰 복을 도우리라'에서 경(景)과 복(福)의 두 글자를 가져와 '경복궁(景福宮)'이라 명명하였다. 임진왜란 때 소실되어 폐허로 남아있던 것을 강화도령 철종이 승하하여 어린 고종이 즉위하자 아버지 흥선대원군의 뜻에 따라 왕권을 강화한다는 명분으로 고종 2년 1865년 중건하기로 결정하여 1868년에 완공하였다. 경복궁을 중건했으나 수많은 천주교인들의 순교의 피로 인하여 대원군의 왕권강화와 쇄국정책은 끝이 났다. 경복궁의 활짝 열린 대문으로 개신교 선교사들이 들어와 5천 년 한반도 역사의 전환점을 이루어 이승만과 박정희 같은 걸출한 인재들을 양성하여 대한민국은 전쟁의 폐허를 딛고 부흥 발전하여 세계 10위의 경제대국을 이루었다. 복음의 능력이 빌리그레함 목사의 여의도 전도 집회와 여의도순복음교회를 비롯한 수많은 한국교회의 말씀과 기도와 북한산 삼각산의 산기도로 대한민국을 변화시키고 발전시켜 '한강의 기적'을 이룬 것이다.

21세기에 들어와서 자유민주주의 성지 청와대를 공산사회주의 김 일성 주체사상, 즉 김일성 3대 세습 우상 독재 체제를 신봉하고 추종 하는 자들이 이곳에 들어와 자유민주주의 대한민국의 성지를 더럽 히고 온 나라를 오염시켰다. 대한민국을 어지럽히고 더럽게 하는 이 들의 정체는 주체사상을 신봉하는 주사파운동권 정치인들과 이들의 영향을 받은 민노총과 전교조, 진보세력으로 위장한 수많은 시민단 체들이다. 이들은 창조주 하나님을 부정하고 보이는 물질이 전부인 것으로 착각하는 망령된 공산사회주의 김일성 주체사상에 빠져 자 신의 이익과 목적을 위해서는 수단과 방법을 가리지 않으며 선전·선 동으로 국민들을 현혹하고 미혹하는 세력들이다.

김일성의 주체사상으로 더럽힌 자유민주주의 대한민국을 깨끗하 게 씻어내는 것은 오직 십자가 보혈뿐이다. 피 묻은 십자가의 능력이 모든 것을 해결할 수 있는 보혈의 지팡이며 말씀의 지팡이며 성령의 지팡이인 것이다. 흥선대원군이 서양 오랑캐로 더럽혀진 양화진을 천주교인들을 참수하여 그 피로 씻겠다는 악령의 발상으로 잠두봉 을 절두산성으로 만들었다면 이제는 한국교회가 깨어나고 일어나서 무소부재하시고 전지전능하신 만군의 여호와 하나님 삼위일체의 하 나님의 말씀으로 이 망령된 김일성 주체사상 김일성 주의로 더럽혀 진 청와대와 대한민국을 성령의 불로 태우고 성령의 물로 씻어내야 하는 것이다. 청와대의 자유민주주의 성지를 회복하는 일이다. 북한 의 핵무기와 미사일과 대량살상무기도 마찬가지이다. 오직 예수그 리스도의 보혈인 십자가의 도(道)가 답인 것이다. 한국교회와 성도들이 깨어나야 하는 이유이며 영적인 투쟁을 해야 하는 이유이다.

10 끝으로 너희가 주 안에서와 그 힘의 능력으로 강건하여지고 11 마귀의 간계를 능히 대적하기 위하여 하나님의 전신 갑주를 입으라 12 우리의 씨름은 혈과 육에 대한 것이 아니요 통치자들과 권세들과 이 어둠의 세상 주관자들과 하늘에 있는 악의 영들을 상대함이라 13 그러므로 하나님의 전신 갑주를 취하라 이는 악한 날에 너희가 능히 대적하고 모든 일을 행한 후에 서기 위함이라 14 그런즉 서서 진리로 너희 허리띠를 띠고 의의 호심경을 붙이고 15 평안의 복음이 준비한 것으로 신을 신고 16 모든 것 위에 믿음의 방패를 가지고 이로써 능히 악한 자의 모든 불화살을 소멸하고 17 구원의 투구와 성령의 검 곧 하나님의 말씀을 가지라 18 모든 기도와 간구를 하되 항상 성령 안에서 기도하고 이를 위하여 깨어 구하기를 항상 힘쓰며 여러 성도를 위하여 구하라 19 또 나를 위하여 구할 것은 내게 말씀을 주사 나로 입을 열려 복음의 비밀을 담대히 알리게 하옵소서 할 것이니 20 이 일을 위하여 내가 쇠사슬에 매인 사신이 된 것은 나로 이 일에 당연히 할 말을 담대히 하게 하려 하심이니라(엡 6:10~20)

예수 그리스도의 보혈의 피는 김일성 주체사상뿐만 아니라 이 땅을 더럽히고 백성들을 미혹하고 유혹하는 이단의 사슬인 통일교, 신천지, JMS, 여호와의 증인 등 정세와 권세와 어둠의 세력과 악한 영들을 대함이며 성령의 불과 성령의 물로 태우고 씻어내는 일이다. 기독인들의 사명이다.

위기가 오면 기회도 오는 것은 세상의 이치이다. 1876년 강화도조약 이후 미국과 캐나다를 비롯한 서양의 개신교 선교사들이 조선 땅에 들어와 조선의 근대화를 위해 얼마나 많은 피를 흘리고 희생을 했는가? 또한 일제 식민지 치하에서 독립운동을 주도하고 일제의 탄압에 항거하여 순교한 신자들은 또 얼마인가? 해방 이후 북한의 김일성과 공산주의자들이 기독교인들을 박해하고 처형한 자들은 또 얼마이며 이들을 피하여 모든 재산을 버리고 남부여대하여 남쪽으로 넘어온 하나님의 백성들은 또 얼마인가? 6.25전쟁으로 미국을 비롯한 전 세계의 수많은 젊은 청년들이 부모형제 곁을 떠나 유엔군으로 참전하여 약 사만 육천 명의 피를 뿌린 이 한반도를 하나님은 어찌 바라보실 것인가. 우리의 옛 땅 동북3성과 연해주 조선족들은 또 어떠한가? 지금도 이들은 시진핑 3연임체제의 중국공산당 독재치하에서 소수민족으로 살아가고 있으며 스탈린의 공포정치와 푸틴 러시아의 공산사회주의 독재체제는 백주대낮의 강도나 살인자와 같이 아무렇지도 않게 우크라이나를 침략하여 수많은 시민들을 죽이는 일을 서슴없이 자행하는 자들이다.

지금도 한민족의 옛 땅 동북3성과 연해주에서 선교하다 납치되어 북한의 강제노동수용소에서 생사조차 알 수 없는 한국인 선교사들과 북한 땅에서 하나님을 믿는다는 이유로 순교하거나 수용소에서 노역을 하는 자들은 또 얼마인가? 또 하나님은 북한의 지하교회에 숨죽이며 믿음을 지키고 있는 20~50만 명의 기독교인들을 어찌 보실 것인가? 수백만 명이 굶어 죽고 수백만 명이 굶주림으로 유리걸식하며 노예보다도 더 참혹한 삶을 사는 북한 땅의 백성들을 하나님은 어찌 보실 것인지 참으로 안타깝고 마음이 답답할 뿐이다. 인류역사상 그 어떤 최악의 독재자보다도 더 잔인하고 악랄한 김정은 일당은 고모부 장성택을 비롯한 수많은 고위급 인사들을 기관총으로 흔적조차 남기지 않는 총살공개처형을 통하여 공포정치를 일삼은 저

북한 땅을 하나님은 어찌 보시며 어찌하실지. 대한민국 국민과 한국 교회의 교인들이 김일성 3대 세습우상 독재정권의 붕괴를 위해 기도 하기 위해서는 이들의 실상을 구체적으로 알아야 하며 동시에 대한 민국의 실상을 알아야 한다. 지피지기(知彼知己)는 백전백승(百戰百勝) 이기 때문이다. 아울러 하나님의 심장과 관점에서 전 세계질서와 동 북아와 한반도를 볼 필요가 있다.

한반도의 북쪽, 김일성 3대 세습 우상 독재체제를 숭배하는 나라 는 이미 저주받은 땅이 됐다. 김일성은 소련군과 함께 북한지역에 진 주하자마자 공산주의를 반대하는 자들을 죽이고 기독교인들을 탄압 했을 뿐만 아니라 전쟁을 일으켜 수백만 명의 무고한 백성들의 피를 흘리게 했으며 전쟁의 책임을 같은 공산당원들에게 뒤집어씌우고 독재자로 군림하며 북한 주민을 서로 감시하도록 하여 인민을 꼭두 각시로 만든 전범자이기 때문이다. 후계자 김정일은 김일성을 독재 자로부터 초법적인 지위로 격상시켜 헌법 위의 존재로 숭배하다 급 기야 1980년대 후반부터 김일성을 신(神)의 자리, 즉 하나님의 자리에 올려놓고 숭배하다 자신도 그 자리에 앉은 자다. 하나님을 대적하는 적그리스도가 된 것이다. 이들은 하나님의 말씀인 성경과 '십계명'을 그대로 베껴서 주체사상의 교리로 삼고 있으며 김일성의 말을 하나 님의 말씀처럼 일점일획의 오류가 없는 말씀으로 기념하고 전국에 수만 개의 동상을 세워놓고 우상숭배하고 있다. 이들은 전 세계 모든 나라가 사용하는 서기를 사용하지 않고 김일성의 출생연도를 기준 으로 하는 주체를 사용하고 있으며 이 결과 1970년대부터 하나님은 한반도에서 남한 땅은 풍년으로 축복하신 반면 북한 땅은 매년 황폐 하여 소출량이 계속 감소하도록 역사하시어 1995년경에는 곡물 생산량이 제로가 되어 고난의 행군을 겪게 하셨다. 지금도 사람들이 굶어 죽는 이유가 바로 북한 땅이 저주받아 곡물이 나지 않는 땅이 되었기 때문이다. 하나님은 주무시지도 아니하시고 지금도 북한 땅에서 역사하고 계신다.

반면에 21세기 세계 10위의 경제 대국 대한민국은 어떠한가. 빌리 그레함 목사의 여의도광장 집회와 여의도순복음교회 등 한국교회의 말씀과 기도의 능력과 삼각산 기도의 능력은 여전히 유효한가? 한국 교회의 '죽으면 죽으리라'라는 일사각오의 신앙과 부르짖는 새벽기도, 철야기도의 능력은 여전히 유효한가? 이승만 대통령의 군전투력의 핵심 줄기인 군목제도와 박정희 대통령의 신앙전력화의 혜안과 한신 군사령관의 1인 1종교 갖기 운동은 여전히 유효한가? 우리의 현실을 보면 매우 어려운 상황임에 틀림이 없다. 자유민주주의의 근간인 시장경제와 자본주의의 황금만능 사상의 폐해가 한국 사회와 교회에 들어왔다. 돈이 주도하는 사회가 된 것이다. 목회자들도 사명보다는 대우받기 위해 교직을 선택하는 이들이 생겨났다.

예수님은 당시 유대인의 관원인 제사장들과 율법사 서기관들의 위선을 질타하셨다. 말과 행동이 다르고 예루살렘의 거룩한 성전에서 환전하고 매매하는 행위에 분노하셨던 것이다. 빛과 소금의 역할을 담당하던 한국 교회도 마찬가지다. 목회자는 강단에서 선포하는 말씀대로 살아야 하는데 말과 행동이 다르니 교회가 영향력을 상실했다. 졸장 밑에 졸개들만 있는 꼴이다. 지도자는 무엇보다도 솔선수범과 동기유발이 핵심 덕목이다.

인터넷의 발달로 온 세상이 연결되고 열린 사회가 되어 거짓과 위선이 통하지 않는 사회가 되었다. 교회들의 치부가 드러나고 일부 타락한 목사들이 언론에 노출되면서 믿는 자들도 교회에 등을 돌리는 상황까지 이르렀다. 새벽기도와 철야기도는 사라져가고 말씀과 기도의 능력을 아는 노인들만 기도하고 있다. 교회는 말씀과 기도와 행함의 능력보다는 친교와 형식으로 바리새인의 삶과 다름이 없어져 버렸다. 복음의 능력이 상실됐다. 한국 교회도 삼위일체 하나님의 영적 능력의 신본주의가 사라지고 믿음이 없는 인본주의의 영향을 받은 유럽과 미국 교회의 전철을 밟고 있다. "너희는 먼저 그의 나라와 그의 의를 구하라 그리하면 이 모든 것을 너희에게 더하시리라(마 6:33)"는 말씀에 순종하지 않기 때문이다. 하나님의 말씀을 가르치고 복음을 전하며 자신의 이익보다는 하나님의 공의를 먼저 구하는 삶, 착한 사마리아인과 같이 강도를 만난 자의 이웃이 되는 삶을 살아야 한다. 영혼이 육신을 이끄는 삶을 살아야 하는데 이방인처럼 육신이 영혼을 지배하는 삶을 살지 말아야 한다. "예수께서 온 갈릴리에 두루 다니사 그들의 회당에서 가르치시며 천국 복음을 전파하시며 백성 중에 모든 병과 모든 약한 것을 고치시니(마 4:23)"라고 예수님은 세상에 오신 목적을 분명히 말씀하셨다.

필자는 이같이 한민족의 5천 년 역사와 대한민국과 한반도를 둘러싼 어려운 상황을 진단하며 하나님이 원하시는 한민족과 대한민국과 한국 교회에 부여한 길과 사명을 제시하고자 한다. 하나님은 무슨 이유로 5천 년 역사의 한반도에 수만 명의 천주교인이 순교의 피를 흘리게 하셨으며 이를 계기로 망해가는 조선에 쇄국의 빗장을 풀고 선교사들을 보내시고 한반도의 중심 서울 한양에 황해도 평산 출신 이승만을 이주시켜 기독교에 입문케 하시고 동서양의 학문과 철학을 통달할 뿐만 아니라 공산주의 사상의 허구성과 잔혹성을 누구보다도 잘 아는 세계 최고의 석학이며 정치가며 독립운동가인 이승만을 예비하셨을까?

하나님은 왜 천황폐하를 위해서는 죽음도 불사한 일본군의 가미카제(神風) 특공대와 마지막 한 사람까지 목숨을 내놓는 옥쇄(玉碎)작전으로 끝까지 저항하는 일본군을 히로시마와 나가사키에 원자폭탄 두 발을 투하함으로써 일왕의 무조건 항복으로 소련군의 한반도에서의 남진을 막으셨을까? 태평양전쟁이 한창인 1944년, 미군은 컬럼비아 대학의 인류학과 교수 루스 베네딕트에게 일본군이 천황을 위해 무조건적인 자살특공대와 옥쇄로 저항하는 이유가 도무지 이해가 되지 않아서 일본인의 정신을 연구하도록 한 결과의 산물, 즉 '국화와 칼'이란 논문을 통해 일본은 절대로 항복하지 않을 것이며 장차 일본 본토를 점령하는데 약 7~8년이 걸릴 것으로 예측했었는데 도대체 무슨 이유로 천황은 원자폭탄 한방에 무조건 항복을 선언함으로써 우리 민족을 향한 기적의 하나님의 섭리는 무엇일까? 만약에 논문에서 제시한 것처럼 전쟁이 장기화 됐다면 자유민주주의 대한민국은 벌써 소련의 수중에 떨어져 공산사회주의 국가가 됐을 것이다.

아울러 해방 후에도 유라시아 대륙 모두가 공산사회주의 혁명으로 들불같이 붉게 타오르고 있을 때 당시 미국과 유럽의 정치를 통달하고 중국의 상해 일대와 동북3성과 연해주의 독립운동의 현장에서 현실 정치를 누구보다도 잘 아는 이승만이란 걸출한 인물을 선택하셔서 한반도 남쪽에 자유민주주의 대한민국을 건국하는 기적을 하나님은 왜 베푸셨을까? 하나님은 왜 6.25전쟁에서 벼랑 끝까지 몰린 낙동강 방어선을 기도의 융단폭격으로 자유민주주의 대한민국을 사수하게 하시고 세계의 일등 국가인 미국과 '한미상호방위조약'을 맺게 하셨을까? 하나님의 기적과 한강의 기적으로 오늘의 세계 10위의 경제 대국을 이룰 수 있었다. 여기까지가 대한민국과 한민족을 향하신 하나님의 섭리인가? 21세기 오늘 예수 그리스도의 탄생 이후 대한민국처럼 세계의 어느 민족과 나라가 온전히 하나님을 믿고 있는 나라가 이 지구상에 있는가? 하나님은 대한민국과 한국교회와 북한의 지하교회와 3만 5천 명의 탈북자와 8백만 한민족 디아스포라에 소망이 있는 것이다. "아직도 신(臣)에게는 12척의 배가 있습니다."라고 말한 이순신처럼 새로운 2천 년을 위한 대한민국과 한민족을 향하신 하나님의 섭리가 아직도 분명하게 있는 것이다.

하나님께서 5천 년 역사의 얼룩진 한민족과 대한민국을 수많은 이적과 기적을 통하여 선택하신 이유가 있을 것이다. 하나님은 이스라엘 민족의 지도자 모세를 선택하시고 절대적인 도우심과 이적, 기적으로 홍해를 건너게 하시고 반석에서 물을 내며 만나와 메추라기를 먹이시고 아멜렉 족속과의 전투를 승리하게 하시고 모세의 장인 미디안 제사장 이드로를 보내 천부장 제도로 행정조직과 군대조직을 완성하고 마침내 하나님께서 직접 국가의 정체성을 부여하는 헌법인 '십계명'과 율법을 친수하시고 하나님이 거하시는 성막을 주시며 광야 40년간 훈련하셔서 이들로 가나안 땅을 점령할 모든 준비를 마치게 하셨다. 모세의 뒤를 이은 여호수아 장군은 이스라엘 민족의 지도자를 이어받아 하나님이 예비하신 '젖과 꿀이 흐르는 땅, 아름답고 광대한 땅' 가나안에 입성하여 가나안 지역의 온 족속을 평정하였다. 이스라엘 민족은 사사시대를 거쳐 마침내 하나님의 마음에 합한 지도자 다윗 왕을 통해 가나안 땅과 지중해 연안의 모든 족속을 평정하여 마침내 통일 왕국을 이룩함으로써 세계 최고의 국가가 되었다.

우리 한민족도 마찬가지다. 하나님은 그 어려운 상황 가운데서도 자유민주주의 대한민국을 건국하게 하시고 이승만의 뒤를 이어 박정희의 가나안 땅, 보릿고개를 넘어 젖과 꿀이 흐르며 아름답고 광대한 땅, '한강의 기적'을 이루게 하셨다. "그러나 너희는 택하신 족속이요 왕 같은 제사장들이요 거룩한 나라요 그의 소유된 백성이니 이는 너희를 어두운 데서 불러내어 그의 기이한 빛에 들어가게 하신 이의 아름다운 덕을 선포하게 하려 하심이라(벧전 2:9)"라고 말씀하신다. 이제 21세기 대한민국은 먼저 교회가 회복하고 기본으로 돌아감으로써 대한민국과 한민족은 하나님의 선택을 받은 민족임을 온 천하에 알려야 한다. 5천 년 한반도의 지난한 역사와 근현대사에서 하나님의 이적과 기적을 겪으면서 단단해진 자유민주주의 대한민국은 한 단계 도약하여 대한민국의 번영과 남북의 자유민주 복음 통일과 동북3성과 연해주 옛 땅을 회복함으로써 세계의 중심국가로 세계 최고의 시민임을 만천하에 선포하는 것이다. 하나님은 "28 너는 알지 못하였냐 듣지 못하였냐 영원하신 하나님 여호와, 땅끝까지 창조하신 자는 피곤하지 아니하시며 곤비하지 아니하시며 명철이 한이 없으시며 29 피곤한 자에게는 능력을 주시며 무능한 자에게는 힘을 더하시나니 30 소년이라도 피곤하며 곤비하며 장정이라도 넘어지며 쓰러지되 31 오직 여호와를 앙망하는 자는 새 힘을 얻으리니 독수리가 날개치며 올라감 같을 것이요 달음박질하여도 곤비하지 아니하겠고 걸어가도 피곤하지 아니하리로다(사 40:28~31)"고 말씀하신다.

하나님은 성경 말씀을 통하여 이스라엘 역사의 부침을 기록하고 있다. 하나님의 선택된 백성으로서 하나님의 전적인 축복을 받은 이스라엘 민족은 하나님이 친수하신 '십계명'과 율법과 규례와 명령인 하나님의 말씀을 순종하지 않고 가나안 족속의 물질과 음란에 취해 이방신을 섬겨 멸망의 길로 들어섰던 것은 대한민국과 한국 교회와 한민족 디아스포라가 유의하여 볼 대목이다. 역사는 시간과 공간의 큰 줄기이며 이 줄기를 근간으로 다양한 인간사의 문학과 철학과 종교가 나온다. 즉 인문학과 자연과학과 사회과학이 나오고 문화와 예술과 과학기술이 역사의 맥을 통하여 이어지며 연결되는 것이다. 역사를 모르면 모든 것이 뒤죽박죽이 되며 창조의 질서가 허물어진다. 이스라엘 역사를 알아야 하나님의 창조 질서와 뜻과 의도를 알 수 있다. 성경은 시대별로 큰 줄기를 이루는 하나님의 역사이지만 이스라엘 민족의 역사서인 여호수아서에서부터 사사기, 룻기, 사무엘서, 열왕기서, 역대기, 에스라, 느헤미야, 에스더서까지 성경의 척추인 이스라엘 역사의 흐름, 즉 큰 뼈대를 중심으로 성경을 이해하고 시가서나 예언서를 통해 하나님의 의도와 뜻이 무엇인지 하나님이 기뻐하시는 것과 싫어하시고 증오하시는 것이 무엇인지를 잘 분별해야 우리 대한민국과 한국교회와 한민족이 다시 한번 융성할 수 있는 기회를 가질 수 있다.

이스라엘 민족이 무엇 때문에 멸망했는지 살펴보자. 하나님은 자신의 백성인 이스라엘에게 주신 민족의 정체성, 즉 헌법과 같은 하나님 자신의 증표인 '십계명'의 말씀을 위반했을 때 비록 자신이 택한 민족이었지만 공의의 심판으로 이스라엘 백성은 멸망하였다. 그 이유는 하나님이 가장 싫어하시고 증오하시며 혐오하시는 것이 바로 우상숭배 때문이며 이와 동시에 물질로 인한 타락과 음란 때문이다.

하나님이 주신 최소한의 규범과 율법이 십계명인 것이다. 십계명을 큰 흐름으로 보면 바로 에베소서 5장 3절의 말씀이다. "음행과 온갖 더러운 것과 탐욕은 너희 중에서 그 이름조차도 부르지 말라 이는 성도에게 마땅한 바니라"라고 말씀하셨다. 더러운 것은 다른 신을 섬기는 우상숭배와 망령된 언행이며 탐욕은 온갖 거짓과 속임과 물질의 끝없는 욕망과 이웃의 것을 탐하는 것이며 음행은 물질이 넘쳐 타락하여 음란해지는 것이다. 이스라엘 민족은 하나님의 기적과 이적으로 젖과 꿀이 흐르는 가나안 땅, 아름답고 광대한 가나안 땅에 입성하였으나 하나님의 말씀을 버리고 가나안 땅의 우상(물질과 탐욕의 상징인 바알신과 음란한 아스다롯)을 숭배하며 넘치는 물질에 취하고 음란에 취하여 하나님의 율법, 즉 십계명을 우습게 여기고 헌신짝처럼 내던짐으로써 기원전 722년에 북이스라엘은 앗수르에, 기원전 586년 남유다가 바벨론에게 멸망당하였다. 물질이 넘치고 넘치면 인간은 타락하고 음란해지는 것은 동서고금의 진리인 것이다. 개인도 망하고 국가도 망하는 길이다.

21세기 한반도의 실상을 보면 남북한 모두가 안타깝게도 망해가는 이스라엘 민족의 상황과 유사한 점이 많다. 북한은 온 백성이 김일성 주체사상을 우상숭배하며 지도자는 살찌고 백성들은 헐벗고 굶주리는 반면에 남한은 물질이 넘치고 음란하며 김일성 우상숭배하는 자들의 일부가 지도층으로 행세를 하고 있으니 천지만물을 지으시고 국가의 흥망성쇠와 인간의 생사화복을 주관하시는, 전지전능하시고 무소부재하시며 지금도 살아서 역사하시는 하나님께서 보실 때 얼마나 안타깝고 답답하시겠는가? 최근의 이태원에서 할로윈 축제에 참가하다 꽃 같은 나이에 사고를 당한 젊은이들과 부모 세대인 우리

기성세대의 모습은 어떠한가. 세계적인 압사 사고가 대한민국 서울에서 발생한 것이 우연한 일인가. 이스라엘 민족의 전철을 밟지 않기 위해서 우리 민족이 갈 길은 오직 하나님의 인도함을 받는 길이다. 이것이 우리 민족이 살 길이다.

하나님은 이스라엘 백성의 광야 40년을 불기둥과 구름 기둥으로 인도하셨다. "여호와께서 그들 앞에 가시며 낮에는 구름 기둥으로 그들의 길을 인도하시고 밤에는 불기둥을 그들에게 비추사 낮이나 밤이나 진행하게 하시니 낮에는 구름 기둥, 밤에는 불기둥이 백성 앞에서 떠나지 아니하니라(출 13:21~22)"라고 성경은 기록하고 있다. 이스라엘 민족의 지도자 모세는 느보산 모압 평지에서 광야 40년을 회고하며 가나안 땅에 들어가서도 지금까지 인도하신 하나님을 잘 섬기고 순종하도록 당부했다. "너희보다 먼저 가시는 너희의 하나님 여호와께서 애굽에서 너희를 위하여 너희 목전에서 모든 일을 행하신 것 같이 이제도 너희를 위하여 싸우실 것이며 광야에서도 너희가 당하였거니와 사람이 자기 아들을 안는 것 같이 너희의 하나님 여호와께서 너희가 걸어온 길에서 너희를 안으사 이곳까지 이르게 하셨느니라 하나 이 일에 너희가 너희 하나님 여호와를 믿지 아니하였도다 그는 너희보다 먼저 그 길을 가시며 장막 칠 곳을 찾으시고 밤에는 불로, 낮에는 구름으로 너희의 행할 길을 지시하신 자시니라(신 1:30~33)"

아브라함과 이삭과 야곱의 하나님으로부터 시작한 이스라엘 민족은 '시내산' 성지에서 하나님으로부터 율법인 '십계명'을 받고 2천 년 후에 예루살렘 성지에서 예수 그리스도의 '십자가 보혈의 피'로 죄 사함의 은혜를 받은 이방인과 유대인. 다시 2천 년이 지난 오늘의 21

세기 대한민국은, 인도의 시성(詩聖) 타고르가 예언한 "장차 조선은 동방의 빛이 될 것이다."라고 언급한 자유민주주의 대한민국은 거듭남으로 하나님의 촛대가 옮겨져서 앞으로 2천 년을 '하나님의 말씀과 기도와 행함'으로 더 큰 대한민국, 세계 초일류 통일 강국이 되어 세계를 주도할 것이다.

필자는 왜 갑자기 논리의 비약을 통해 이와 같은 엄청난 말씀을 대한민국과 한민족과 한국 교회에 선포하는가? 요약하면 성부, 성자 하나님의 말씀과 성령 하나님의 교통하심으로 창조의 질서와 기독교 역사의 흐름과 문명의 발달과 21세기 전 세계의 질서와 동북아의 질서와 한반도의 상황이 이를 말해준다. 성지 시내산의 십계명인 율법의 행함과 성지 예루살렘의 십자가의 보혈의 능력인 하나님의 은혜로 성지 대한민국의 서울은 '십계명의 율법의 행함과 십자가 보혈의 은혜의 능력'으로 세계의 중심국가로 도약하여 미국과 함께 세계 질서를 주도하고 세계의 선교강국이 될 것이며 영적인 이스라엘이 될 것이다.

열방이 춤을 추며 대한민국의 수도 서울로, 자유민주주의 제헌헌법의 성지인 경무대 청와대로 몰려올 것이다. 앞에서 언급한 베드로전서 2장 9절 말씀을 다시 한번 강조하고자 한다. 앞으로 이 말씀은 십계명과 예수 그리스도의 보혈의 능력과 함께 한민족과 더 큰 대한민국과 한국교회의 정체성이 될 것이다.

하나님께서 친히 강림하셔서 이스라엘 민족에게 십계명인 율법을 친수하시고 구약의 모든 말씀을 주신 시내산은 유대교의 성지가 되었고 예루살렘은 하나님 아버지의 극진하신 사랑과 예수 그리스도의 십자가 보혈로 전 세계 기독교인의 성지가 되었듯이 이제 자유민주주의 대한민국의 수도 서울의 경무대 청와대는 전 세계 기독교인의 성지가 될 것이다. 자유민주주의 대한민국의 수도 서울은 시내산의 율법과 예루살렘의 은혜가 연합하고 합력하여 선을 이룸으로 말씀과 기도와 행함이 있는 믿음으로 다시 2천 년을 주도하는 세계의 중심국가가 되고 선교 강국이 되며 경복궁 옛터 '경무대 청와대'는 자유민주주의의 성지가 될 것이다.

서울의 절두산성, 새남터, 왜 고개, 삼성산 등과 천주교인들이 흘린 피의 한반도 167개소의 순교 현장과 개신교 선교사들의 피와 땀과 눈물의 현장인 배제학당과 세브란스와 정동교회 등 수많은 학교와 병원과 교회가 어둠의 영을 몰아내고 문명을 깨우친 현장을 하나님의 역사는 기록할 것이다. 김일성 일당이 일으킨 전쟁으로 수백만 명의 무고한 백성들이 흘린 피와 김일성 3대 세습 우상 독재체제 하에서 최악의 기독교인의 박해와 탄압과 강제노동수용소와 지하교회의 부르짖음은 대한민국과 한국교회의 부족함에도 하나님께서 이 민족을 사랑하시고 버리시지 못하는 이유가 될 것이다.

강화도 마니산에서 시작한 단군조선 5천 년 역사의 꽃이 21세기 대한민국에서 다시 빛을 발하기 시작할 것이다. 자유민주주의 대한민국을 건국한 초대 대통령 이승만의 '경무대 청와대'가 대한민국의 자유민주주의의 성지가 될 것이다. 이제 청와대는 대통령이 집무하며 시민들을 만나고 국정을 운영하는 장소로 적합하지 않을 뿐만 아니라 하나님을 외에 다른 신(神), 즉 악한 영인 김일성 주체사상을 신봉하는 이들이 곳곳을 더럽히고 정사와 권세와 어둠의 영들과 악한 영이 지배했던 곳이 되었다. 최근 청와대를 방문한 국민들은 이곳의 기운이 어둡고 은밀하며 한적한 곳으로 대명천지의 앞서가는 국민과 소통하는 장소가 아님을 느꼈을 것이다. 한국 교회가 깨어나 기본으로 돌아가서 이단의 사슬로 오염된 대한민국을 예수 그리스도의 보혈의 피로 덮고 성령의 불로 태우고 성령의 물로 씻어서 자유민주주의의 성지로 거듭나도록 해야 할 것이다. 이것이 이승만의 건국정신을 살리고 기리는 길이며 박정희의 가나안 정신을 이어가는 길이다.

세계 도처에 전쟁과 기근과 전염병이 창궐하는 지금의 이 시대가 전 세계 기독교 역사의 전환기며 대한민국과 한국 교회의 전환점(turning point)이다. 인본주의의 영향으로 유럽의 기독교는 사라지고 교회는 박물관이 된 지 오래이며 미국도 예외가 아님을 우리는 잘 알고 있다. 위기는 곧 기회다. 수많은 순교자의 피 값을 주고 산 한반도와 한민족을 하나님께서 어떻게 잊으시겠는가? 대한민국과 한국 교회와 한민족 8백만 디아스포라와 북한의 지하교회와 탈북 기독교인들이 다시 한번 일어서서 기본으로 돌아가야 한다. 우리에게는 꿈과 소망이 있다. 한국 교회가 전 세계에 빛과 소금의 역할을 감당할 수 있다. 세계를 선도할 수 있는 것이다. 성경 말씀으로 돌아가면 된다. 아직도 대한민국에는 훌륭하신 목회자들과 헌신적인 평신도들이 넘쳐난다. 한국교회와 성도들은 이제 주(主)권을 나로부터 천지만물을 창조하시고 인간을 창조하신 하나님께 돌려드려야 한다. 하나님이 아버지며 주인이시고 나는 하나님의 말씀에 순종하는 아들과 종들이다. 하나님께서 다 이루셨고 예수 그리스도께서 승리하셨으며 성령 하나님이 성부, 성자 하나님과 모든 성도를 중재하며 교통하여 돕고 계신 것이다.

하나님의 말씀과 기도는 능력이 있다. 교회와 성도는 하나님의 사랑과 공의가 없으면 죽은 것이다. "내가 복음을 부끄러워하지 아니하노니 이 복음은 모든 믿는 자에게 구원을 주시는 하나님의 능력이 됨이라 첫째는 유대인에게요 그리고 헬라인에게로다(롬 1:16)", "하나님의 말씀은 살아있고 활력이 있어 좌우에 날선 어떤 검보다도 예리하여 혼과 영과 및 관절과 골수를 찔러 쪼개기까지 하며 또 마음의 생각과 뜻을 판단하나니(히 4:12)", "믿음이 없이는 하나님을 기쁘시게 하지 못하나니 하나님께 나아가는 자는 반드시 그가 계신 것과 또한 그가 자기를 찾는 자들에게 상 주시는 이심을 믿어야 할지니라(히 11:6)", "내게 능력 주시는 자 안에서 내가 모든 것을 할 수 있느니라(빌 4:13)"라고 성경에 기록되어있다.

예수님이 오신 목적도 말씀을 전파하시고 복음을 전하시고 약하고 병든 자를 고치시는 능력의 하나님으로 오신 것이다. 교회가 살아야 대한민국이 꿈이 있고 한민족에 소망이 있다. 무엇보다도 교회는 능력이 있어야 한다. 한국 교회와 성도는 말씀과 기도로 바로서고 행함 있는 삶을 통하여 감사와 찬양이 넘치는 삶이 바로 능력 있는 삶을 살아야 한다. 능력이 있어야 빛과 소금의 역할을 감당할 수 있는 것이다. 교회의 부흥은 대한민국의 번영과 남북의 자유민주 복음 통일, 동북3성과 연해주 옛 땅을 회복하여 세계의 중심국가로 우뚝 서는데 필수적인 조건이며 선교 강국으로 나가는 길이다. 하나님의 소망은 한국 교회가 10만 명의 선교사 파송과 1백만 명의 자비량 선교사를 파송하는 것이다. 성도들은 선교에 힘을 써야 할 것이다. 하나님의 명령이기 때문이다.

이를 위해 먼저 교회마다 교회학교에 집중하여 '말씀과 기도와 행함이 있는 일당백의 인재'를 양성해야 한다. 교회마다 전교인 '성경 백독운동'을 전개하며, '새벽기도'와 '금요철야기도'를 회복할 사명이 있다. 교회마다 '목요구국통일예배'를 드리고 '목요구국통일기도특공대'를 조직하여 나라가 어려울 때 하나님께 간절히 기도해야 하는 특별사명이 있다. '목요구국통일기도특공대'는 현장에서 기도하고 김일성 주체사상을 신봉하는 이 땅의 광자(狂者)들과 이단들을 진멸하도록 하나님께 기도해야 한다. 김일성 3대 세습 우상 독재체제를 찬양하고 숭배하는 악한 세력을 하나님의 전신 갑주로 무장하여 믿음의 방패와 성령의 검인 말씀의 능력과 기도로 무찔러야 한다. '목요구국통일기도특공대'는 매일 국가를 위해 기도하며 위기상황이라고 판단하면 교회에서 나와서 그 옛날 삼각산에서 우리 선배들이 나라와 민족을 위해서 기도했듯이 대한민국의 중심인 광화문거리나 용산광장과 남산에 올라 기도하고 각자는 처한 곳에서 집중적으로 기도해야 할 것이다.

삼각산의 기도로 세계 10위의 경제 대국을 이루었듯이 대한민국과 한국 교회는 말씀과 기도로 회복되어야 하나님이 우리 민족에게 원하시는 꿈과 비전을 달성할 수 있다. 하나님이 원하시는 더 큰 대한민국은 세계의 중심국가로 도약하는 것이며 영적 이스라엘의 역할과 사명을 감당하는 것이다. 앞으로 대한민국은 이스라엘과 미국과 전 세계의 유대인 네트워크와 적극적으로 교류해야 할 것이며 유대인들의 가슴팍 신앙을 배워야 할 것이다. 유대인들은 열세 살 성인식을 할 때 모세오경 중 하나를 통째로 암기한다고 한다. 우리 자녀들도 어릴 때부터 말씀을 가슴팍에 새기도록 말씀을 읽고 또 읽고 암송하고 묵상하여 가슴팍의 신앙으로 살면 하나님은 약속하신 대로 개인과 가문과 국가는 하나님의 인재를 낳고 세계를 선도하는 엄청난 축복을 넘치도록 주실 것을 확신한다.

하나님이 말씀하시는 선교전략은 가서 모든 민족을 제자로 삼으라는 것이며 선교 방향은 2가지다. 하나는 대륙으로 나가는 길이며 또 하나는 해양으로 나가는 길이다. 대륙으로 나가는 길은 사도행전 1장 8절의 "오직 성령이 너희에게 임하시면 너희가 권능을 받고 예루살렘과 온 유대와 사마리아와 땅끝까지 이르러 내 증인이 되리라 하시니라"라고 말씀한 길이다. 이는 한국 교회가 기도하여 회복함으로 대한민국의 번영과 남북의 복음 통일과 동북3성과 연해주 옛 땅을 회복함으로 땅끝까지 복음을 전파하는 길이다. 특히 북방선교를 감당하는 길은 중국과 몽골과 러시아를 거쳐 유라시아 대륙을 횡단하여 사회주의 국가들과 유럽을 복음화하는 길이다. 우선적으로 가까운 가족과 친지와 지인들부터 복음을 전해야 한다. 말과 혀로만 사랑하지 말고 행함과 진실함이 있어야 한다.

해양으로 나가는 길은 모든 민족을 제자로 삼는 길이다. 마태복음 28장 19~20절에서 "그러므로 너희는 가서 모든 민족을 제자로 삼아 아버지와 아들과 성령의 이름으로 세례를 베풀고 내가 너희에게 분부한 모든 것을 가르쳐 지키게 하라 볼지어다 내가 세상 끝날까지 너희와 항상 함께 있으리라 하시니라"고 말씀하셨다. 시편 139편 9~10절에서는 "내가 새벽 날개를 치며 바다 끝에 가서 거주할지라도 거기서도 주의 손이 나를 인도하시며 주의 오른손이 나를 붙드시리이다"라고 하셨다. 사도바울도 1차 선교여행은 대륙을 따라 소아시아 지역으로 갔으며, 2차와 3차 선교여행은 바다를 건너 로마제국의 심장으로 갔으며 이후 유럽의 모든 민족에게 갔다. 복음을 받은 독일의 게르만 야만인들은 변하여 루터의 종교개혁을 이끌었으며 영국의 해적들도 변하여 스페인 무적함대를 무찔러 해가지지 않는 나라가 되었다. 말씀이 곧 능력이다. 사도바울은 전도한 지역별로 거점을 삼아 여러 지역의 유대인 회당에서, 교회에서, 거리에서, 시장에서, 사람이 모이는 곳이면 어디든지 복음을 전했다.

사도바울은 특히 각 지역의 유대인 회당을 거점으로 삼아 장막을 만드는 일을 하면서 전도하여 제자들을 양육하였다. 자비량 선교사인 것이다. 바울은 복음서와 서신서 속에 등장하는 누가, 디모데, 디도, 빌레몬 등의 이방인들을 제자로 삼아 이들을 먹이고 가르치며 교회의 지도자로 치리하도록 한 것이다. 우리의 선교도 마찬가지다. 5대양6대주에 거점을 마련하고 다양한 민족에게 복음을 전하여 제자로 삼고 그들로 그들의 민족에게 복음을 전하도록 해야 한다. 북한을 복음화하려면 탈북자들을 양육하여 제자로 삼아 그들로 하여금 북한의 있는 그들의 가족과 친지들에게 복음을 전하도록 하는 것이며 한국 교회는 뒤에서 도움을 주는 역할을 해야 한다. 민족마다 문화와 삶의 방식이 다르기 때문이다.

몇 년 전에 제주도에 사는 지인 목사 내외분으로부터 베트남의 윤선교사를 소개받고 함께 목회자 리더십 교육을 위해 호찌민과 하노이 선교지를 방문한 적이 있다. 가장 인상 깊었던 것은 윤 선교사는 교회를 건축하는 것이 아니라 먼저 현지 중·고등학생과 대학생들에게 장학금과 약간의 도움을 주고, 학생들의 관리는 이분의 도움을 받아 성장한 현지인들이 담당하도록 하는 사역을 하고 있었다. 학생들은 성장하여 목사가 되기도 하고 사업가, 의사, 통역사 등 다양한 직업을 가지고 현지에서 자신의 종족들에게 복음을 전하고 있었다. 아울러 윤 선교사는 베트남 목사들을 주기적으로 만나서 기도해 주고 격려하며 교회건축이 필요하면 기도함으로 한국의 독지가를 연결하는 역할을 하고 있었다. 윤 선교사의 부인은 베트남 호찌민에서 유치원을 경영하면서 원생들에게 복음을 전하고 여기서 나온 물질로 생활하고 선교도 하고 있었다. 앞으로 우리 민족이 열방에 나가 복음 전하는 데 참고할 필요가 있는 사례라고 생각한다.

이제 한국의 선교사들은 사도바울과 같이 직업을 가지고 자비량 선교사로 모든 민족에게 복음을 전하는 것이 바람직하다. 물론 신학교를 나와 한국 교회의 후원으로 선교하는 것도 필요하다. 주권자이신 하나님의 뜻을 받들면 될 것이다. 한국 교회에는 그리스도 예수의 좋은 군사들이 엄청나게 포진하고 있다. 나와 같은 예비역 기독신우들이다. 군목도 있고 민목도 있으며 평신도 신자들도 있다. 이들은 애국심이 충만하며 경건한 삶을 살아가도록 훈련받은 자원들이다. 지금도 군 선교를 위해서 헌신하며 국군장병 복음화를 위해 노력하고 계신 분들이다. 특히 군목과 민목은 한국의 다양한 교단 출신으로 구성되어 있다. 이제는 선교를 위해 서로 협력하고 격려하며 뭉쳐서 한국교회의 변화를 주도하며 세계 선교의 마중물이 되었으면 하는 바람이다. 한국의 많은 교파들이 함께 동참했으면 한다.

우리의 인생은 소풍가서 놀다가 집에 돌아가는 삶이다. 매일 잔치 같은 삶을 하나님은 원하신다. "일을 행하시는 여호와, 그것을 만들며 성취하시는 여호와, 그의 이름을 여호와라 하는 이가 이같이 이르시도다 너는 내게 부르짖으라 내가 네게 응답하겠고 네가 알지 못하는 크고 은밀한 일을 네게 보이리라(렘 33:2~3절)"라고 말씀하셨다. 모든 것은 하나님이 하시니 단지 너희는 부르짖어 기도하라는 것이다. 그리고는 하나님이 다 이루신다고 말씀하신다. 우리는 삶의 모든 것을 다 아버지께 맡기고 매일 잔치 같은 인생을 살면 되는 것이다. 우리는 그분의 자녀들이기 때문이다.

복음서를 기록한 인물 중에 사도 요한이 예수님의 신성과 능력을 가장 영적인 눈으로 분별하고 통찰한 뛰어난 능력의 인물인 것 같다. 사도 요한은 요한복음과 요한 일, 이, 삼서와 요한계시록을 기록한 인물이다. 요한복음서에 예수님께서 최초로 기적을 베푸신 장소로 가나의 혼인잔치집이 있다. 물로 포도주를 만들어 잔치를 더욱 풍성히 하고 흥이 겹도록 역사하신 것이다. 인생은 잔치 같은 것이라고 예수님께서 먼저 보여주신 것이다. 당시 잔치는 손님들이 오면 처음에는 좋은 포도주를 내오다가 사람들이 취하면 질이 떨어진 포도주를 내는 것이 관례였는데, 예수님은 포도주가 떨어지자 더 좋은 포도주를 내는 것으로 잔치를 더욱 풍성하게 하셨다.

사도 요한은 12사도 중에서 나이가 어린 축에 들었던 인물로 예수님 품에 안겨서 말씀을 듣던 자다. 요한이라는 이름은 '여호와는 은혜로우심'의 뜻이라고 한다. 아버지는 세베대이며 어머니는 살로메이고 형은 야고보이다. 예수님의 공생애 시대와 초대 교회의 시대를 살았고 주후 96년경까지 살았다고 전해진다. 특히 주목할 것은 예수님께 제일 많이 사랑을 받은 사도이며 12사도 중 유일하게 십자가 형장까지 따라간 의로운 인물로 말년에 밧모섬에 유배되었다가 이후에 에베소에서 사역을 했다고 전해진다. 성경 말씀을 기록한 사람들은 대단하다고 생각하지만, 특히 요한복음서를 읽다 보면 아무리 사도로서 하나님의 감동으로 성경을 기록했다고 하더라도 한 개인이 이렇게 예수 그리스도의 정체성을 누구도 상상할 수 없는 표현으로 기록을 했을까 감탄하고 감탄할 뿐이다. "태초에 말씀이 계시니라 이 말씀이 하나님과 함께 계셨으니 이 말씀은 곧 하나님이시니라 그가 태초에 하나님과 함께 계셨고 만물이 그로 말미암아 지은 바 되었으니 지은 것이 하나도 그가 없이는 된 것이 없느니라 그 안에 생명이 있었으니 이 생명은 사람들의 빛이라 빛이 어둠을 비치되 어둠이 깨닫지 못하더라(요 1:1~5)"라고 기록하고 있다. 얼마나 기가 막힌 표현인가. 우리는 성경의 말씀에 기록되어 있으니 읽는 것이지만 이 기록이 없을 때 이런 표현을 생각할 수 있다는 것은 하나님의 영이 충만하고 충만하여 우주 만물을 꿰뚫고 통찰할 수 있는 능력과 성령 하나님이 그 비밀을 알려 주시지 않는다면 도저히 불가능한 영역일 것 같다. 특히 영성이 충만한 요한이 기록한 요한계시록을 포함한 모든 성경은 신묘막측하여 인생사를 통찰하고 하나님께서 우리를 진리의 길, 생명의 길로 인도하심에 감탄사가 절로 나온다.

사도바울은 수많은 핍박과 고난과 고통을 받고 사람들에게 얻어맞고 매와 돌로 맞는 등 죽을 고비를 여러 차례 넘기며 아시아와 유럽의 관문 빌립보와 데살로니가, 아덴, 고린도와 에베소 등에서 복음을 전하다가 성령의 인도하심으로 목숨을 걸고 마지막 관문인 로마 제국의 심장 로마로 복음을 전하기로 결심하는 장면이 사도행전에 기록되어 있다. 로마로 가기 전에 예루살렘에 있는 형제들을 방문하려고 하니 성령이 환란을 당할 것이라고 말씀하시고 제자들도 성령께서 예루살렘에 가면 결박이 기다린다고 말씀했다고 했지만, 바울은 에베소교회의 형제들을 밀레도로 청하여 한 고별연설은 모든 믿는 자들이 따라야 할 말씀이라고 생각한다.

죽음에 대한 염려와 두려움을 벗어버리고 담대함과 자신감과 환희와 기쁨에 찬 말씀을 선포하는 것이다. 사도바울은 비록 감옥과 죽음이 기다린다 해도 담대하게 기쁨으로 온 몸을 던질 것임을 고백한 말씀이다. "보라 이제 나는 성령에 매여 예루살렘으로 가는데 거기서 무슨 일을 당할는지 알지 못하노라 오직 성령이 각 성에서 내게 증언하여 결박과 환란이 나를 기다린다 하시나 나의 달려갈 길과 주 예수께 받은 사명 곧 하나님의 은혜의 복음 증언하는 일을 마치려 함에는 나의 생명조차 조금도 귀한 것으로 여기지 아니하노라(행 20:22~24)"라고 고백한다. 기독교인 모두가 본받아야 할 가장 위대한 말씀이 아닌가 생각한다. 기독교의 위대함은 이러함에도 불구하고 우리의 삶은 늘 자유와 평강의 삶, 꿈과 소망의 삶, 복음과 선교의 삶, 소풍 같은 삶과 잔치 같은 인생을 사는 능력이다.

하나님께서 천지만물을 창조하시고 하나님의 형상을 닮은 인간을 창조하신 이유가 무엇일까 오랫동안 생각해 보았다. "하나님이 이르시되 우리의 형상을 따라 우리의 모양대로 우리가 사람을 만들고 그들로 바다의 물고기와 하늘의 새와 가축과 온 땅과 땅에 기는 모든 것을 다스리게 하자 하시고 하나님이 자기 형상 곧 하나님의 형상대로 사람을 창조하시되 남자와 여자를 창조하시고 하나님이 그들에게 복을 주시며 그들에게 이르시되 생육하고 번성하여 땅에 충만하라, 땅을 정복하라, 바다의 물고기와 하늘의 새와 땅에 움직이는 모든 생물을 다스리라 하시니라(창 1:26~28)"라고 말씀하신 것처럼 하나님은 자신의 형상을 닮은 인간을 창조하시고 대화하고 교제하고 싶으셨다.

하나님께서 자신이 창조한 인간과 소통하기를 원하시는 이유는 간단하다. 하나님은 창세기에서 천지만물과 사람을 창조하시고 보시기에 심히 좋았더라고 말씀하셨다. 이는 죄로 말미암아 영원히 죽었던 우리를 독생자 예수 그리스도의 보혈로 영생을 얻게 함으로 걱정, 근심 없이 이 세상에 와서 놀다가 본향인 천국으로 가는 삶을 살기 원하시기 때문이다. 아이들이 소풍을 가거나 놀이동산에 가서 신나게 놀다 날이 저물면 집으로 돌아가는 것과 같은 삶을 살기 원하시기 때문이다. 우리는 자신의 세상이 끝나는 날 저녁이 되어 본향으로 돌아갈 때 동네 어귀에서 아버지가 준비한 흰 옷 입은 천사들의 찬송가를 들으며 아버지가 주는 영광스러운 면류관을 받아야 하지 않겠는가. 사도바울이 디모데후서 4장 7~8절에서 "나는 선한 싸움을 싸우고 나의 달려갈 길을 마치고 믿음을 지켰으니 이제 후로는 나를 위하여 의의 면류관이 예비되었으므로 주 곧 의로우신 재판장이 그 날에 내게 주실 것이며 내게만 아니라 주의 나타나심을 사모하는 모든 자에게도니라"라고 고백한 말씀이 우리 모두의 고백이 되기를 소망한다.

아래는 필자가 좋아하는 찬양이다.

### 본향을 향하네

이 세상 나그네길을 지나는 순례자
인생의 거친 들에서 하룻밤 머물 때
환란의 굿은 비바람 모질게 불어도
천국의 순례자 본향을 향하여
천국의 순례자 본향을 향하네

이 세상 지나는 동안 괴로움이 심하나
그 괴롬 인하여 천국 보이고
이 세상 지나는 동안 괴로움이 심히 심하나
늘 항상 기쁜 찬송 못 부르나
은혜로 이끄시네

생명 강 맑은 물가에 백화 피고
흰옷을 입은 천사 찬송가 부르실 때
영광스런 면류관을 받아쓰겠네

이 세상 나그네길을 지나는 순례자
인생의 거친 들에서 하룻밤 머물고
천국의 순례자 본향을 향하네
본향을 향하네

우리가 사는 세상이 온통 감탄과 감사와 감동의 삶의 연속이라고 생각한다. 한번 생각해 보자. 필자는 종종 창조의 질서, 즉 우주의 운행과 자연의 질서를 보면 감탄할 뿐이다. 우리가 사는 지구만 생각해 봐도 하나님이 만들어 놓은 해와 달과 별과 바다와 육지와 산과 들을 보면 얼마나 아름답고 위대하며 경이로운지 오직 감탄할 뿐이다. 자연을 보아도 감탄을 한다. 이른 봄의 새싹과 가을의 단풍이 아름답다. 또 세상에는 얼마나 뛰어난 인물들이 많고 다양한 재주를 가진 사람들이 많은가, 상상력과 창조력으로 만든 아름다운 도시와 조형물과 가꾸어 놓은 자연들이 얼마나 아름다운지 감탄하고 또 감탄할 뿐이다. "항상 기뻐하라 쉬지 말고 기도하라 범사에 감사하라 이것이 그리스도 예수 안에서 너희를 향하신 하나님의 뜻이니라(살전 5:16~18)"라고 말씀하셨다. 우리의 삶을 되돌아보면 모든 것이 하나님의 은혜이고 나의 힘으로 된 것은 하나도 없다. 오직 감사할 뿐임을 깨닫는다. 특히 하나님 아버지의 무한하신 사랑에 감사하고 광대하심에 감사하며 예수 그리스도의 이름을 선포할 수 있어서 감사하고 성령 하나님의 역사하심에 감사한다. 가족과 친지들에게 감사하고 함께 근무했던 상관과 부하와 동료에게 감사하고 모든 분께 감사한다.

또한 우리는 얼마나 감동하며 사는가. 친구를 만나 감동하고 아이들에게 감동하고 책을 읽다가 감동하고 목사님 말씀을 듣다 감동하고 성경을 읽다 감동하고 성경을 쓴 저자들의 위대함에 감동하고 말씀을 깨달아 감동하고 기도하다 감동하고 주위에 나보다 훌륭한 사람들이 너무 많아서 감동하고 배울 것이 많다는 것에 감동하며 또 감동한다. 인간이 얼마나 위대한지 감동한다.

이 세상의 삶은 이처럼 감탄과 감사와 감동의 연속이다. 우리의 인생이 말씀과 기도와 행함의 삶이라면 감탄과 감사와 감동은 그에 주어지는 선물이라고 생각한다. 모든 것이 성령 하나님께서 역사하시고 교통하시기 때문이다. 하나님과 교통하고 예수 그리스도와 교통하고 사람들과 교통하기 때문이다. 신앙의 삶이 얼마나 아름답고 위대하며 기쁘고 자랑스러운가. 하나님을 믿은 백성에게 주어진 하나님의 선물이고 특권이다. 성경 말씀 속에는 수많은 위대한 인물들이 등장하는데 그 중에서 사도바울의 삶은 감탄과 감사와 감동의 본이 되는 삶이다. 온통 마음속에 예수 그리스도가 꽉 들어찬 삶이다. 로마와 빌립보의 감옥에서도 기뻐하고 복음을 전하며 매를 맞으면서도 기뻐하고 또 기뻐하고 항상 기뻐하고 찬송하였다고 성경은 기록하고 있다. 빌립보와 데살로니가 교인들에게도 "주 안에서 항상 기뻐하라 내가 다시 말하노니 기뻐하라"고 하셨으며 "항상 기뻐하라 쉬지 말고 기도하라 범사에 감사하라 이는 그리스도 예수 안에서 너희를 향하신 하나님의 뜻이니라"라고 말씀하셨다.

결론을 맺고자 한다. 5천 년 역사를 가진 우리 민족은 21세기를 맞이하여 새로운 도약을 해야 하는 백척간두(百尺竿頭)의 전환점에 홀로 서 있다. 한국 교회가 흥하느냐 망하느냐에 따라 대한민국이 흥하느냐 망하느냐가 달려있기 때문이다. 기원전 2333년 강화도 마니산에서 단군 조선으로 문명을 시작한 한민족은 20세기 삼각산의 기도로 자유민주주의 대한민국의 꽃을 피웠고 21세기에 다시 한번 도약하여 자유민주주의 대한민국의 열매를 맺어 더 큰 대한민국, 세계 초일류 통일 강국이 되어 세계의 선교 강국과 세계의 중심국가로 자리매김하여 앞으로 2천 년은 자유민주주의 대한민국이 세계질서를 주도하는 나라로 거듭나고 도약해야 할 것이다. 천지만물을 주관하시는 하나님의 역사로 세계 문명의 촛대가 시내산에서 시작하여 예루살렘을 거쳐 대한민국의 서울로 옮겨진 것이다.

아라비아의 성지인 시내산에서 시작한 이스라엘 민족의 정체성인 십계명, 즉 하나님께로부터 율법을 친수한 이스라엘 민족은 십계명의 율법대로 살지 아니하고 우상숭배와 물질의 타락과 음란으로 종국에는 멸망하였으나 하나님은 독생자 예수 그리스도를 이 땅에 보내시고 갈보리 십자가의 보혈의 은혜로 율법을 완성하여 예루살렘은 성지가 되어 기독교는 로마제국과 유럽과 미국을 거쳐 한반도의 대한민국 서울에서 꽃을 피웠다. 자유민주주의 대한민국의 서울의 '경무대 청와대'는 기독교의 성지가 되어 십계명의 율법과 예수 그리스도의 은혜, 즉 '행함 있는 믿음'으로 다시 한번 도약하여 자유민주주의의 열매를 맺어 온 세상을 주도해야 할 사명을 받았다. 열방이 춤을 추며 대한민국의 서울로, 서울로! 몰려오도록 하는 것이 한국 교회의 사명이다. 이와 같은 사명을 감당하기 위해서는 "내가 달려갈 길과 주 예수께 받은 사명 곧 하나님의 은혜의 복음을 증언하는 일을 마치려 함에는 나의 생명조차 조금도 귀한 것으로 여기지 아니하노라(행 20:24)"라는 사도바울의 고백이 우리 모두의 고백이 되며 한국 교회와 북한의 지하교회와 8백만 디아스포라의 고백이 되기를 간절히 소망하며 5천 년 역사의 한민족의 고백이 되기를 소망한다.

우리의 앞길에 수많은 광야와 사막이 널려 있을지라도 광야에 길을 내며 사막에 강을 내는 우리 민족에게는 꿈과 소망이 있다. 우리의 시선을 성부 하나님과 성자 하나님과 성령 하나님께 고정하면 된다. 삼위일체의 하나님이 함께 계시기 때문이다. "너는 알지 못하였느냐 듣지 못하였느냐 영원하신 하나님 여호와, 땅끝까지 창조하신 자는 피곤하지 않으시며 곤비하지 않으시며 명철이 한이 없으시며 피곤한 자에게는 능력을 주시며 무능한 자에게는 힘을 더하시나니 소년이라도 피곤하며 곤비하며 장정이라도 넘어지며 쓰러지되 오직 여호와를 앙망하는 자는 새 힘을 얻으리니 독수리가 날개치며 올라감 같을 것이요 달음박질하여도 곤비하지 아니하겠고 걸어가도 피곤하지 아니하리로다(사 40:28~31)"라고 자유민주주의 대한민국의 새로운 도약을 말씀하신다. 하나님의 일은 하나님이 하신다. "그는 너희보다 먼저 그 길을 가시며 장막 칠 곳을 찾으시고 밤에는 불로, 낮에는 구름으로 너희가 갈 길을 지시하신 자니라(신 1:33)", "일을 행하시는 여호와, 그것을 만들며 성취하시는 여호와, 그의 이름을 여호와라 하는 이가 이와 같이 이르시도다 너는 내게 부르짖으라 내가 네게 응답하겠고 네가 알지 못하는 크고 은밀한 일을 네게 보이리라(렘 33:2~3)", "사람이 마음으로 자기의 길을 계획할지라도 그의 걸음을 인도하는 자는 여호와시니라(잠언 16:9)"라고 말씀하신 것처럼 하나님이 하신다는 것을 잊지 말아야 할 것이다.

"사람이 만일 온 천하를 얻고도 자기 목숨을 잃으면 무엇이 유익하리요.(막 8:36)"라고 인간의 한계를 말씀하고 있다. '말씀과 기도와 행함있는 인재'를 양성해야 하는 이유다. 하나님 말씀에 사로잡힌 자는 세계 최고의 인재가 되며 성령 하나님은 사람과 사람을 연결하여 역사하시기 때문에 하나님의 사람들이 세상을 주도하는 것이다. "그런즉 너희는 먼저 그의 나라와 그의 의를 구하라 그리하면 이 모든 것을 너희에게 더하시리라(마 6:33)"라는 말씀과 예수전도단의 '시선'의 찬양으로 글을 맺고자 한다.

## 시선

내게로부터 눈을 들어 주를 보기 시작할 때
주의 일을 보겠네
내 작은 마음 돌이키사 하늘의 꿈꾸게 하네
주님을 볼 때
모든 시선을 주님께 드리고
살아계신 하나님을 느낄 때
내 삶은 주의 역사가 시작되고
하나님이 일하기 시작하네

성령이 나를 변화시켜 모든 두렴 사라질 때
주의 일을 보겠네
황폐한 땅 한가운데서 주님 마음 알게 되리
주님을 볼 때
모든 시선을 주님께 드리고
살아계신 하나님을 느낄 때
내 삶은 주의 역사가 시작되고

하나님이 일하기 시작하네
모든 시선을 주님께 드리고
전능하신 하나님을 느낄 때
세상은 주의 나라가 되고
하나님이 일하기 시작하네

주님의 영광 임하네 주 볼 때
모든 시선을 주님께 드리고
살아계신 하나님을 느낄 때
내 삶은 주의 역사가 시작되고
하나님이 일하기 시작하네
모든 시선을 주님께 드리고
전능하신 하나님을 느낄 때
세상은 주의 나라가 되고
하나님이 일하기 시작하네

성경적 복음 통일과
북한선교

4장

# 박영환

일평생 믿음으로 선교신학자의 길을 걸으며 독일 유학 중 동·서독의 통일을 보고 서울신학대학교에서 '북한선교연구소'를 통해 믿음의 일꾼들을 키웠다. 『북한선교의 이해와 사역』 등 수많은 책과 논문을 썼다. 북한선교와 복음 통일에 관한 전문성있는 학자이다.

# 성경이 보는
# 북한선교와 복음 통일

## 북한선교와 통일의 이해를 돕기 위한 접근과 방향

### 이해를 돕기 위한 기본적 인식

#### 북한선교의 태동

먼저 '한국'이라는 용어는 '북한'이라는 용어와 혼용할 경우 혼란을 일으킬 수 있다. 경우에 따라 '한국'은 남북한을 다 의미할 수도 있으며, 혹은 남한만 설명하기 때문이다.

남한 교회는 1972년 남북공동성명으로 북한 교회의 사정을 처음으로 들여다볼 수 있었다. 1986년 스위스 글리온에서 1차 남북한 교회 지도자들의 만남과 1994년 7월 김일성 사망 이후 1998년까지 '최후 승리를 위한 고난의 강행군'까지 아사자가 350여만 명이 발생한 시기에 남한 정부는 대북지원사업을 민간단체를 중심으로 시작하였다. 이때 북한 교회 재건운동을 생각하는 월남한 성도들과 목회자들이 협력하기 시작했다.

북한선교라는 공식적인 움직임은 김창인 목사를 중심으로 1974년 충현교회의 '씨앗선교회(현 기독교북한선교회)'에서 시작되었다.

## 시대적 배경

1972년 남북 공동성명과 1974년 조선기독교연맹(2001년부터 조선그리스도교연맹으로 변경) 중앙위원회가 출현했고, 그해 8월 2일 북한교회는 세계교회협의회 가입을 시도했으나 실패했다.

남한 교회는 북한 교회를 만난 이후 지속적으로 남북한의 자주적 통일과 북한선교를 병행해 왔다. 남한 기독교의 근원적 갈등의 요인은 남북교회의 만남인 국제회의에서 나타난 '자주통일을 위한 한반도 내에 외국군 철수'로 '주한미군 철수'를 주장한 것이었다. 북한은 자주적 통일은 외국군 철수가 필연적 과제임을 수차례 주장했다. 외세의 간섭 없이 우리 민족끼리 통일을 논하자는 것이었다.

북한 정부의 배경은 여전히 적화통일이다. 북한의 표현을 빌리자면 남조선 자체 혁명을 통해 '조선반도의 통일'을 염원하고 있다. 이러한 북한 정부의 자주적 주장은 남한 교회의 북한선교 영역에서도 나타났다.

세계교회협의회(이하 WCC)와 관계된 남한기독교교회협의회(이하 NCCK, 1974년까지 KNCC)는 북한의 요청으로 '북한선교'라는 용어를 거부했다. 북한 정부는 자주적 입장에서 남한이 북한에 선교하는 것을 받아들일 수 없다는 것이었다. 이 무렵부터 북한선교는 NCCK에서 '통일 운동'으로 전환되었다.

통일 운동은 1960년대 학생운동으로 혹은 반체제운동으로 남한 정부로부터 거부당하고 있었다. 남한 기독교 보수세력은 그때 활동했던 사람들을 지금도 좌익은 친북세력으로, 좌파 종북세력으로 명명하고 있다.

## 남한 사회에서의 '통일' 용어

남한 사회에서 '통일'은 공개적으로 사용될 수 없었다. 당시 '통일'이라는 명칭은 북한의 사용 용어로, 남한 사회에서는 금기되었다. 1986년 유성환 국회의원은 면체포 특권이 있음에도 '반공이 아니라 통일'이라는 용어를 사용하여 체포되었다.

남한 사회에서 통일 용어는 1995년대 이후 제한된 토론 영역에서 모든 영역으로 서서히 확대되어 갔다. 동시에 남북 정상의 만남을 앞두고 서서히 통일 용어 사용제한이 풀어졌으나 국가보안법은 여전했다.

## 남북 정상회담

1984년 전두환 대통령과 김일성 주석 만남이 불발되었고, 김영삼 대통령 때 갑작스러운 김일성 주석의 사망(1994.7.8.)으로 회담이 취소(1994.7.25.)되었다.

하지만 2000년 김대중 대통령과 김정일 국방위원장의 6.15공동선언, 2007년 노무현 대통령과 김정일 국방위원장의 10.4 정상선언, 2018년 문재인 대통령과 김정은 국무위원회 위원장(2016), 조선노동당 총비서(2021)와의 세 차례 정상회담과 2019년 남북미 정상회동도 이루어졌다.

## 진보와 보수세력의 갈등

1988년 남한 기독교는 진보와 보수세력으로 갈라지기 시작하였다. NCCK의 1988년 '민족의 통일과 평화에 대한 남한기독교회 선언'의

'분단과 증오에 대한 죄책 고백' 2항이 문제가 되었다.

> "우리는 남한 교회가 (중략) 자주적 민족통일운동의 흐름을 외
> 면하였을 뿐 아니라 오히려 분단을 정당화하기까지 한 죄를
> 범했음을 고백한다. (중략) 이념을 절대적인 것으로 우상화하
> 여 왔다는 입장과 하나님의 절대적 주권에 대한 반역죄 (중략)
> 남한의 그리스도인들은 반공 이데올로기를 종교적 신념처럼
> 우상화하여 북한 공산정권을 적대시한 나머지 북한 동포들,
> 그리고 우리와 이념을 달리한 동포들을 저주하는 죄(요 13:14~15,
> 4:20~21)를 범했다."

이 표현은 남한 교회의 북한선교에 관한 긍정적 감정을 부정적으로
만들었다. 특히 '동포들을 저주한 죄'라는 표현은 결과적으로 1년 뒤에
보수세력이 결집하게 되는 동기가 되었고, 1989년 12월 한국 기독교총
연합회(이하 한기총, CCK)를 발족시켰다. 이러한 오해와 잘못된 성경적
이해는 한국교회를 좌우로 갈라서게 하는 데 변곡점이 되었다.

## 남한 기독교의 갈등과 대립구조

### 남한 교회와 기독교 보수세력의 적대감

남한 교회의 보수세력은 김영삼·김대중 정부를 지나면서 서서히
윤곽을 드러내다가, 노무현 대통령이 2003년 취임하기 전부터 '구국
기도회 모임' 형태로 강력하게 세를 결집했다.

남한 교회와 기독교 보수세력은 애국 기독교궐기대회로 서울광장
에 모이기 시작했다. 이들은 사립학교법, 평준화정책, 국가보안법 폐

지, 월드컵 응원의 구호 'Be the Reds 2002'의 색깔 문제와 해석, 언론의 일부 개신교 지도자들의 타락상 고발, 흔들리는 한미관계, 북한의 핵무기 개발, 북한의 미사일 발사와 탈북자 문제(강제북송) 등으로 과격한 반공주의자들이 되어 갔다.

### 친북사상과 친미사상

남한 사회에 초전박살의 대상인 북한 정부와 영원한 혈맹으로 여기는 친미사상의 물결이 넘쳐났다. 노무현 정부의 북한 이해는 남한 사회를 더욱 위기의 사회로 몰아갔고, 북한에는 친북적이지만 미국에는 반미적으로 비쳤다.

이러한 영향은 남한 기독교 보수세력의 단합과 '우리 민족이 살길은 강력한 예수 복음'이라는 확신을 지켜내는 데 집중하게 만들었다.

### 남한 기독교 보수세력의 우경화

남한 기독교 보수세력은 핵심세력으로 자리잡았다. 1992년 김영삼 장로 대통령 만들기로 규합했으나, 김영삼 대통령의 일부 반기독교 정책과 기독교 소외로 1996년 4월 총선거에서 기독교 정당을 창설하게 되었다. 선거결과는 국회 입성조차도 못할 정도로 참혹했다. 특히 김대중 정부와 노무현 정부의 대북 햇볕정책은 남한 사회의 준비되지 못한 북한 이해를 넘어 '친북 성향'으로 보여 국민을 불안하게 만들었다.

이때 남한 기독교 보수세력은 남한 사회를 살릴 방법을 구국기도회로 보았다. 2003년 2월 노무현 정부 시작 전인 1월부터 나라와 민족을 위한 기도회, 구국기도회, 평화 기도회, 반핵·반김, 한미동맹 강화, 6.25국민대회, 친북 좌익 척결 부패추방을 위한 3.1절 국민대회 등을 개최했다.

이것을 바탕으로 남한 기독교 보수세력은 힘을 잃어가던 반공주의를 앞세웠다. 더욱이 반공주의는 정치판에 뛰어들어 풍전등화와 같은 위기에 놓인 남한 사회를 살려내야 한다는 방법으로 복음의 생명력과 역동성을 분명하게 밝히고자 하였다.

## 친북 좌파 성향의 북한선교로 보는 시각

### 남한 정부의 허락 없이 북한 방문

1989년 즈음, 남한 사회의 일부 사회혁명적 통일운동과 남한 기독교의 예언자적 통일운동을 보는 남한 사회는 여전히 부정적이었다.

한국은 1988년 올림픽을 서울에서 개최했고, 북한은 1989년 평양 세계청년학생축전을 통해 남한의 한국외국어대학교 임수경을 내세워 통일의 염원을 불태웠다. 남한 정부의 허락 없이 북한을 방문한 임수경은 남한 사회에 많은 갈등과 혼란을 불렀다. 동시에 남한 기독교의 통일운동의 선구자 격인 문익환 목사의 북한 방문(1989.3.25.~4.3.)은 남한 기독교 통일운동을 남한 사회에 친북 좌파운동처럼 보이게 하였다.

이렇게 남한 정부의 허락 없는 북한 방문 사건은 남한 사회의 일반적 논리와 법체계를 당황하게 했다. 두 사람의 북한 방문은 반정부적이고 반체제적으로 보여 남한 사회의 지지를 받지 못했다.

### 선교와 자유통일의 의미적 관계

자유통일과 북한선교는 선교의 핵심적 주제가 아니다. 선교와 자유통일의 의미적 관계는 다음과 같이 나누어 정리해 볼 수 있다.

① 문재인 정부에서의 북한선교 : 문재인 정부의 입장을 지지하거 나 문재인 정부의 활동을 기반으로 하는 친북 성향의 사람들이 김정은 정권과 내통했다는 주장, 문재인 대통령이 간첩이라는 주장 등으로 북한선교의 행위를 일절 거부하였다.

문재인 정부를 반대한 자들에게는 '독재 정부'였고, 형태의 결과는 '내로남불'이라는 입장을 견지했다. 그러나 이렇게 보지 않는 정치집단도 있다면 이런 경향성을 이데올로기 신학, 신앙이라 한다. 이데올로기는 정치적 입지의 변화에 따라 달라진다. 그러므로 성경을 통한 입장 정리가 필요하다.

② 보수 정치적 성향을 바탕으로 형성된 통일론 : 이것은 북한선교를 하자는 입장이다. 다시 확언하면 좌파세력의 통일론을 반민족적 행위로 보면서 거부하고, 자유민주주의 체제로의 민족적 행위를 지지한다. 동시에 독재와 맞서는 자유민주주의라는 견해를 갖고 있다.

③ 통일운동과 북한 교회 재건 운동 : 북한선교는 진보와 보수 양진영에서 다양한 영역으로 이해되고 받아들여졌다. 전통적으로 NCCK 입장에서의 통일운동과 한기총 혹은 한교연으로 이어지는 북한 교회 재건 운동으로 보는 북한선교가 있다.

④ '자유' 통일로 본 북한선교 : 기독교 보수세력의 반 독재라는 정권에 항의하는 '자유'가 포함된 통일로 본 북한선교가 있다.

본 글은 '자유' 통일로 본 북한선교를 정점으로 정리될 것이나, 정치적 이데올로기 입장은 시간이 지남에 따라 변천해 갈 것이다. 그리고 오직 성경만이 불변의 입장에서 북한선교의 답을 줄 것이다. 기독교의 진보와 보수는 성경 해석의 차이가 있고, 성경을 적용함에 있어 입장 차이가 있을 수 있다. 여기서 이 모든 입장을 정리해 보면서 성경으로 보는 통일과 북한선교가 무엇인지 원론적 이해와 입장을 세워야 자유통일과 북한선교가 자리잡을 것이다.

그러므로 남한 사회 내의 양 진영, 혹은 남과 북의 입장과 차이점이 어디서 어떻게 이루어졌는가를 돌아본다는 것은 자유통일과 북한선교를 이해하는 첫걸음이 될 것이다.

### 통일을 원치 않는 북한 이해

남한 사회는 한반도 전쟁을 통한 북한 이해가 가장 기본적인 바탕이다. 이것을 넘어서는 북한 이해는 사실상 불가능하다. 왜냐하면 남한 사회의 주도권이 여전히 60대 이상의 사회 구성원들에게 있기 때문이다. 남한 교회도 여기에서 벗어나기 어렵다. 이러한 북한 이해는 남한 사회의 젊은 층에서도 나타났고, 2022년 일부 증가하는 상황이다.

2022년 통일에 관한 국민의식 조사에서도 젊은 층에서 부정적인 이해가 나타났다. 북한은 북한으로, 한국 즉 남한은 남한으로 가자는 것이다. 일부 통일운동 그룹에서도 등장하는 주제들이다. 나아가 통일의 불필요성을 논하기도 한다.

남한 교회도 교계 지도자의 은퇴와 젊은 성도들이 증가하는 교회 구성체는 북한 이해와 통일 문제에 관여하고 싶지 않은 주제로 보고 있는 것이 현실이다.

# 성경적인 북한선교와 통일의 이해[57]

남한 교회와 기독교의 북한선교는 상당한 영역에서 6.25전쟁 이후 탈북한 성도와 목회자들 혹은 그들의 개척한 교회에서 일어났다. 또는 교회 구성원들의 자발적 북한선교를 위한 행동으로 일어나기도 했다. 이들은 1995년 이후 북한지원사업에도 가장 적극적으로 활동했다.

예를 들어 북한의 국제친선전람관에서 필자는 김일성과 김정일에게 보낸 남측기업인들의 선물을 보았다. 그 기업인들의 이름 중 모르는 사람은 한 사람도 없었다. 그중에 기억되는, 에이스침대 기업인이 보낸 선물이 있었다. 후에 들은 이야기인데 그분의 고향이 사리원이라, 사리원시의 도로포장을 해주었다는데 확인하지는 못했다.

북한 지원의 상당한 영역을 남한 교회와 기독교가 담당했음을 대북 민간지원사업에서도 확인할 수 있다. 이들은 6.25전쟁 시기에 탈북한 사람들로 이후 남한에서 기업인들로 성장했다. 한국의 대표적인 기독교 기업인은 1980년대 159명 중 65명으로 40.9%를 차지했다. 이들 중 62%가 평안도 출신이다. 지금도 이들이 세운 기업과 이들이 출석하는 교회, 나아가 북한 출신 담임 목회자의 교회에서 북한선교와 통일에 많은 영향력을 끼치고 있으나, 이제는 은퇴하여 약화되었다. 지금은 탈북 기업인들의 2세, 3세의 영향이 조금 남아있다.

북한선교와 통일의 이해와 접근의 중요한 이정표는 '북한을 어떻게 받아들이느냐'에 달려있다. NCCK는 북한선교가 아니라 통일운

---

57) '민족복음화와 통일' (박영환, 2006), '통일과정에서 북한선교의 기능적 역할로 본 북한교회 재건' (박영환, 2007)

동으로만 설명하려고 하며, 이 운동도 넓은 의미에서 북한선교라고 단정한다. NCCK의 입장은 통일보다 북한선교이고, 그것보다 '북한 교회 재건 운동'에 더 의미를 두고 있다. 다른 하나의 그룹은 오직 전도로 북한선교를 보려고 하는 '직접 복음전도'에 선교의 의미를 두고 있다.

### 북한과 통일을 어떻게 볼 것인가

사실 북한을 상대로 한 모든 일은 결과적으로 통일과 직결되고 있다. 남한 교회가 북한선교를 복음을 실천하는 행동의 장으로 보려 한다는 측과 남한 교회의 이러한 행동을 북한선교의 주체가 뒤바뀐 것으로 보는 시각이 있다.[58]

북한선교는 북한에 예수 그리스도를 전하는 것이 목적이다. 그렇다면 북한선교는 북한에 어떻게 접근해야 할 것인가? 접근 방법은? 접근 목표는? 북한선교의 정의는? 이런 것들은 접근자의 입장에 따라 차이가 있다. 그럼에도 북한선교를 바라보는 공통점은 하나님의 선교(Missio Dei)[59]이다.

---

58)  북한선교를 진보적 관점에서 접근하려는 시도는 북한선교가 조선그리스도교연맹(1999년 이전에 조선 기독교연맹)이 주축이 되어야 하며, 남한 교회가 주축이 되어서는 안 된다는 견해가 KNCC 입장에서 제기된다. KNCC는 북한 선교용어보다 통일이라는 사역으로 대치한다. 특히 KNCC는 처음부터 북한선교에서 '북한'이라는 단어가 남과 북의 분단을 더욱 고착시키려는 경향성이 있기에 사용을 하지 않았다. 그러나 비록 KNCC의 멤버인 교회들마다 북한선교를 고집하는 경우도 있고, 두 가지 단어를 상대에 따라서 병행하기도 한다.

59)  하나님의 선교(Missio Dei)는 1952년 Willingen CWME 대회에서 Karl Hartenstein이 제안했다. 선교는 하나님이 하시기에 교회와 모든 성도는 하나님이 선교하실 수 있도록 자신을 내어놓아야 한다. (『하나님의 선교』 Gehard Von Vicedom, Missio Dei 지음, 박근원 옮김, 1980 참조)

하나님의 선교란 선교의 근원이 하나님으로부터, 선교의 내용이 하나님의 아들 예수 그리스도를 통하여, 선교의 실천이 능력과 은사의 상징인 성령이 활동하는 삼위일체의 총체적인 활동을 말한다.

그러나 하나님의 선교는 선교 활동의 중심 장소가 교회가 아니라 선교 현장, 즉 세상이라는 것이다. 세상이 중심이 되어 하나님의 사역을 실천하는 것을 밝히는 것으로, 과거 일방적인 교회 중심의 선교 사역에서, 세상 속 어디에서나 총체성과 다양성을 활동 영역에 도입시키는 것이다. 그러나 복음을 받아들여야 하는 북한의 상황은 북한선교에는 절망적이다. 그러므로 북한의 종교와 기독교의 이해를 정리한 후 본 주제를 다루어야만, 북한선교의 올바른 평가와 이해 그리고 전망을 할 수 있을 것이다.

### 북한의 종교와 기독교 이해

① 북한의 종교 : 북한은 종교를 세계를 지배하는 신의 힘이나 초자연적인 존재에 대한 신앙과 숭배, 즉 인간을 지배하는 자연 및 사회적 힘에 대한 환상적인 인식에서 기초한다고 보고 있다. 만일 남한 기독교의 종교 활동을 바로 북한선교로 본다면, 북한 헌법 68조 '공민은 신앙의 자유를 가진다. 이 권리는 종교건물을 짓거나 종교의식 같은 것을 허용하는 것으로 보장된다. 누구든지 종교를 외세를 끌어들이거나 국가 질서를 해치는 데리용할 수 없다'[60]에서 '누구든지'라는 단서 조항을 빼고, 1998

---

60) 조선민주주의인민공화국 사회주의 헌법(최고인민회의 제9기 제3차 회의에서 수정, 1992.4.9.), 북한 헌법 종교 관련 조항 제5장 68조(재인용, 김병로, '북한 종교정책의 변화와 종교 실태, 통일연구원', 2002)

년 종교의 자유를 형식적으로만 보장하는 헌법 수정안 '……보 장된다'와 '종교를, 외세를……'61)으로 변경된 것을 먼저 이해해야 한다.

그러므로 북한에서 선교 활동은 공식적으로 가능하지만 북한 정부의 허락이 절대적으로 필요하다. 물론 북한은 문서상으로 기독교를 긍정적으로 평가하나, 여전히 북한의 정치·사회에서는 기독교를 미국 세력의 전위대로 보고 있다.

② 북한의 기독교 : 북한은 기독교를 과거에 '다른 모든 종교와 마찬가지로 순종을 설교하면서, 피착취자들을 자기들의 해방을 위한 혁명적 계급투쟁으로부터 리탈시킨다.'62)로 보았다가, 다시 1980년대에는 '기원 1세기 중근동 지역에서 발생한 예수를 믿는 종교, 낡은 사회의 불평등과 착취를 가리고 합리화하여 허황한 '천당'을 미끼로 지배계급에게 순종할 것을 인민들에게 설교한다. 여러 가지 갈래가 있다.'(1981년, 조선말대사전)로 기독교를 이해했다.

그러나 문익환 목사, 문규현 신부, 그리고 임수경의 북한 방문 이후63) 1992년 조선말대사전에는 남한에서 표현되어도 인정할 정도의 내용으로 완전히 탈바꿈했다.

'예수 그리스도를 교주로 숭상하며 그 교리를 신조로 하는 종

61)  조선민주주의인민공화국 사회주의 헌법(최고인민회의 제10기 제1차 회의에서 수정 보충, 1998. 9. 5.), 김병로, '북한종교정책의 변화와 종교 실태'
62)  조선민주주의인민공화국 과학원 언어문화연구소 사전연구실, 『조선말 사전』, 4권, 1960, 조선말 출판사
63)  여기에 관해 좀 더 자세한 내용은 박영환 교수의 '주체사상과 북한선교'(신학과 선교, 서울신학대학교, 2005)를 참고로 함

교, 기원 1세기에 로마제국 관할 밑에 있었던 중근동에서 생겨나 널리 퍼진 세계적인 종교이다. '하느님'의 아들로서 인류를 '구원'하기 위하여 하늘에서 내려온 예수가 십자가에 못 박혀 죽었다가 다시 부활한 그리스도의 교훈을 잘 지키면 '천당'에 간다는 것을 설교한다. 교리의 주된 리념은 '평등'과 '박애'이다.'[64]

## 북한 종교의 두 가지 차이점

먼저 북한 종교가 '반종교적 자유'를 삭제하고 '종교의 자유'를 천명했다는 것과, '종교의 자유'를 선언했지만, 그 범위는 사회주의 체제를 유지되는 데서만 허용(누구든지 종교를 외세를 끌어들이거나 국가 사회질서를 해치는 데 리용할 수 없다)이 된다는 것이다. 즉, 사회주의 체제 안에서만 기독교를 인정한다.

그러므로 북한 교회 혹은 북한 기독교는 북한체제 안에서 설명되고 이해되어야만 한다. 마치 미국에는 미국 체제의 기독교가 있고, 독일에는 독일식 기독교, 영국은 영국식 기독교가 존재하는 것과 같다. 그러므로 각 체제 안에서의 기독교로 인식하고 이해되어야 하는 것이다.

## 북한선교를 위해 요구되는 북한 인식

북한선교를 논하려면 무엇보다 먼저 다음의 세 가지 준거의 틀을 가져야 한다. ①현실적 : 북한체제 안에서의 접근, ②원론적 : 성경적

---

64)  '주체사상과 북한선교' (박영환, 2005), '신학과 선교' (박영환, 2005)

접근과 이해, ③현장성 : 선교 실천의 장으로서의 북한이다. 이것을 바탕으로 통일 과제를 다루어야 한다.

북한선교는 통일의 가교이고, 통일의 과정이며, 통일의 완성이다. 통일이 우리 민족의 과제임에는 분명하지만, 성도는 하나님의 백성으로 복음을 전하라는 선교명령을 최우선으로 하는 사명을 가진 자들이다. 이것을 이루기 위하여 통일보다 북한선교를 전제하는 것이다.

통일은 북한선교의 결과로 드러난 산물로 보아야 한다. 북한선교를 통일과 직결시키면 그것은 민족 복음화의 과제가 된다. 물론 통일을 핵심적 과제로 볼 수 있지만, 선교의 명령을 어찌할 것인가?

북한선교는 상수이고 통일은 변수라고 정의할 수 있다. 통일보다도 민족보다도 북한선교 이해는 성경적이며, 기독교의 핵심적 입장이다. 통일 운동을 하면서도 성경적이지 못한 단체와 입장들이 유사한 기독교 입장을 드러내는 경향성이 강하다. 이점은 기독교 통일운동의 시금석이 되어야 한다.

일부 남한 기독교는 복음 통일, 평화통일, 평화선교, 통일선교 등을 사용하지만 구체적으로 설명이 명확하지 않다. 마음에 드는 명사들을 붙여 나열하면 자신의 의도가 다 포함된 것으로 착각할 뿐이다.

'구원의 복된 소식으로 통일하자'가 복음 통일이다. 다시 말해 북한 사회에 복음전달을 통해, 복음을 믿게 하는 일을 복음이 중심이 되어, 복음적 삶을 통해, 복음이 원하는 방법으로, 즉 성경적으로 해석되는 방향에서 이루어지는 것이 복음 통일이다.

이것은 모든 남한 교회와 기독교가 하는 세계선교와 다르지 않다. 세계선교가 곧 북한선교이다. 단, 같은 언어와 문화 그리고 전통을 소유한 민족이므로 선교보다는 전도로, 6.25전쟁의 아픔을 기억하는 애증과 북한을 바라보는 아픔이 내재되어 있는 북한선교가 되어야 한다.

## 북한은 복음증거와 선교의 대상이다

남과 북의 갈등과 위기감은 서로를 공격한다는 의식에서 출발한다. 남한은 이미 6.25전쟁을 통해 경험했으며, 계속되는 북의 무장공비 침투와 민간인 학살, 공격적인 전쟁 발언과 핵 실험, 그리고 미사일 시험 발사 등으로 인해 더욱 전쟁의 공포 분위기를 체감하게 한다는 것이 일반적인 북한 이해이다.

더구나 남한 교회가 북한의 어려움을 위해 물질과 기술, 그리고 후원물자로 지원하는 상황에서 겪게 되는 북한선교의 정체성 혼란은 타당하다 못해 곤혹스럽다. 죽기까지 순교의 정신으로 모든 자를 상대해야 할 그리스도인의 선교 입장에서 과연 북한을 어떻게 볼 것인가?

일반적으로 남한 사회는 선교 입장이 아니기에 적화통일을 지금도 버리지 못한 북한을 위한 대북지원사업을 달가워하지 않고 있다. 여기에 대해 성경은 무엇이라 말하는가? 선교는 성경과 전통을 바탕으로 하고, 남과 북의 상황 이해에 따라 분리해서는 결코 이해하지 못한다.

## 인간의 타락은 하나님의 구속적 활동의 시작이다

카인 이후 바벨탑 사건은 흩어진 사람들을 찾아 나서는 하나님의 세계선교의 본보기이다. 그 구속의 선교 주체는 하나님이시다.[65] 하

---

65) 'Biblical Theology of Mission' (Roger E. Hedlund, 1932)

나님의 주도적인 활동은 예수 그리스도를 통한 계시의 최종 종결로 구원의 완성은 선교임을 신약성경이 입증한다.[66]

하나님은 아브라함을 불러 세계선교의 사명을 주셨다. 창세기 12장 3절의 아브람의 부르심, '땅의 모든 족속이 너로 인하여 복을 받을 것이니라 하신지라'는 하나님의 구속의 은총이 모든 민족에게 임해야 함을 역설했다. 특별히 선교를 위한 이스라엘의 선택은 없다.

창세기 10장에서 모든 민족을 창조하셨지만, 그 속에 이스라엘이 없다. 그러므로 아브람의 선택은 이스라엘의 특별한 선택(선민사상)이라는 특수주의[67] 관점으로 해석되어서는 안 된다. 방법은 특수적이지만 선택의 목적은 모든 민족이 복을 받는 세계선교이다. 창세기 17장 4절에서는 아브람을 열국의 아비로 보았다. 열국이란 여러 나라, 즉 모든 인류를 의미한다. 디 리더(De Ridder)는 하나님이 욥에게 관심을 가진 것, 욥이 비 아브람계임을 인식시켜 주는 것으로, 만민을 구원하려는 하나님의 계획을 입증하였다고 하였다.

하나님의 이스라엘 선택은 특수한 것이 아니라 일반적이었다. 신명기 7장 7~8절이다.


"여호와께서 너희를 기뻐하시고 너희를 택하심은 너희가 다른 민족보다 수효가 많은 연고가 아니라 너희는 모든 민족 중

---

66) 'Old Testament', 'Sacramentum Mundi' (Alonso Schoekel, 1975)
67) 구약에서 이스라엘의 선택은 특수주의(Particualism) 혹은 보편주의, 세계주의 또는 우주주의(Universalism)관점에서 이해한다. 특수주의는 이스라엘의 선택이 특수한 선택으로, 선민사상을 유도한다. 보편주의는 비록 이스라엘의 선택 방법이 특수주의이지만, 결과론적으로 보편주의-하나님의 구속에 제외된 자는 아무도 없다-라는 인류 구원을 선언한 것이다.

에 가장 적으니라 여호와께서 다만 너희를 사랑하심을 인하여 또한 너희 열조에게 하신 맹세를 지키려 하심을 인하여 자기의 권능의 손으로 너희를 인도하여 내시되 너희를 그 종 되었던 집에서 애굽 왕 바로의 손에서 속량하셨나니."

이 내용을 요하네스 블라우(Johannes Blauw)는 이스라엘은 하나님에게 선택되었기 때문에 하나님이 요구하는 직무를 수행해야 할 선교의 주체라고 하였다. 이스라엘의 선택은 하나님의 부르심과 보내심 관점인 열방을 통해 이해해야 하는 것이다.

그러므로 하나님이 인류 구원의 계획으로 남한 교회를 부르시고, 또 북한으로 보내심은 열방을 구원하기 위한 하나님의 영원한 선언인 것이다.

### 열방도 하나님의 구원 계획에 들어 있다

어느 민족도 하나님의 선교 대상에서 버림받지 않는다. 하나님은 모든 인류를 창조하시고 "보시기에 좋았더라."라고 하셨으며, 마지막까지 인류를 구원하시기 위해 독생자 예수 그리스도를 보내 주시지 않았던가?

특히 로마서 8장 38~39절의 "내가 확신하노니 사망이나 생명이나 천사들이나 권세자들이나 현재 일이나 장래 일이나 능력이나 높음이나 깊음이나 다른 아무 피조물이라도 우리를 우리 주 그리스도 예수 안에 있는 하나님의 사랑에서 끊을 수 없으리라"에서의 하나님의 선언은 그 무엇도 하나님의 구원의 대상을 빼앗아갈 수 없음을 확증하는 것이다.

결론적으로 하나님의 구원 활동은 전 세계가 대상(모든 생물, 창

9:9~10, 16)이고, 아브라함과 맺은 언약은 인류 전체와 맺은 보편적 언약, 살렘 땅의 멜기세덱(창 14:18~20)이다.

또한 욥기에서 하나님은 만민의 하나님, 택한 백성을 언급하지 않았다. 이방인으로 신앙의 모범이 된 멜기세덱, 이드로, 발람, 욥, 나아만, 룻, 라합 등도 있다. 그리고 이스라엘이 불순종하면 주변 나라를 일으켜 하나님의 목적을 이루어간다.[68] 열방을 통해 하나님의 목적과 계획을 성취해 가는 것이다.[69]

특히 하나님은 모든 민족이 할례를 받으면 이스라엘 사람들과 같이(사람들처럼) 된다는 가능성을 열어 놓으셨다.[70] 그러므로 모든 열방은 하나님의 구원 계획에 포함된 선교의 대상이다.

### 북한은 선교의 대상이다

북한 사람을 북한체제의 정치집단과 주민들로 분리하려는 시도는 불가능하다. 북한은 정치와 사회구조가 하나의 주체사상 체제로 굳어져 있다. 즉 정치와 삶이 하나의 틀이기에 분리가 어렵다. 그러면 "혹 주체사상이 가나안 문화 속에 감추어진 우상숭배가 아닌가?"라고 되물을 수 있다.

---

68) 이사야 10:5~6 "앗수르 사람이여 그는 나의 진노의 막대기와 그 손의 몽둥이는 나의 분한이라 내가 그를 보내어 한 나라를 치게 하며 내가 그에게 명하여 나의 노한 백성을 쳐서 탈취하여 노략하게 하리라"

69) 신명기 28:29 "여호와께서 원방에서, 땅 끝에서 한 민족을 오게 하리니 이는 네가 그 언어를 알지 못하는 족속이요 (중략) 네 모든 성읍을 에워싸리라" 그러나 하나님의 백성으로 그와 어떤 의식적 관계를 갖지 못한다.

70) 출애굽기 12:48 "너희와 함께 거하는 타국인이 여호와의 유월절을 지키고자 하거든 그 모든 남자는 할례를 받은 후에야 가까이하여 지킬지니 곧 그는 본토인과 같이 될 것이니 할례 받지 못한 자는 먹지 못할 것이니라"

북한은 40년 전[71]부터 주체사상을 삶의 기준이자 정신적 지주로 교육받으며 살아왔다. 그것은 바로 북한의 문화이자 종교로 자리 잡았다. 북한은 사회주의 체제 속에 60여 년 동안 발전해 왔고, 남한은 자본주의 체제 속에 성장해 왔다. 두 체제 속에 형성된 두 체제의 문화는 상호 인정을 해야 한다.

북한 체제 안에서 북한 문화를 이해해야 하듯 중국 체제 안에서 중국 문화를 이해해야 하고, 미국 문화도 역시 마찬가지이다. 한국의 문화를 북한에 강요할 수 없다. 남한 기독교를 북한 기독교에 이식하려는 것은 불가능하며, 해서도 안 된다. 이것은 서구선교가 비선교지에서 잘못한 실수의 한 사례로, 간혹 듣기 거북한 용어인 '제국주의 선교'이다.

그러나 북한선교는 하나의 민족 단위로 볼 수밖에 없다. 북한선교의 궁극적 목적은 복음 통일이다. 북의 민족문화를 박멸의 대상으로 보기 어렵다. 요나도 니느웨 박멸을 외치다 하나님이 니느웨 박멸을 거두어들이자 요나서 4장 3절에서 "이제 내 생명을 취하소서. 사는 것보다 죽는 것이 내게 나음이나이다."라고 항의를 한다. 이런 요나의 항의로, '요나는 니느웨에 부름을 받은 하나님의 선교사가 아니다.'라고 대부분의 현대선교 신학자들이 평가했다.[72] 요나서를 통해 확인할 수 있듯이 세계는 어디든 예외 없이 하나님의 선교지인 것이다.

---

71)  1965년 4월 반둥회의에서 김일성은 "사상에서의 주체, 정치에서의 자주, 경제에서의 자립, 국방에서의 자위, 이것이 우리 당이 일관하게 견지하고 있는 립장이다."라고 혁명 전략에서 통치 이데올로기의 주체사상을 말한다.
72)  요나의 이러한 행동을 두고 Johannes Verkuyl과 필자는 선교결과가 회개로 이어진다면 요나는 선교사로 보아야 한다는 입장이나, David Bosch, E. J. Young, H. H. Rowley 등 대부분의 선교 신학자는 선교 사상이 없는 선교사로 평가한다. (『핵심선교학개론』, 박영환)

남한 기독교는 북한에 복음을 증거하려는, 동일시한 선교 현장으로 보아야 한다. 이미 앞에서 논의되었던 결론으로 북한 전체가 선교의 대상이다. 북한선교를 보는 시각이 다양하지만, 그 유형을 좀 더 이해한다면 명확해질 것이다.

북한선교는 북한 복음화를 말한다. 복음화란 다시 오실 예수님을 증거하며 보여주는 신앙적 삶의 고백이며 선언이다. 선교 대상은 북한 전역이다. 그러나 북한은 한반도와 한민족이라는 특수성과 상대방이 서로를 공격한다는 전쟁의 두려움과 위기로 인해 불신과 증오를 일삼는 남한과 북한의 군사적 대립이라는 장소이므로 선교 이해에 오해가 발생한다.

금강산 관광을 하면서 한편으로는 서해에서 남한 해군과 교전을 일삼는 북한은 남한 교회와 성도를 더욱 당황스럽게 한다. 남한에서 북한에 간 물자와 관광 경비가 남한을 공격하는 비용으로 사용될 수 있다는 것이다. 더구나 월남한 기독교인들의 탄압과 고문 경험, 6.25 전쟁 당시의 수많은 기독교인 납치와 살해, 납북자 가족의 신앙적 치유와 화해가 없는 상황에서의 북한선교는 그리 순탄치 않다. 이 문제로 남북 간의 갈등이 있다.

그러므로 북한은 북한선교와 동시에 통일과 한반도 그리고 국제 정세가 긴밀하게 교차하는 장소이기에 선교의 다양성과 총체성을 살려야만 한다. 이 일을 위해 북한동포 돕기운동, 농산물 지원사업, 의료 지원, 건축 등으로 다양한 선교 형태가 나타날 수밖에 없다. 북한 전역이 선교의 대상이기 때문이다.

# 통일의 전 이해로 본 북한선교의 역사와 배경

　북한은 선교 대상인 동시에 민족공동체 형성을 위해 함께 협력할 동반자이다. 북한은 여전히 남한과의 적대관계를 유지하며, 남한을 위협할 수 있는 핵과 군사력을 가지고 있다. 지금도 북한은 남한 교회와 성도들, 여러 NGO의 후원을 받으면서, 다른 한편으로는 남한 교회를 때에 따라서 적대시하고 있다. 남한 교회는 북한의 적대세력이며 한민족 복음화를 위한 북한이 동반자라는 이중적 이해에 직면한다. 더욱이 북한선교의 배경은 원하든 원치 않든 통일의 배경과 직결되어 있다.

## 북한선교가 어려운 배경

　지금도 여전히 남한 교회와 성도는 북한이 선교의 대상인가에 대해, 아니면 도대체 어떤 대상으로 보아야 하는지 혼란스러워한다. 그러므로 북한선교를 하는 남한 교회는 서로 간의 적대성을 감소시키며, 복음증거의 대상으로 더욱 적극적으로 이끌어갈 필요성이 있다. 그러기 위해서는 북한을 이해하고 접근해야 한다. 그 방법으로는 외재적(external) 접근과 내재적(immanent) 접근이 있다. 지금은 내재적 방법론으로, 그 수용성의 한계와 비판을 풀어내기 위한 방향으로 북한 연구방법론을 다루고 있다.

　그러므로 가능한 한 내재적 접근 방법론에 근거하나 동시에 북한 사회에 종교의 본질과 역사적 흐름을 통해 드러난 북한기독교의 변화를 이해하고, 남한 사회의 제한된 비판적 시각에서 북한 접근을 가능한 한 객관적 관점에서 풀어가려고 한다. 북한선교를 통일의 교두보이며 준비하는 과정으로, 그리고 통일배경으로 평가하기 위해서이다.

## 대북지원사업을 통한 간접선교

6.25전쟁은 아직도 역사 현장과 민족의 가슴에 상처로 남아있다. 남과 북의 정상들은 2018년 정상회담 이후 서로를 이해하고 어려운 북측 사람들을 돕는 만남을 가지려고 하며 복음을 들고 동토의 북한을 녹이려는 시도가 한층 더 가속화되고 있다. 동시에 북의 핵 실험 엄포와 핵무장 선언이 깔려있다. 이러한 흐름의 배경을 가진 것이 북한선교이다.

남한 교회 역시 어렵고 힘들지만. 복음을 증거할 기회를 놓치지 않기 위해 직접선교가 되지 않으므로 간접선교라는 형태의 '대북지원사업'을 하고 있다.


## 기독교 단체의 지원 사역

1995년 북한의 큰물(홍수) 사건이 계기가 되어 1990년대 후반에 활성화되었다. 북한에서 굶어 죽는 이들이 350여만 명이라는 소식은 믿기지 않으나, 기아로 죽어가는 북한사람들을 돕고 복음으로 통일을 앞당기자는 선언은 지금까지 북한선교의 좌우명이다.

그러나 2002년 10월 제2차 북핵 위기론과 2003년 참여정부의 대북정책인 '평화번영정책'으로 남한 교회의 대북지원은 '반핵·반김정일체제운동'으로 소강상태에 빠졌다. 이때 북한선교에는 정체성의 위기가 왔고 2003년 이후 기독교 단체의 지원 사역으로 전환되었다.

북한은 2004년 탈북자 집단 입국과 조문 문제, 미국의 북한 인권법 통과 등으로 남한과의 관계가 악화되던 중에, 2005년 대북지원 방식을 개발지원사업으로 전환을 요구했다. 특히 남한 정부의 재정

지원과 북한의 규정 완화 등으로 남한 교회의 북한지원사업은 활성화를 나타냈다.

예를 들면 기독교대한감리회의 지원 사역이 2002년 1억 8백만 원에서 2004년 3억 7천만 원으로, 대한예수교장로회 총회(통합)도 2000년에서 2002년까지는 대략 7억 정도를 지원하다가 2003~2005년에는 13억 8천만 원을 지원했다. 물론 1997~1999년에는 약 17억으로 지원액이 월등히 많았다.

2018년 이후 북한의 북핵 실험과 미사일 발사 등으로 북한선교가 드러내 놓고 외쳤던 남한 교회의 복음적 봉사사역이 2022년에는 강력한 대북제제를 전제로 바뀌고 있다. 윤석열 정부의 강력한 대북제제와 견제로 북한선교는 다시 위기와 어려움에 직면하게 되었다. 그럼에도 선교는 계속되어야 한다.

### 혼란스러운 북한 정보

북한선교는 자료와 정보에 근거해서 신뢰할 수 없는 것이 많으나 문제되지 않는다. 자료와 정보는 신뢰하든 못하든 선교정책과 전략 시 필요할 뿐이지, 선교를 못 하는 근거가 되는 것은 아니기 때문이다.

북한에 대한 정보 부재로 인해 북한을 방문하고 돌아온 사람들을 통해 들은 정보, 특히 새터민(정부에서 탈북자들을 지칭하는 공식 호칭)들의 보고와 자료들을 비교해 보면 더욱 당황스럽다. 그 내용이 서로 달라 어디까지를 인정하고 믿어야 할지 혼란스러울 뿐이다. 통일연구원 양재성 교수는 북한에 대한 정보가 혼란스러운 이유를 다음의 세 가지로 정리했다.

① 북한체제에 대한 정보나 자료의 제약

북한의 공식자료는 제한되어 있다. (당 기관지 <로동신문>, 정부 기관지 <민주조선>, 당 이론잡지 <근로자>, 김일성과 김정일 저작집 등)

② 북한 연구의 객관성 문제

연구자들이 북한을 체제 대립으로 인한 당위성과 주관성 그리고 개인적 정서로 연구하였기 때문이다.

③ 지나치게 정치에 편중된 연구

경제, 문화 그리고 사회 영역의 연구가 정치 연구에 비해 상대적으로 미흡하기 때문에 북한을 총체적이고 체계적으로 이해하지 못한다.

그러나 북한선교를 하는 입장에서는 약간의 차이가 있다. 남한 교회가 북한 정부 기관 혹은 지방단체와 관련 사업을 할 때, 특히 지원사업 같은 경우는 현지를 방문해 머무르면서, 그리고 지속적으로 4~5년씩 하다 보면 어느 정도 북한에 대한 정보의 혼란에서 벗어날수 있다.

또한 새터민들의 정보와 국제뉴스의 다양한 정보가 상충되더라도 혼란스러운 북한 정보 문제는 서로 비교해 보면 보완된다. 예를 들면 북한을 방문한 후 만든 자료, 정보분석 자료, 그리고 새터민들의 경험담 등은 보는 자의 관점에 따라 달라진다. 특히 북한 종교에 관한 자료는 아주 미약할 정도로 적으며, 또한 다시 분석할 필요가 있는 2차 자료도 있다.

### 신빙성 없는 북한 정보에 대한 대처

무엇보다 먼저 남한으로 전달된 북한의 정보는 모자이크식 유형으로 구성되어 있다. 그래서 북한 정보들이 서로 상충되기도 하고 때로는 엉뚱한 내용으로 비치기도 한다. 물론 가끔은 통일된 정보도 있다. 그러므로 북한 정보는 통일된 확증 자료만 신뢰하고, 나머지 자료는 그냥 남겨두었다가 후에 공통된 점이 발견되면 다시 맞추면 된다.

간혹 짝이 안 맞는 북한 자료로 북한 전체가 그런 것처럼 보도되는 행위는 지양해야 한다. 남한 정부의 공식적인 발표 외에도 신빙성과 신뢰감을 주는 정보는 사실상 더 많을 수 있다. 기타 정보들은 북한에서 그런 사실들이 있다는 정도로만 알면 될 뿐, 마치 그 내용이 사실인 것처럼 북한 전체를 평가해서는 안 된다.

뮤지컬 '요덕수용소'의 기독교인 학살 사건은 조심스레 다룰 필요가 있다. 간혹 북한 정부가 기독교를 거부하고 선교사를 죽이며 기독교인들을 무참히 학살시켰다는 것을 전제로 기독교의 북한 관계를 보는 시도가 많다. 가령 기독교인을 머리만 남기고 땅에 묻은 다음, 탱크로 순교시킨다는 내용은 좀 더 확인이 필요한 부분일 것이다.

북한이 모든 기독교인을, 아니 요덕수용소에 있는 모든 기독교인을 그리하였다면 남한 사회에 북한 기독교 순교를 공개해야 하지만, 일부 몇몇 북한 기독교인에게만 제한된 것이라면 공개하지 말아야 한다. 모든 북한의 기독교인을 탱크로 순교시켰다고 보는 것은 타당치 않기 때문이다.

## 선교로 보아야 하는 북한 지원 사역

남한 기독교에는 북한 지원 사역을 평가하는 두 진영이 있다. 긍정(진보)적으로 보는 진영과 부정(보수)적으로 평가하는 진영이다. 그러나 사실은 진보와 보수 양 진영의 중간으로 볼 수 있는 침묵하는 무리가 더 많다. 보수진영은 북한체제를 이해하는 쪽을 위험하게 보기도 하고, 보수진영은 간혹 북한 지원 사역 기관을 친 공산세력으로 몰아붙이기도 한다. 나아가 빨갱이로까지 비하하기도 한다.

북한 지원 사역을 찬성한다고 해서 친 공산세력으로 몰아서는 안 된다. 남북한의 대립은 이미 체제 경쟁으로 끝났다. 그렇다고 해서 전쟁이 끝난 것은 아니다. 북한은 언제든 어떤 형태로든 돌발적으로 변할 수 있기 때문이다. 북한 정부는 신뢰의 대상이 아니라 경계의 대상인 것이다.

### 북한의 상황에 대해 바로 알아야 한다

변화무쌍한 북한을 알지 못하고 감상적으로 접근하다가 어려움을 겪고 나서야 북한은 신뢰할 수 없는 집단이라며 아우성치는데, 북한은 원래부터 신뢰할 수 없는 집단이다. 또한 반대로 남한이 북한에게 신뢰할 만한 자세를 보여주었는지도 확인해 보아야 한다. 아울러 한반도 주변을 둘러싼 국제정세가 안정적이지 못한 것에서 기인했다는 것도 인식해야 한다.

북핵 실험은 남한을 언제나 당황스럽게 했다. 북한의 반응은, "북한에 핵이 없다고 해서 핵이 있음을 핵 실험을 통해 세계에 보여주었다. 무엇이 문제인가?"라며 되묻고 있다.

6자회담 이전에 미국은 북한과 '선조치 후보장'을 주장했으나, 북한은 '선보장 후조치'를 제안했다. 정치적 회의 정책과 전략이 있다지만, 세계 강국인 미국은 언제든지 북한을 억누를 힘이 있지 않은가? 그렇다면 북한의 '선보장 후조치'가 미국으로부터 받아들여진다면 어떤 문제가 일어날 것인가? 한 번쯤 북한이 제한한 선보장 후조치도 생각해 볼 수 있어야 한다.

### 북한 지원 사역의 성과에 대해 긍정적이어야 한다

남한 보수진영은 북한 사람만을 위한 지원 사역을 하자고 하는데, 이는 북한 지원 사역이 북한 군부를 지원하기 때문이라고 한다. 이러한 구별은 사실상 확인이 불가능하지만 맞는 말이다. 어린이와 부녀자를 돕는 사역도 넓은 의미에서는 북한이 민간사역에 투자할 재원을 군부로 돌리게 하는 간접 지원 사역의 형태가 될 수도 있다.

북한 정부가 북한사람들에게 공급해야 하는 일반 생활필수품 구입 비용을 절약하여 북한 군부로 돌린다면 어떻게 할 것인가? 그럼에도 환자와 기아가 대량 발생하는 북한의 식량난을 안다면 북한 지원 사역이 북한선교라고 할 수 있지 않을까?

남한 사회는 북한지원 단체들도 북한 군부를 의식하고 가능한 한 남한의 모든 지원 물자가 북한사람들에게 공평하고 투명하게 분배될 수 있도록 최선을 다하고 있음을 믿어 주어야 한다. 한민족 복지재단의 경우, 북한에 보내는 기자재에 연계하여 다음 기자재를 보내는 이유가 이미 보낸 기자재를 다른 곳으로 이동시키는 것을 막기 위함이라고 한다.

### 지원 물자에 대한 점검을 해야 한다

남한에서 보내는 북한지원 물자 내역을 보면, 초기에는 어린이와 노약자 및 식량난 해결을 위한 지원이며, 차차 개발 지원 및 약품 등으로 옮겨갔다. 그런데 북한으로 보내진 약품들은 유효 기간이 별로 남지 않은 것들이 대부분이다. 남한 정부도 알면서 북한 지원 약품을 허락한다. 이들 약품은 북한으로 보내지 않았다면 남한에서 폐기되어야 할 것들이다. 농수산물 또한 유통 관계로 창고에서 끄집어내어 처분해야 할 것들을 보내고 있다.

따라서 '퍼주기'라는 표현은 조금 안 맞는 것 같다. 남한 기독교의 북한 지원을 시기적으로 분류해 보면 지원활성화기(1998~2000)와 지원확대기(2004~2015), 그리고 개발 지원과 복지지원 분야로 확대되어 갔으나, 2016년 이후 북한지원은 북한 정부와 남한 정부의 갈등으로 거의 중단되었다.

그래서 남한 기독교의 대북지원사역은 2004년부터 2015년까지 북한선교 인식보다 범시민운동의 한 종류, 혹은 통일운동의 한 분류 정도로 전락했다. 북한선교를 향한 열정과 헌신이 대북지원 20년을 넘어서면서 정책 부재와 원활하지 않은 네트워크로 인한 갈등과 불신이 위험수위에 이르고 있다. 문재인 정부 이후 대북지원이 열리는 것 같다가 2022년 다시 문이 굳게 달혔다.

## 남북한 교회의 만남을 통한 통일의 과제와 방향

통일로 본 남북한 교회의 만남에 관한 연구논문들이 있다. 북한 교회를 가장 근접해 통일문제를 다루고 있는 김병로의 논문은 남북한 교회의 입장에서 전개하였고, 이만열은 세계교회협의회 등을 중심으로 협의체 구성을 통한 법적 방법론을, 허문영은 대내외 정세로 본 통일 준비인 평화운동을 주창했다.

또한 모퉁이돌 선교회의 유석렬은 북한을 남한의 가치체계와 동일하게 비교하면서 북한도 당당히 역할을 해야 함을 주장하였고, 동시에 남한은 북한을 '지혜롭고 건강하게 상대하자, 속지 말자' 하는 보수주의의 전형적인 입장이다.

그러므로 북한과 남한과의 관계는 세 가지 유형으로 정리되었다. 통일과 북한선교를 다룬 학자들도 이 분류 유형에 속한다. 그들은 임희모, 노윤식, 노정선, 황홍렬, 박완신, 유관지, 이만열, 김흥수, 김양선, 백중현, 조은식, 이후천, 박순경, 안부섭, 조동진, 한화룡, 김영한, 박종화, 김성태, 김명혁 등이 있다.

'남북한 교회의 만남을 통한 통일의 과제와 방향'의 중요한 주제는 남북한 교회와 북한선교의 관계성을 중심으로 한 통일 과제이다. 이것을 다음의 세 가지로 구성한다.

① 남북한 교회의 만남 : 통일운동과 북한선교의 태동은?
② 남북한 교회의 배경으로 본 북한선교와 통일정책의 변화는?
③ 북한선교의 과제와 방향으로 본 통일은?

## 남북한 교회의 만남 :통일운동과 북한선교의 태동

### 민족 분단을 막으려는 여러 시각

남한 기독교에서 해방 후 민족의 분단을 막으려는 시도가 있었다. 즉 남한만의 단독정부를 세우려는 이승만 기독교 세력과 통일을 이루어야 한다는 남한 기독교 세력의 대립이었다.

김창준은 '기독교민주동맹' 성명에서 '완전 민주 독립을 기하기 위하여'와 함태영은 '그리스도교도 연맹'을 통해 미소공동위원회가 임시정부를 수립하는 것에 긍정적이었다. 여운형, 김규식 등은 좌우합작을 통한 통일된 조국을 원했기에 남한 내 단일정부에는 반대했다.

그러나 이승만을 중심으로 한 남한 기독교 세력은 남한만의 정부 단일안을 지지했다. 이러한 이승만의 접근을 볼 때 남한 기독교가 분단의 책임을 져야 함을 알 수 있다. 이승만의 북진(멸공) 통일론과 6.25전쟁으로 말미암아 진보당의 조봉암은 1956년 5월 '조국의 평화

적 통일'을 주장하다가 간첩죄로 처형당함으로써 남한에서 통일담
론이 어려웠다.

박정희 정권과 전두환·노태우 정권으로 이어지는 군부정권 치하
에서의 통일운동은 곧 용공분자로 분류되었다가, 정부의 통일정책
변화에 따라 비공식적으로 조금씩 변화되어 갔다. 통일의 어두운 그
림자로, 특히 인혁당 사건은 2007년에 가서야 세상에 공개될 수 있
었으며 간첩죄의 오명으로 일생을 어둠 속에서 살아갔던 분들의 한
을 풀 수 있도록 재판 과정들이 공개되고 있다.

### 남한 교회의 통일운동

남한의 통일운동은 남한 기독교와 세계교회협의회의 최고 업적이
며 통일정책의 문을 과감히 열 수 있게 해주는 출발이다. 남한 기독
교에서 통일운동을 생각하게 된 것은 1980년대 이후이다.

해외 성도들과 세계교회협의회, 특히 독일과 미국교회의 지원으로
1981년 11월 3~6일 오스트리아 빈에서 북한 기독교의 대표인 고기준
목사, 임동현 장로(조선 기독교연맹 부위원장), 전금철(조국평화통일위원회 부
위원장)과 남한 기독교 대표들은 '7·4 공동성명의 통일원칙과 중립적
인 연방국가안'을 내걸고, 동시에 전두환 독재정권 제거를 선언하면
서 남북한의 교회 지도자들이 최초로 통일을 주제로 만남을 가졌다.

또한 남한 내에서 남한 교회는 1981년 6월 8~10일 독일교회와 제4
차 한독 교회협의회에서 통일문제를 다룰 '통일문제연구원 운영위원
회'를 구성함으로써 남한 교회의 통일론이 본격적으로 시작되었다.

미국 교회에서도 한반도 분단에 책임과 관심을 가지고 1984년 3월
21~24일 제3차 한북미 교회협의회를 통해 세계교회협의회가 한국의
통일에 관심을 갖도록 하였다. 이로 인해 1984년 10월 29일~11월 2일

일본 도잔소에서 세계교회협의회 국제문제위원회가 '동북아시아의 평화와 정의에 관한 협의회'를 개최하게 되었다.

이어서 제1차(1986.9. 스위스), 제2차(1988.11. 스위스) 글리온 회의를 열어, 1995년을 통일의 희년으로 선포하고, 남한과 북한 교회가 공동기도문을 채택하는 과정에 이르게 된다. 이후 제3차(1990. 12. 스위스) 글리온 회의를 통해 남북한 교회는 더욱 가까워졌다. 이로 인해 남북한 교회는 지속적인 만남을 통해 서로의 불신을 씻고, 신뢰를 구축하는 것이 얼마나 중요한가를 알게 되었다.

## 남북한 교회의 배경으로 본 북한선교와 통일정책의 변화

남북한 교회의 만남에서 형성된 통일운동의 배경은 북한선교이다. 그러나 북한은 남한의 생존을 위협하는 집단으로 남한 사람과 기독교에 인식되었다. 북한은 정치적으로 '멸공의 대상'이며, '괴뢰집단', '남침야욕에 사로잡힌 집단' 등이다. 기독교적으로는 '종교말살 정책의 본 고장', '사탄의 소굴', '악마의 집단', '김정일은 빨리 죽어야 한다.' 등이 남한 사회와 남한 교회의 통일운동의 기본 인식의 배경이며, 북한선교의 현주소이다.

또한 남한 정부의 통일 방향성에 따라 북한선교가 하루아침에 실종되기도 하고 되살아나기도 한다. 여기에 변수는 북한이 어떠한 자세로 남한 정부와 기독교를 받아들이느냐이다. 북한은 지금도 이 카드를 자유자재로 활용하고 있다.

남한 통일부의 북한을 향한 개방정책과 규정 완화로도 북한선교는 극과 극의 결과를 보여준다. 북한은 북한선교를 통한 대북지원을 일방적으로 거부함으로써 지원 통로를 송두리째 막기도 했다. 2004

년 7월 탈북자 집단의 남한 입국과 미국의 북한인권법이 통과된 후 대북지원을 모두 거부했고, 유엔인도지원조정국(UNOCHA)의 합동지원호소(CAP, Consolidated Appeal Process)도 수용하지 않았다.

결론적으로 남과 북의 통일정책 변화와 남한 사회의 대북 인식을 살펴보는 것은 북한선교와 통일을 이해하는 데 중요한 숙제이다.

### 통일정책 북한선교의 배경

통일의 염원은 이미 6.25전쟁으로 실체를 드러냈다. 남한은 북진통일, 북한은 '남조선의 민족해방 인민민주주의 혁명'이었다. 남한의 통일정책 원리는 1960년대 '선건설 후통일', 1970년대 '선평화 후통일', 1980년대 '민족화합 민주통일방안', 1990년대 '한민족공동체 통일방안'이었다. 그 실천 방안으로 오늘날의 1민족 2국가로, '남북연합으로 2체제 2정부'로 발전 계승되었다.

북한은 1950년대 '민주 기지론에 입각한 무력통일', 1960~70년대 '남북연방제', 1980년대 '고려민주연방공화국 창립 방안', 1990년대 '1민족 1국가 2제도 2정부'로 발전되었다. 2022년은 '1민족 1국가'라는 '민족공동체 통일방안'이 있다.

그러나 북한의 지속적인 정책은 '선남조선 혁명 후공산화 통일'이다. 북의 통일정책은 자주적 남조선의 혁명론을 바탕으로 북한이 남한의 사상과 제도를 그대로 둔 상태에서 '1민족 1국가 2제도 2정부'의 통일방안이 아니라 '자주'라는 표현과 '남조선 혁명론'이라는 무력을 통한 적화통일을 견지하는 입장이다. 그런데 그렇게 할 능력이 없다는 것이 현재 북한 상황이다. 결과적으로 남한과 북한의 통일정책의 기본 입장에는 전혀 변화가 없다.

'민족공동체'라는 전제 아래서 계속되는 통일정책은 민족의 복음화로 서로가 생존하는 상황에서 남북한 교회의 대북지원사역과 북한선교의 과제들이 지금까지 북한선교의 정책이며 방향이 되었다. 그럼에도 북한선교는 통일정책의 관계성으로 볼 때 남북한 사회에 밀접하게 관련되어 있다. 남한 정부의 대북지원사업도 남한 국민들의 호응을 얻지 못할 때 불가능한 것임을 이미 알고 있기 때문이다.

### 남북한 사회, 통일의 배경 통일과 북한선교 이해

남북한 사회가 서로를 신뢰할 수 있다면 통일은 별로 문제되지 않는다. 북한은 남한보다 더 통일을 원하고 있는 것처럼 보인다. 그러나 북한의 주장은 '우리 민족끼리' 외세 배격, 미군 철수 및 미국 배격 등으로 사실상 북한 독자적인 통일을 하려는 의도이다.

또한 '우리 민족끼리'의 통일을 주장하고 있으면서도 중요 회담에서 남한을 배제하고 미국과 단독회담을 시도하려 애쓰고 있다. 그러면서도 남한으로부터 지원받을 수 있는 것은 최대한 받아내려고 한다. 바로 이러한 북한을 대상으로 북한선교를 하는 것이다.

남한은 통일보다는 북한으로부터의 전쟁 위협에서 벗어나기를 원한다. 이것이 남한 사회의 최대 관심사이다. 통일은 그 다음 문제인 것이다. 대북지원사업이 진행되는 중에도 간간이 벌어졌던 동해안 잠수함 침투사건, 서해교전, 나아가 북핵 실험과 미사일 발사로 남한 사회를 위협하였다.

이러한 정서적 흐름이 통일과 북한선교를 직접적으로 이해해야만 하는 배경이 된다. 북핵 위기 후 대북지원사업은 특히 남한 교회에서 50% 이상 감축되었다. 나아가 남한 교회 내에서는 북한선교의 홍보보다 북한 인권을 위한 대북 투쟁적 자세로 바뀌면서, 이에 동조하는 세력들이 공개적으로 대중집회를 유도하기도 했다. 따라서 남한 사회의 반응과 북한 사회의 변화는 북한선교와 통일의 가장 중요한 변수이다.

북한선교를 하면서 자주 듣게 되는 질문은 '과연 북한이 변했는가?', '남한과 함께 평화와 통일의 장으로 나오고 있는가?', '북한선교의 결과는 효율성이 있는가?' 아니면 '북한선교를 계속해야 하는가?', '선교란 무엇인가?' 등이 있다.

사실 북한은 놀랄 정도로 변했고 변화되어 가고 있다. 김정은 정권이 바뀌지 않아서, 체제에 변화가 없어서, 혹은 남측과 협상하는 자세가 신뢰감을 주지 못해서 북한이 전혀 변하지 않았다고 한다. 그러나 과거와 비교해서는 많이 달라졌다.

## 조금씩 변화가 있는 북한체제

남한 사회에서 느끼는 북한체제 변화는 지금의 북한의 변화와 다르다. 남한 사회가 바라는 변화의 의미는 김정은 정권 체제의 변화이다. 그러나 이것은 북한 정권이 무너지는 날을 의미한다. 이런 변화는 북한체제의 마지막 순간까지도 느낄 수 있으나 볼 수는 없다. 북한 사람들은 생사를 걸고 체제를 지키려 한다. '김정은 장군을 결사 옹위하자'라는 글귀의 현수막을 평양에서 본 적이 있다. 이는 체제를 강력하게 지키려는 그들의 의지의 상징인 것이다.

북한 사회의 변화는 부족한 식량을 구하기 위해 탈북하거나 암시장, 종합시장, 농민시장, 장마당 등 북한 전역을 제지 없이 돌아다니며 장사하는 사람들, 즉 사경제의 출현에서 찾아볼 수 있다.

2007년에 금강산에 갔을 때 북한에서 남한 사람을 대하는 태도가 과거와 얼마나 달라졌는지 알 수 있었다. 먼저 말을 건네는 사람, 평양에서 성경책을 달라던 사람들, 성경을 어떻게 읽어야 하는지를 묻던 김일성종합대학 출신 학생들(나는 이들에게 기도하며 성경을 보라고 했다), 남한의 북한지원사업에 자존심을 걸고 나왔던 북한 책임자들이 이제는 남한에게 "크게 한번 북한을 위해 써보라.(지원해 보라는 뜻)"고 말하는 것은 과거에는 상상도 못할 일이다.

북한 사회는 분명 변하고 있다. 그러나 북한 사회의 중심이 되는 철학이요, 삶의 원리인 주체사상은 쉽사리 흔들리지 않을 것이다. 새 터민이며 신학을 공부한 김명세 전도사는 "주체사상에 불만이 있을 수 있으나 근본적으로 의심이나 거부를 하지 말라."라고 하였다.

물론 여기서 북한 체제나 주체사상에 근본적 변화가 있기를 기대하는 것은 아직 이르다. 단지 북한 사회 저변이나 방북자들이나 북한 자료 등을 통해서 사회 주변에 변화의 바람이 일어나고 있음을 감지할 수 있다. 이것이 계속 이어지다 보면 결국 체제의 위기가 올 것이다.

그러므로 북한도 지속적인 대북지원사업을 '체제의 위기감'으로 느끼고 있다. 특히 2006년 봄에 기독교 서적과 관련 문건들을 공개적으로 거부하며 색출한 적이 있다. 사실 남한 기독교가 북한에 영향을 미치기 시작한 것은 이미 문익환 목사 방북 시부터 일어났다.

또한 『조선말대사전』에는 기독교에 관한 내용 설명을 긍정적으로 수록했다. 북한 기독교의 호칭을 '외래종교 냄새가 나는 외국어'로 명칭 변경을 했다. 조선기독교연맹을 조선그리스도교연맹(1999.2.)으로, 조선천주교협의회를 조선가톨릭협회(1999.6.)로 바꿔 외래종교라는 인식을 심어줌으로써 친 기독교적 정서를 무마시키려 한 것 같다.

### 남한 기독교의 북한 지원 사역에 담긴 의미

남한 교회의 북한선교, 북한 지원 사역은 통일과 북한선교에 두 가지 의미를 준다.

① 남한 기독교의 북한 지원 사역은 북한이 남한에 대한 전쟁 위기감을 최소화하거나, 평화 분위기로 가고자 하는 의식을 불러일으켰다. 이종석 전 통일부장관은 2002년부터 북한은 '우리도 살 수 있다'는 소망의 논리로 남한 관계를 풀어가고 있다고 하였다. 그전에는 '같이 죽자'는 사고가 강했다는 것이다.

② 남한 기독교의 북한 지원 사역은 북한에서 북한사람들을 돕는 사역으로 계속 인식되면서도 북한이 심각한 경제난을 끝까지 이겨내지 못하고 인민군대의 생활 악화로 이어진다면 군과 인민 대중의 체제에 개혁의 움직임이 일어날 수 있다는 것이다.

그러므로 북한선교는 북한의 체제 변화를 유도하며 통일을 준비하는 과정이다. 조심스러운 것은 북한체제 변화가 남한에서 통일문제, 한반도 주변 국가들, 나아가 국제정세에 얼마나 유리할 것인지 신중히 검토할 필요가 있다.

백낙청 박사는 '한반도식 통일, 현재 진행형'에서 "단일국가로서의 고정된 통일만을 보지 말고, 연합제와 낮은 연방제 사이의 통일을 1단계로 보아야 한다."라고 제시하였다. 단일국가로의 통일은 거의 어렵다, 아니 불가능하다. 북한체제는 무너지지 않는다. 김정은 정권이 무너져도 다른 정권이 들어설 것이다.

동서독의 통일 결과를 지켜보고 있는 북한이 과연 독일 통일의 길을 가려고 하겠는가? 절대 불가능하다. 더구나 이산가족들이 나이가 들어 점점 그 수가 줄어가고 있기에 통일을 반드시 해야 한다고 역설하는 사람들의 수가 점차 적어질 것이다. 또한 젊은이들의 통일에 대한 무관심이 지속적으로 늘어가고 있는 것도 영향을 주고 있다.

한반도 주변 정세도 결코 통일을 바라보는 경향에 머물러 있는 것만은 아니다. 할 수만 있다면 서로의 체제를 인정하면서 서로 도울 일이 무엇인지를 살피며 국제정세를 파악해야 한다. 자유 왕래 혹은 물자 교류, 기업의 투자유치 등이 확대된다고 해도 단일국가로의 통일은 어렵다.

그러므로 상호 신뢰를 바탕으로 대북 지원 사역을 통한 북한선교는 통일의 교두보이며 나아가 민족복음화의 초석이 될 것이다.

## 북한선교의 과제와 방향으로 본 통일

북한선교는 통일을 이루어가는 과정인 동시에 북한복음화, 즉 민족복음화와 직결된다. 일부 북한선교를 통일의 기능적 요소로 보는 시각도 있지만, 남한 교회는 통일보다 북한선교에 더 의미를 둔다. 과거에는 한기총을 중심으로 한 보수진영의 '선북한선교 후통일론'과 KNCC를 중심으로 한 진보진영의 '통일론'으로 서로 갈등이 있었다.

그러나 남한 교회들은 진보, 보수의 차이를 넘어서 진보주의 기독교의 사회운동 기반과 보수진영의 신앙의 열정과 물적 자원으로 1993년에 진보보수의 연합운동인 '평화와 통일을 위한 남북 나눔 운동'을 발족시켰다. 2007년에는 한기총 대표인 이용규 목사가 금강산에서 처음으로 조선그리스도교연맹 강영섭 위원장을 만나, 대북지원을 확인했다. 한기총이 북한 동포 돕기 운동을 시작한(1995년) 지 12년 만의 일이다.

### 세 가지 과제를 먼저 풀어주어야 한다
① 남한 교회의 공산주의 이해와 월남한 성도와 한국전쟁으로 인해 상처받은 성도와 유가족에 대한 인식이다. '반공주의, 친미

적 사고, 반미'라는 의혹과 평가를 하고 있다.

② 남한 기독교의 대표성 논쟁. KNCC와 한기총의 '북한선교인가, 통일인가?' 하는 논쟁도 정리가 안 되었다.

③ 개체적 통일안(개교회주의, 개인주의, 교파주의, 이념주의, 방법개발주의 등)이 통합적 통일안보다 우위 개념으로 북한선교와 통일운동을 주도해가고 있다. 그 결과 교파 혹은 각 교회 중심의 선점적 북한 지원 사역과 독점적 운영 형태는 남한 교회에 갈등과 대립을 불러일으키고, 비난과 의혹 등으로 상대를 비난하기도 한다. 북한 정부에 남한의 북한지원 단체 사역을 방해하거나 가로채는 등 극한 불신의 모습도 있다.

### 통일을 어떻게 준비하고 전망할 것인가?

북한선교의 북한 지원 사역이 북한 교회와 북한 사회를 만나는 첩경이며 신뢰와 화해를 이끌어가는 초석이 됨을 그동안의 결과로 받아들여야 한다. 또한 할 수만 있다면 모든 역량을 모아 북한 지원 사역을 진행하되, 조선그리스도교연맹을 중심으로 총력을 기울여야 한다. 조선그리스도교연맹을 지원함으로써 북한기독교와 교회의 입지를 상승시켜 줄 수 있기 때문이다. 이것이 통일을 준비하는 과정이다.

특히 김정은 위원장과 정치적 입지를 풀어내는 데 방향성을 두되 이전처럼 끌려가는 정책은 안 된다. 북한은 절대 자신들의 통일 목표를 포기하지 않으며 어찌하든지 남한 사회를 붕괴하려는 시도를 멈추지 않을 것이다. 이 정도면 북한선교의 기준이 설정된 것이다. 북한선교와 통일은 서로 상치하고 있다.

북한선교는 남과 북이 만나는 최전선에 있기에 통일의 준비운동이라 볼 수 있다. 그러므로 북한선교에 관한 적극적인 연구와 평가를 통해 남한 기독교의 통일 정책과 방향성에 대한 연구가 절실하다.

북한선교로 대북 지원 사역을 적극적으로 실천해 가는 일도 중요하지만, 더욱 중요한 것은 10년의 평가와 백서가 나와야 한다. 특히 새터민은 북한선교를 남한에서 연구해 볼 수 있는 중요한 실물자료이다. 각 교회마다 신앙전수에 전념하는데, 이 일은 사실상 매우 힘들다. 새터민을 통일 이후 북한 선교사로 훈련 시킨다는 것도 타당하나, 거의 어렵다. 또한 새터민을 통한 북한 내 이스라엘의 키부츠, 남한의 두레공동체와 새마을운동, 공동체 훈련 등을 어떻게 형성할 수 있을지의 연구가 절실히 아쉽다.

북한선교는 세계교회의 협력을 얻어내는 절체절명의 연결고리이다. 통일은 이미 남한과 북한만의 과제가 아니라 국제정세에 의해 좌지우지되는 상황에 놓이게 되었다. 독일의 통일도 2차세계대전 이후 독일을 점령한 국가들의 절대적 동의로 이루어졌다. 6자회담을 보더라도 알 수 있지 않은가? 한반도의 통일은 세계 정치와 경제의 조건 등과 맞물려 있다. 김정은 위원장이 제주도로 와서 무조건적 통합을 선언한다고 해도 어려운 일이다.

나아가 "대만은 미국이, 북한은 중국이, 개성공단과 금강산은 남한이, 그리고 독도는 일본이 나누어 갖기를 원한다."라는 뜬소문도 있었다. 그렇다면 러시아에게는 무엇을 줄 것인가? 이것을 생각해야 하는 것이 통일의 과제이다.

그러므로 통일은 세계 정치경제와 맞물려 있기에 남한 교회는 세계교회협의회와 혹은 국제복음주의협의회의 기독교 세력과의 협력이 절실히 필요하다. 이것을 연계시켜 주는 주체가 북한선교이다.

모든 세계교회는 예수 그리스도의 지상명령을 받아 땅끝까지 이르러 선교의 사명을 성취해야 함을 알고 있다. 북한은 선교의 대상이다. 이는 모든 세계교회의 공통된 과제이다. 남한 교회의 통일운동을 공론화시킨 회의가 한독교회협의회(1981.6.8~10.)이다.[73] 남한과 북한 교회의 첫 만남의 자리를 마련해 준 것도, 세계에 한반도의 통일문제를 공론화시킨 장본인도 세계교회협의회이다.

정리하면, 북한선교는 남한과 북한 정부의 만남에서 풀어지지 않는 부분을 연결하며, 북한 지원 사역을 끊임없이 유지함으로써 북한으로부터 어느 정도 신뢰를 얻었다. 이것은 통일을 향해 서로의 화해와 용서 그리고 신뢰를 통한 통일의 바탕을 깔아놓은 것이다. 통일은 남북한 정부가 풀 수 없을 정도로 세계 정치와 연계되어 있다. 정치로는 어렵다. 그러나 신앙으로는 풀어질 수 있다. 세계 정치의 중심에 세계교회와 성도들의 정치적·경제적 입지가 있음을 기억해야 한다.

## 북한선교는 통일보다 최우선의 과제이다

자유통일과 북한선교, 민족 복음화와 북한선교, 그리고 공통의 개념으로 통일을 북한선교 입장에서 정리해 보았다. 기준점은 성경이다. 성경이 통일과 북한선교의 핵심적 정점이기 때문이다. 그럼에도 통일과 북한선교는 양측의 입장 이해와 정치적 경향성을 구별하여 살펴보아야 한다.

---

73) 『한국기독교통일운동사』(정성한, 2007)

최근의 북한 동향은 북한에서 중국을 공식 방문하는 사람들이나, 강타기(불법 월경)를 하여 중국으로 넘어가는 사람들이 현저히 줄어들었다. 북한의 식량 사정도 나아졌고, 북한선교도 인도적 지원에서 개발 지원으로 전환되었다가 다시 침묵하고 있다.

이제 시작된 윤석열 정부의 대북 입장은 강경한 것처럼 보인다. 인도적 대북지원은 해외 기관을 통하여 북한 곳곳에서 북한 사람들을 개별적으로 접촉하고 있기도 하다. 그동안 남한 기독교와 교회의 북한 지원의 결과로 북한 전역은 기독교에 관해 긍정적인 평가를 내렸다. 이런 결과는 남한 기독교의 대북 지원 사역이 결실을 맺고 있음을 입증해 주는 증거이다.

그러나 복음의 직접 선포가 어렵다고 해서, 성령의 직접 사역이 멈추는 것은 아니다. 비록 가짜교회 논란에 휩싸인 봉수교회, 칠골교회(김일성 주석의 어머니 강반석 집사를 기념해 세운 교회)에서 찬양과 예배를 드릴 때 성부·성자·성령께서 뒷짐을 지고 계시겠는가? 하나님은 살아계신다. 하나님이 하시는 사역을 기대하며, 할 수 있는 한 모든 노력을 복음 증거에 기울였던 결과 오늘날 북한이 기독교에 대한 이해를 바꾼 것이다.

북한선교를 위해서는 북한을 향한 간접선교와 새터민 정착을 위한 선교를 병행해야 한다. 새터민을 통해 북한사람들을 미리 만나는 훈련을 하고 정보를 얻고, 미래의 북한 사역의 정책 등을 연구할 수 있다. 유감스럽게도 우리는 연구보다, 실제로 가서 활동하는 일에 더 관심과 사랑을 가지고 있다.

통일의 밑거름이 되는 북한선교를 연구하고 분석 평가해야 하는데도 오로지 사역으로만 밀어붙이는 어리석음을 이제는 멈추어야 한다. 2007년까지 신학대학교에 북한선교연구소가 둘, 아니 하나밖에 없다는 것은 무엇을 의미하는가? 2022년이 되어 북한선교보다는 통일을 논하는 연구소가 3개 정도 더 문을 열었다.

남한 기독교 측의 동역자인 조선그리스도교연맹을 중심으로 할 수 있는 대북 지원 사역과 신앙인들의 대북 기업활동 등으로 북한 내 친 기독교적 성향을 계속 넓혀가야 한다. 특히 북한에 장애인 시설과 사회복지시설 확충과 의료 혜택의 길을 열어주는 데 힘을 쏟아야 한다. 2006년 북한은 기독교를 '북한체제를 붕괴시키는 적'으로 선언했다. 2022년 지금도 남한 교회와 기독교를 적대세력의 앞잡이로 보고 있다.

남한 정부의 정치적 성향에 따라 일어나는 이데올로기 신학의 위기와 어려움을 직시해야 한다. '문재인 독재정부'라는 슬로건에 자유통일을 설명하는 것도 차후 유사한 행위로 보일 수 있다. 자유통일과 북한선교의 개념도 성경에서 재정리되어야 한다. 자유통일의 개념도 독재통일과 비교해 보아야 한다. 슬로건을 내걸고 신뢰하고 따르라는 것도 사실상 독재이다. 그러므로 통일과 북한선교는 성경에서 찾아보아야 한다.

앞으로 남한 교회와 기독교의 북한선교사역과 지원사역은 더욱 어려워질 것이다. 비공개로 하는 직접 사역은 불가능하다. 그럴수록 북한을 향한 간접선교의 지혜가 더욱 필요해졌다. 특히 한반도 주변 정세를 민감하게 받아들이고, 어떻게 하는 것이 북한선교에 효율적인지를 연구하고 준비해야 한다.

비록 완벽한 단일국가의 통일을 이루지 못 할지라도 복음증거의 문이 열릴수록 남한 교회는 북으로 가서 때를 얻든지 못 얻든지 복음을 전해야 한다. 여기서 '복음을 전하다'라는 표현은 복음적인 삶을 실천하는 총체적 이해로 보아야 한다. 북한의 현실이 복음의 직접 사역이 불가능한 시점에서 가능성의 방법론을 찾아 모든 것을 시도하는 것이 북한선교의 원리요 통일의 준비과정이다. 이것이 복음 통일이다.

## 참고문헌

『한국의 개신교와 반공주의』 강인철, 2007

『남북한교회 통일콘서트』 김병로, 2006

『현대선교의 흐름과 주제』 김은수, 2001

『북한 종교의 새로운 이해』 김흥수, 2002

『일제하 남한 기독교와 사회주의』 김흥수, 1992

『해방 후 북한 교회사』 김흥수, 1992

『대북지원 10년 백서』 대북협력민간단체협의회, 대북지원민관정책협의회, 2005

『남한교회평화통일 운동자료집』 NCCK 통일위원회, 2000

『북한선교의 이해와 사역』 박영환, 2011

『개성공업지구와 북한선교』 박영환, 1997

『21세기 북한종교와 선교통일』 박완신, 2002

『신북한학』 박완신, 1997

『에큐메니칼 운동과 신학사전 I』 에큐메니칼 선교훈련원, 2001

『에큐메니칼 운동과 신학사전 II』 에큐메니칼 선교훈련원, 2001

『북한학』 육군사관학교, 2003

『북한의 체제전망과 남북경협』 윤영관, 박선원, 2003

『평화통일과 북한선교 III』 은희곤 외 3명, 1999

『남한기독교통일운동의 전개과정』 이만열, 1999

『한반도 평화와 통일선교』 임희모, 2003

『통일여행』 전병길, 2007

『남한기독교통일운동사』 정성한, 2006

『2021 북한 이해』통일부 통일연구원, 2021
『2020 연차보고서』통일부 통일연구원, 2020
『2020 통일정책연구』통일부 통일연구원, 2020
『남한교회평화통일운동 자료집』통일위원회, 2000
『통일 문제』통일위원회, 2021
『평화와 통일신학 I』평화와 통일 연구소, 2002
『북한선교』Acts 북한선교학회, 2003
『The Missionary Nature of the Church』Johannes Blauw, 1962
『남한기독교사와 정치』Kang Wi Jo 저, 서정민 역, 2005
『세계교회협의회 기원과 형성』W.A. Visser't Hooft 저, 이형기 역, 1993

'주체사상과 북한선교' 박영환, 2004
'북한선교로서의 사회봉사역 유형과 결과' 박영환, 2006
'전환기에 선 북한선교의 실태와 과제 그리고 전망' 박영환, 2006
'민족복음화의 통일' 박영환, 2006
'통일과정에서 북한선교의 기능적 역할로 본 북한교회재건' 박영환, 2007
'통일과 북한선교' 박영환, 2007

# 박호용

대전신학대학교에서 오랫동안 교수로 사역하였으며 최근 개혁자 마틴 루터처럼 한국 교회가 바르게 나아갈 길인 '아자브 운동'을 제창하였다.

2022년 2월 22일 역사에 남을 대작, 『하나님의 시나리오, 조선의 최후』를 출간 하였고 수많은 믿음의 책을 저술한 작가이자 교수이다.

# 아자브(AJAB) 운동과
# 평화적 복음 통일

　필자는 2022년 10월 31일, 종교개혁 505주년을 맞이하여 아자브(AJAB) 운동을 선포하고 겟세마네 신학교 개교 34주년 학술강연회에서 출범식을 가졌다. 여기서 '아자브(AJAB)'란 'Again Jesus, Again Bible'의 약자로, 종교개혁의 구호인 '다시 예수 그리스도로 되돌아가자', '다시 성경 말씀으로 되돌아가자'는 복음으로의 환원 운동이다. 필자는 이 운동이 변질과 타락으로 방향을 잃고 헤매는 오늘날 한국 교회를 다시 회복하는 '한국교회재건운동'이며, 분단된 조국을 복음으로 다시 잇는 '복음통일운동'이며, 나아가 복음을 열방에 증언하는 '세계선교운동'임을 밝혔다.

　1945년 8월 15일, 우리 민족은 그렇게도 소망하던 해방의 감격을 맞이하였다. 그러나 그 해방은 곧 남한과 북한으로의 민족 분단이라는 비극의 서곡이었고, 동족끼리 서로 싸우는 6.25전쟁으로 이어졌다. 그리고 지난 77년 동안 남북분단은 평화(샬롬)를 위협하는 가장 큰 민족 모순으로, 남북문제만이 아닌 남남갈등과 대립의 가장 큰 주요 변수로 작용하였다. 분단의 세월이 점점 길어지면서 같은 민족으로서의 한민족의 정체성은 희미해졌고, 말로는 "우리의 소원은 통일, 꿈에도 소원은 통일"이라고 노래하면서도 마음속으로는 서로 다른 민족인 양 각자도생하자는 생각이 서서히 자리 잡기 시작하였다.

그러나 한민족에게 통일문제는 아무리 힘들고 어려운 일일지라도 결코 포기할 수 없는 우리 민족의 지상과제가 아닐 수 없다. 더욱이 하나님께서 우리 민족을 제2의 이스라엘로 선택하사 세계 선교의 사명을 감당하는 민족이 되기를 원하신다는 사실을 신앙고백으로 확신하고 있는 그리스도인이라면 민족통일의 문제는 결코 좌시할 수 없는 가장 시급한 민족 과제가 아닐 수 없다. 그런데 그렇게 바라는 민족통일이 쉬운 문제가 아닌 것은 북한과 남한이 이념과 체제가 전혀 다르다는 데 있다. 즉 북한은 공산주의와 사회주의, 남한은 자본주의와 민주주의라는 이념과 체제가 다르기에 이 문제를 해결하기란 결코 쉽지 않다.

여기서 우리는 '한반도 통일을 해야 한다면 어떤 통일을 해야 하는가?'라는 문제에 부딪힌다. 이 지난한 문제 앞에서 우리 그리스도인들은 기독교적인 통일, 또는 성경이 말하는 통일, 즉 복음 통일이 되어야 한다는 생각에 미치게 된다. 그래서 필자는 통일운동은 무엇보다도 복음운동이며, 그렇다면 먼저 그리스도교가 말하는 복음은 무엇인지를 다루기 위해 '복음의 재발견'이라는 종교개혁의 원리를 살펴보고자 한다. 나아가 우리 민족과 마찬가지로 북왕국 이스라엘과 남왕국 유다의 분열의 역사를 보여주는 신구약성경, 특히 포로기 상황에서 민족의 통일을 염원했던 예언자이자 제사장인 에스겔을 통해 통일의 실마리를 찾아보고자 한다. 나아가 주후 1세기 혼미한 상황에서 우리 주님은 이 문제를 어떻게 말씀하고 있는지를 살펴보고자 한다.

# 종교개혁(Reformation) 운동 및 아자브(AJAB) 운동

필자는 종교개혁 500주년을 맞이하는 지난 2017년을 즈음하여 '종교개혁 500주년에 대한 신학적 반성'이라는 글을 쓴 적이 있다.[74] 그 내용은 이렇다.

## 신학적 반성과 새로운 길의 모색

토마스 쿤(T. Kuhn, 1922~1996)은 과학의 발전은 점진적으로 이루어지는 것이 아니라 '패러다임의 전환(paradigm shift)'에 의해 혁명적으로 이루어지며, 이 변화를 '과학혁명'이라고 불렀다.[75] 역사상 최고의 과학혁명은 천동설(지구중심설)이 지동설(태양중심설)로의 전환이다. 지난 2천 년 동안의 기독교회의 역사는 약 500년 단위로 분열과 개혁의 길을 걸어왔다. 이는 약 500년 단위마다 기존의 패러다임은 불가피하게 전환이 요청된다는 것을 시사한다. 프로테스탄트 종교개혁이 있은 지 500년이 지났다. 그렇다면 프로테스탄트 종교개혁이 주장한 기존의 패러다임 또한 전환이 불가피하다는 것을 시사한다.

역사가 부르크하르트(J. Burchhardt, 1818~1897)는 기존의 균형(정치, 종교, 문화)이 깨어질 때 위기의식이 생긴다고 했다. 이런 위기에 책임 있게 응답하는 것이 참된 위대성이라고 보았다. 패러다임의 변화는 기존의 사고의 틀이 깨어지고 새로운 사고의 틀을 요청한다는 점에서 불가피하게 위기의식을 동반한다. 이미 오래전부터 생각 있는 분들은 한국교회의 위기를 말해왔고, 2030년이 되면 한국교회는 반토막이

---

74) 『유레카 · 익투스 요한복음』 (박호용, 2019)
75) 더 자세한 설명은 『과학혁명의 구조』 (Thomas. S. Kuhn 저, 김명자 역, 1962) 참조

난다는 불길한 연구 결과가 나왔다. 이런 위기상황 속에서 개신교회는 지난 2017년 역사적인 종교개혁 500주년을 맞이했다. 그리고 종교개혁과 관련된 여러 성지를 방문하거나 각종 기념행사를 치렀다. 이로 인해 개신교회는 이전보다 더욱 새로워지고 부흥 발전이 있어야 하는 것은 마땅하다.

그런데 아이러니하게도 한국 교회는 이전보다 새로워지기는커녕 더욱 세상으로부터 지탄의 대상이 되고 있고, 쇠퇴의 내리막길을 걷고 있다. 도대체 무엇이 잘못된 것인가? 그것은 한마디로 신학적 패러다임의 전환을 이해하지 못한 인식의 결여에서 비롯되었다는 것이 필자의 생각이다. 따라서 오늘의 한국 교회는 신학적 반성과 새로운 길의 모색이 절실히 요청되고 있다.

### 신학적 패러다임의 변화

사회주의 체제에서 젊은이들이 '무엇을 해야 하나?'라는 질문을 던지자 러시아 공산주의 혁명가 레닌(1870~1924)은 "공부하고, 공부하고, 또 공부하라."고 조언했다. 루터(M. Luther, 1483~1546)의 종교개혁은 기도하면서 하나님의 말씀과 처절하게 씨름한 학문적 노력의 결과였다. 종교개혁의 횃불을 든 루터는 그 당시의 위기를 두 가지로 말했다. 하나는 '도덕적 위기'이고, 또 하나는 '신학적 위기'이다. 중세교회는 도덕적으로 타락했기에 도덕적 위기에 직면했다는 것이다. 그래서 종교개혁이 필요하다고 보았다.

그런데 더욱 중요한 것은 '신학적 위기'라고 보았다. 즉 도덕적 위기는 어느 시대에나 항상 있는 것이지만, 신학적 위기는 더욱 근본적인 위기로써 그 시대가 요청하는 시대정신이기에 패러다임의 교체를 요청한다. 바로 그 시대는 '헬레니즘(인본주의)에서 헤브라이즘(신본주의)으로'의 패러다임의 교체를 요청한 시대였다. 이를 좀 더 구체적으로 말하면 '교리에서 성경으로', 즉 '스콜라 신학에서 십자가 신학으로'의 패러다임의 요청이 불가피했다.

지금 한국 교회가 맞고 있는 위기에는 도덕적으로 부패하고 타락한 측면에서의 도덕적 위기에 직면한 것이 사실이다. 그런데 더욱 본질적인 위기는 신학적 위기이다. 즉 신학적 패러다임의 변화에 직면해 있다는 사실이다. 그렇다면 그것은 구체적으로 무엇인가?

## 칭의의 복음에서 성화의 복음으로

루터가 종교개혁을 할 당시 기독교회는 도덕적 타락뿐만 아니라 인본주의적인 요소들이 전통이라는 이름으로 만연되어 있었다. 교권주의자들은 자신들의 기득권이나 교회의 영향력 확대를 위해 '믿음' 또는 '은혜'와 같은 그 무엇과도 바꿀 수 없는 소중한 것들을 재물이나 교회 직책, 또는 인간적 공로와 같은 것으로 대치할 수 있다는 거짓을 자행하고 있었다. 이와 같이 빗나간 중세교회적 상황에서 루터는 바울신학의 이신칭의(이신득의), 즉 돈으로 면죄부를 사는 것과 같은 인간적 행위(공로)로 구원('의롭다 함을 얻는 것'과 같은 의미)을 얻는 것이 아니라 주님께서 십자가를 통해 이미 의로움을 이루신 그 은혜를 사람이 단지 믿음으로 구원을 얻는 것을 말했다.

루터는 로마서 1장 16~17절[76]의 말씀을 붙들고 제2의 종교개혁의 횃불을 들었다. 루터의 제2종교개혁은 바울의 복음(바울서신), 즉 '십

---

76) 16 내가 복음(십자가의 복음)을 부끄러워하지 아니하노니 이 복음은 모든 믿는 자들에게 구원을 주시는 하나님의 능력이 됨이라 먼저는 유대인에게요 그리고 헬라인에게로다 17 복음에는 하나님의 의가 나타나서 믿음으로 믿음에 이르게 하나니 기록된 바 오직 의인은 믿음으로 말미암아 살리라 함과 같으니라

자가 신학'과 '하나님의 의(칭의)의 복음'에 기초한 개혁이었다. 그런데 프로테스탄트 종교개혁 500년이 지난 21세기 제3의 종교개혁은 또 다시 '아드 폰테스', 즉 바울에서 예수로의 패러다임 시프트가 필요하다. '십자가 신학'에서 '부활의 신학'으로, '하나님의 의의 복음'에서 '하나님 나라(천국)의 복음'으로의 전환이 필요하다는 것이 필자의 생각이다. 이를 바울신학적으로 말하면 '칭의(믿음)의 복음에서 성화(삶)의 복음으로'의 전환을 말한다.

## 십자가 신학에서 부활의 신학으로

먼저, 십자가 신학에서 부활의 신학으로의 패러다임의 전환이다. 십자가와 부활은 복음의 두 축(날개)이다. 그런데 지난 500년 동안 개신교는 십자가 복음을 지나치게 강조한 나머지 다른 한 축인 부활의 복음에 대해서는 거의 무시하다시피 하였다. 배가 양쪽이 균형을 이루어야 항해를 제대로 할 터인데, 십자가 쪽으로 지나치게 기울어진 나머지 개신교회라는 배는 침몰하고 말았다.

우리가 사용하고 있는 '복음(福音)' 용어는 원어로 '유앙겔리온(εὐαγγελίον)'이다. 이 말은 '기쁜, 좋은('εὐ)'과 '소식, 뉴스('αγγελίον)'의 합성어로 '기쁜 소식', '좋은 소식'을 뜻한다. 영어로는 가스펠(Gospel)이라고 쓰는데, 이는 God와 'Spell(story)'의 합성어로 'God-story(하나님 이야기)'를 뜻하는 말로, 이 번역은 본래의 뜻을 많이 상실했다. 오히려 한문 번역인 '복음(福音)'이 더 잘 어울리는 용어다. 헬라-로마 시대에 '복음(εὐαγγελίον)' 용어는 세 가지 경우에 사용되었다. 첫째, 한 나라의 보위를 이어갈 왕자가 탄생했을 때 기쁜 소식으로서의 '복음' 용어를 썼고, 둘째, 전쟁에서 승리했다는 승전보를 '복음'이라고 했으며, 셋째, 운동경기에서 이겼을 때 '복음' 용어를 썼다.

초대교회는 헬라-로마 시대에 사용된 '복음' 용어를 차용해 와서 주님께서 십자가에 달리셨다가 사망 권세를 이기고 부활하신 '승리의 기쁜 소식'에 사용하였다. 따라서 본디 '복음'이란 '부활의 복음'을 일컫는 데 사용된 용어이다. 부활 이전의 십자가는 승리의 기쁜 소식으로의 복음이 아닌 죽음의 슬픔 소식, 즉 '부음(訃音)'이었다. 그런데 십자가가 복음이 된 것은 부활이라는 승리의 기쁜 소식에 의해 복음으로 밝혀진 것이다. 하나님이 인류 구원의 방식으로 십자가 방법을 사용했다는 사실을 부활 이전에는 아무도 몰랐다. 십자가 사건은 부활 사건으로 인해 영원 전부터 감추어진 하나님의 비밀로서의 복음임이 드러난 것이다.

초대교회에서 '부활의 복음'이 갖는 의미는 이렇다. 그리스도 예수의 모든 복음은 본디 그 시대 상황 속에서 배태된 진리이지 무시간적 진리를 말하는 것이 아니다. 부활의 복음은 초대교회(기독교)가 정치적으로 로마제국에, 종교적으로 유대교에 박해를 당하는 상황에서 이들 세 세력 간에 운명을 건 '벼랑 끝 승부'에서 태어난 것이다. 사상 유례가 없는 '예수 부활' 소식은 사탄의 최대 무기인 사망 권세를 이겼다는 점에서 가장 기쁜 소식, '복음(유앙겔리온)'이었다. 그리고 이 승리의 기쁜 소식 곧 '부활의 복음'은 로마제국과 유대교에 대한 기독교의 승리를 말해주는 것이다. 따라서 부활의 복음은 기독교의 승리를 위한 비밀병기였고, 예수 부활은 '하나님의 최고의 승부수'였다.

초기 예수교 운동은 유대인의 민족주의적 운동이나 사사로운 종교적 체험이 아니라 나사렛 예수께서 죽은 자로부터 몸으로 부활하였다는 부활신앙 운동에서 비롯된 것이다. 왕적인 메시아, 세상의 참된 주로서의 예수신앙(행 2:36, 롬 1:3~5)은 부활신앙 위에서 세워진 것이다. 초대교회는 로마제국과 유대교의 박해로 인한 '수난의 교회'였다. 바로 이때 필요했던 것은 '승리의 기쁜 소식(부활의 복음)'이며, '십자가 신학'이나 '고난의 기독론'이 아니었다. 그런 것은 기껏 해야 주님을 모범적인 순교자로 전해 줄 뿐이다. 사탄적인 로마제국과 유대교 세력에 대항해야 했던 수난의 교회에는 '더 강한 분'의 '승리(부활)의 복음'이 필요했고, 그것만이 참으로 '기쁜 소식'이 될 수 있었다.

하나님의 '최고의 승부수'인 예수 부활 사건이 갖는 의미를 일곱 가지로 요약하면 이렇다.

① 부활은 '3대 원수(사탄, 세상, 사망)'에 대한 승리를 말한다.
② 부활은 죽어도 다시 산다는 영생을 보여준 사건이다.
③ 부활은 이 세상 나라만이 아닌 하나님 나라, 곧 천국이 있음을 증명한 사건이다.
④ 부활은 예수께서 사람만이 아닌 하나님의 아들임을 증명한 사건이다.
⑤ 부활은 예수께서 만왕의 왕, 만주의 주로 등극한 사건이다.
⑥ 부활은 실패한 메시아로서의 십자가 처형의 부음(訃音)이 인간 구원의 방법으로 사용된 복음(福音)으로 대역전된 사건이다.
⑦ 부활은 "나는 부활이요 생명이다."라고 하신 주님의 말씀이 성취된 사건이다.[77]

십자가는 두 가지 의미를 갖고 있다. 하나는 사랑(은혜)의 십자가이

---

77)  부활의 복음에 대한 더 자세한 설명은 『왕의 복음』(박호용, 2018)을 참조

고, 다른 하나는 고난(희생)의 십자가이다. 개신교회(신도들)는 십자가를 강조하면서도 십자가가 갖는 두 가지 의미 중 한 가지, 즉 전자에는 Yes 하지만, 후자에는 No 했다. 제자도로서의 십자가는 지기 싫은 것이다. 이는 예수의 제자들도 마찬가지였다. 십자가를 지는 것이 싫은 것은 인지상정이다. 이것이 가능하려면 고난과 죽음을 넘어서는 부활신앙이 필요하다. 부활신앙은 죽음을 넘어서는 영생과 세상 나라를 능히 이기고 승리하는 하나님 나라를 담지하고 있기 때문이다. 십자가 앞에서 다 넘어진 제자들이 부활하신 주님을 체험하고 나서 그들은 죽음과 세상을 모두 이기고 순교의 길을 갈 수 있었던 것도 부활신앙 때문이다.

오늘 세상사에 초연할 수 있는 비결, 즉 세상적인 것들로 인해 넘어지고 변질되는 것을 막아주는 강력한 힘은 부활신앙이다. 그리스도인들에게 있어서 삶의 변화가 없고 세상에 져서 세상이 이끄는 대로 살면서 변질과 타락의 나락으로 떨어지는 것은 부활신앙에 대한 확고한 믿음이 결여되었기 때문이다. 그러기에 우리는 다시 '부활의 복음'을 강조할 필요가 있다. 십자가의 능력이란 부활의 능력에 기인한 것이다.(고전 1:18) 부활체험이 있어야 십자가의 의미를 깨닫게 되고, 제자도인 십자가의 길을 갈 수 있다.

요한복음은 십자가-부활-십자가 구조를 명확히 보여주고 있다.(요 10~12장, 19~21장) 예수의 길은 십자가와 부활의 길이고, 제자의 길은 부활에서 십자가로의 길이다. 십자가 ← 예수 → (부활) ← 제자 →십자가, 그러니까 십자가와 십자가 사이의 중심에 부활이 있다. 예수님은 부활을 믿었기에 십자가를 질 수 있었고, 제자들은 부활을 체험했기에 십자가를 질 수 있었다.

## 하나님의 의의 복음에서 하나님 나라의 복음으로

다음으로 바울의 '하나님의 의(칭의)의 복음'에서 예수의 '하나님 나라(천국)의 복음'으로의 패러다임 전환이다. 이것이 바로 근원으로의 회귀, 즉 '아드 폰테스(Ad fontes)'이다. 여기서 중요한 것은 하나님 나라(천국)에 대한 올바른 이해이다. 우리는 천국을 '죽으면 가는 나라인 천당'으로 생각하는 경향이 짙다. 그러나 천국은 그런 개념이 아니다.

루터는 바울의 '하나님의 의' 개념을 두고 능동 개념이 아닌 수동 개념이라는 사실을 깨닫고, 이를 종교개혁의 신학적 토대로 삼았다. 마찬가지로 '하나님 나라' 개념은 가는 나라가 아닌 오는 나라, 즉 능동 개념이 아닌 수동 개념이라는 사실이다. 우리가 그 나라를 향해 '가는 것'이 아니라 그분이 우리를 향해 '오는 것'이다. 그래서 '아버지의 나라가 오게 하시며'(주기도문), '때가 찼고 하나님의 나라가 가까이 왔으니'(막 1:15), '회개하라 천국이 가까이 왔느니라'(마 3:2)라고 성경에서 말씀하신다.

성경에 하나님 나라에 간다는 말은 단 한 구절도 없다. 왜냐하면 하나님 나라(하나님 왕국)는 하나님이 왕이 되어 우리(세상)를 통치하기 위해 우리에게 오는 나라이지, 어딘가에 있을 장소를 향해 우리가 가는 그런 의미가 아니기 때문이다. 여기서 하나님 나라(천국)의 수동 개념이 중요한 것은 왕으로 오시는 주님을 왕(주인, 최고, 기준의 의미)으로 모실 것인가 아닌가를 결단해야 한다는 것이다. 왕으로 행차하시는 그분을 왕으로 모시는 것(시 68:24), 즉 '왕의 교체'를 가리켜 믿음(회개, 거듭남)이라고 한다.(갈 2:20)

그러니까 회개(거듭남)란 단지 회심과 같은 추상적인 마음의 변화가 아니라 천국과 관계된 왕의 교체, 그러니까 내가 마음으로 왕 삼는 것을 내려놓고 예수를 왕 삼는 구체적인 삶의 변화를 말한다. 그분이 왕으로 오셨음에도 불구하고, 또는 그분을 믿는다고 하면서도 그분을 왕 삼지 않고 다른 그 무엇을 왕 삼는다면 그것은 믿음(회개, 거듭남)이 아니다. 니고데모 이야기(요 3:1~15)나 부자 청년 이야기(마 19:16~30)는 바로 이를 잘 말해준다.

그런데 예수를 믿는 그리스도인들의 신앙 현실을 보면 천국의 본래 개념과는 너무나도 거리가 먼 모습으로 살아가고 있다. 그렇게도 천국을 즐겨 말하면서도 실상은 예수 그리스도로 왕의 교체를 원하지 않는다. 하나님 나라(천국)가 예수로 왕이 교체되는 것을 말하는 것이라면 그런 예수를 믿기를 원치 않았을 것이다. 몰라서 예수를 믿었을 뿐이다.(실은 예수를 믿지 않는 것이다) 예수를 믿는 것이 기복신앙, 즉 예수가 왕이 아니라 내가 왕이고 예수는 내 문제의 해결사(또는 보디가드)가 되어, 내 소원과 욕심을 만족시키는 분 정도로 생각하는 것이다.

그런데 왕의 교체가 이루어지지 않은 사람은 속사람이 변하지 않은 '육에 속한 그리스도인', '무늬만 그리스도인', 즉 유사 그리스도인일 뿐이다. 왕의 교체에 의한 속사람의 변화가 없이는 세상 사람과 하등 다를 바 없다. 지난 500년 동안 개신교회는 '칭의'를 지나치게 강조한 나머지 '성화'의 중요성을 간과하였다. 거룩으로의 삶의 변화가 없는 그리스도인을 양산했다. 그 결과 그리스도인은 세상의 빛이 되지 못했고 그리스도인으로 인해 세상은 아무것도 달라진 것이 없다.

마음 중심에는 예수가 아닌 자기만의 또 다른 왕을 꼭꼭 숨겨놓고 입으로만 "예수 우리 왕이여!"를 소리 높이 외친들 달라지는 것은 아무것도 없다. 따라서 "왕의 교체를 이루라."는 말은 '예수 그리스도를 통한 삶의 변화'를 일컫는 말이다. 제3의 종교개혁이 요청하는 '하나님 나라(천국) 복음'으로의 패러다임 시프트의 중요성이 바로 여기에 있다. 제2의 종교개혁은 칭의를 강조한 나머지 성화를 잃어버리는 우를 범했다. 제3의 종교개혁에서 하나님 나라를 말하고자 하는 것은 하나님 나라(천국) 개념이 왕의 교체라는 삶의 변화를 담지하고 있기 때문이다.[78] 복음서 중에서도 요한복음은 '부활의 복음'(요 11장, 20장)과 '하나님 나라(천국) 복음'(요 3장, 18장)을 가장 깊이 있게 묘사하고 있다는 점에서 요한복음은 '제3의 종교개혁의 텍스트'라고 말할 수 있다.

이 글을 쓰고 난 이후 5년이 지난 2022년 10월 31일, 필자는 이미 언급한 겟세마네신학교 개교기념일 학술강연회에서 '아자브(AJAB) 운동과 한국교회가 나아갈 길'이라는 주제로 발표하였다.[79] 그 내용은 이렇다.

---

78)  왕의 교체로서의 '하나님 나라(천국) 복음'에 대해서는 『왕의 교체』 (박호용, 2017)을 참조
79)  『겟세마네신학교 요람』 (박호용, 2022)

# 1. 아자브(AJAB) 운동의 출범 동기 및 목적

## 아자브(AJAB) 운동을 시작하면서

올해는 종교개혁 505주년을 맞는 해이다. 그리스도교의 역사는 정도(正道)에서 벗어나 개혁이 필요할 때마다 운동(Movement)으로 나타났다. 예수(메시아) 운동(1세기), 수도원운동(3~6세기), 종교개혁운동(16세기), 청교도운동(17세기, 영국), 경건주의 운동(17세기, 독일), 대각성운동(18세기, 미국), 학생자원운동(19세기, 미국), 평양대부흥운동(1907년, 한국) 등이 그것이다. 한국 개신교회(프로테스탄트)는 공식적으로 1884~1885년경 알렌, 언더우드, 아펜젤러 선교사로부터 시작하여 100여 년 만에 선교 역사상 유례가 없는 최고의 부흥을 이룩했고, 오늘날 세계 선교 2위 국가로 부상했다.

그러나 부흥의 속도만큼이나 부패의 속도도 빨랐다. 이미 한국교회의 위기와 더불어 개혁의 필요성을 말한 지가 오래되었다. 21세기 오늘에 이르러 복음에 빚진 자(롬 1:14)요, 한국교회 책임있는 일원인 필자는 무너진 성(느 2:18, 겔 22:30) 한국교회의 개혁을 더는 미룰 수 없다는 절박한 심정과 '하늘의 부르심'(heavenly calling, 히 3:1)에 따라 '아자브(AJAB) 운동'을 시작하게 되었다. 이 운동은 '새로운 운동(New Movement)'이 아니라 '다시 운동'(Re-Movement), 즉 종교개혁의 모토에 입각한 '다시 예수, 다시 성경'을 말하는 환원운동이다.

종교개혁 이후 가톨릭교회는 반종교개혁(counter Reformation)을 하였다. 이를 위해 만들어진 대표적인 모임이 이그나티우스 로욜라(1491~1556)와 프란시스코 자비에르(1506~1552)가 조직한 예수회(Jesuit)이다. 예수회의 목적은 '교황을 위하여', '가톨릭교회를 위하여'에 있었다. 그런데 아자브회(AJABA)의 목적은 '오직 예수 그리스도를 위하여', '오직 하나님의 영광을 위하여'에 있다.

### 리(Re-) 운동

서구의 근세를 말할 때 문예부흥(Renaissance)과 종교개혁(Reformation)을 말한다. 여기서 중요한 것은 다시(again)를 뜻하는 '리(Re-)'이다. 새로운(new) 것을 말하는(New telling) 것이 아니다. 단지 '근원으로 되돌아간다'(Ad fontes), 즉 이전의 있었던 것을 끄집어내어 '다시' 말하는(retelling) 것이다. 아자브 운동은 성경(예수)의 재발견, 그러니까 성경(예수)의 '다시 말하기'이다. 문예부흥(르네상스)이 중세 이전의 고대 헬라의 고전으로 되돌아가는 '다시 말하기'이듯이(Renaissance), 종교개혁은 중세 이전의 신구약성경으로 되돌아가는 '다시 말하기'이다. 새로운 형(form)을 말하는 것(New-formation)이 아니라 이전에 있었던 형(form)에 대한 다시 말하기(Re-formation)이다.

> ※ Re-17 (1. Re-formation, 2. Re-telling, 3. Re-interpretation, 4. Re-discovery, 5. Re-seeing, 6. Re-encountering, 7. Re-finding, 8. Re-shocking, 9. Re-born, 10. Re-fresh, 11. Re-joice, 12. Re-calling, 13. Re-weaving, 14. Re-volution, 15. Re-vival, 16. Re-construction, 17. Re-dream).

### 오직 예수! 오직 성경!

종교개혁운동은 '다시 예수, 다시 성경'으로 되돌아가자는 '예수와 성경의 중요성'을 말하는 운동이었다. 종교개혁은 다섯 개의 '오직'(sola)를 강조한다. 오직 은혜(sola gratia), 오직 믿음(sola fide), 오직 성경(sola scriptura), 오직 그리스도(solus Christus), 오직 하나님의 영광을 위하여(soli Deo gloria)가 그것이다. 우리는 흔히 종교개혁 하면 '이신칭의(믿음으로 의롭게 된다)'라는 '오직 믿음'이나 '오직 은혜'를 중요하게 생각한다. 하지만 그보다도 더욱 중요한 것은 '오직 성경(말씀)'과 '오직 그리스도(예수)'이다. 성경은 '하나님의 말씀이자 인간의 말'이며, 예수 그리스도는 '하나님의 아들이자 사람의 아들'이다. 예수 그리스도와 신구약성경, 이 둘은 다섯 개의 '오직'의 중심에 위치한다.

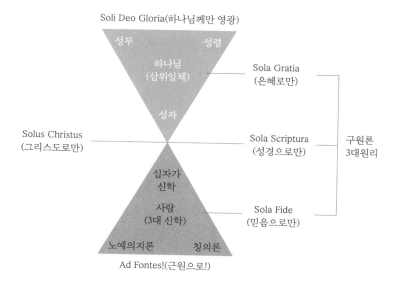

성부       성령
Soli Deo Gloria(하나님께만 영광)
하나님
(삼위일체)
성자
Sola Gratia
(은혜로만)
Solus Christus
(그리스도로만)
Sola Scriptura
(성경으로만)
구원론
3대원리
십자가
신학
사람
(3대 신학)
Sola Fide
(믿음으로만)
노예의지론       칭의론
Ad Fontes!(근원으로!)

## 2. 아자브(AJAB) 운동의 텍스트('요한복음서의 재발견')

### '하나님의 의'에서 '하나님의 나라'로(주어바꾸기 운동)

'천동설(天動說)에서 지동설(地動說)로의 과학적 패러다임의 변환(paradigm shift)'처럼, 종교개혁은 '복음(예수와 성경)의 재발견'으로서의 패러다임 변환이었다. 루터의 종교개혁은 '바울 복음'에 기초한 '로마서의 재발견'이었다. 종교개혁 505주년을 맞이한 오늘의 시점에서 필자는 바울 복음보다 더 근원적인(Ad fontes) '예수 복음'에 기초한 '요한복음서의 재발견'을 말하고자 한다.

종교개혁운동은 무엇보다도 성경과 씨름하는 학문적 노력으로부터 결실한 것이다. 이는 성경 연구의 중요성을 말한다. 루터 연구의 권위자인 발터 폰 뢰베니히는 이렇게 말했다. "종교개혁은 환상이나 비합리적 경험으로부터 자란 것이 아니라 오히려 학문적 노력으로부터 자라난 것이다. 루터는 본문을 철저히 조사하고 그리하여 분명한 모순을 인식했다."[80]

　루터의 바울 복음의 재발견은 '하나님의 의'의 재발견으로 나타났다. 그것은 중세 가톨릭교회(스콜라신학)가 가지고 있던 인간(나) 주어를 하나님(예수 그리스도)으로의 주어바꾸기(교체) 운동이었다. "하나님으로 하나님 되게 하라!" 이것이 종교개혁의 핵심 모토였다. 루터의 종교개혁의 핵심 주제인 이신칭의(以信稱義)는 '하나님의 의(롬 1:17)'에 대한 해석에 있어서 가톨릭교회가 주장하는 인간을 주어로 하는 '능동의 의(active righteousness, 인간의 공로가 포함된 의)'를 하나님을 주어로 하는 '수동의 의(passive righteousness, 전적인 하나님의 은혜에 의한 의)'로의 주어교체운동(갈 2:20)이었다.

　그런데 종교개혁 500여 년이 지난 오늘에 이르러 바울 복음에서 보다 더 근원(Ad fontes)인 예수 복음으로 되돌아가야 한다. 이는 바울신학의 핵심인 '하나님의 의'에서 예수 선포의 핵심인 '하나님의 나라'(막 1:15, 마 3:2, 요 3:3, 5, 18:36)로의 강조점의 변화를 의미한다. 예수께서 말씀하신 '하나님의 나라'의 의미는 '하나님이 왕이 되어 다스리는 나라(하나님의 주권, 지배, 통치)'를 의미한다.(시 68:24, 103:19) 이를 위해 하나님이 인간 세상으로 찾아오신다.(요 1:14) 따라서 '회개'란 내가 왕 삼았던 것(막 10:17~31, 마 19:16~30, 눅 18:18~30)을 내려놓고 그 자리에 '하나님을 왕으로 모시는 것(왕의 교체)'을 의미한다.

　이는 동양에서 소위 '천당(天堂)' 개념, 즉 인간이 그 어딘가에 있을 장소를 '찾아가는' 의미와는 전혀 다른 의미이다. 하나님 나라(천국)란 인간이 주어가 되어 '내가 찾아가는 나라'가 아니라 하나님이 주어가 되어 '하나님(예수님, 성령님)이 찾아오시는 나라'이다. 하나님의 의가 능동의 의가 아닌 수동의 의인 것처럼 하나님의 나라 또한 능동의 나라가 아닌 수동의 나라이다. 하

---

80)　W. von Loewenich, 박호용 역, 『마르틴 루터』 (W. von Loewenich 저, 박호용 역, 2022)

나님 나라에 대한 다시 말하기, 즉 내가 가는 나라에서 하나님이 오시는 나라로의 주어바꾸기(주어의 교체), '회개 운동'이 바로 아자브 운동이다.

### '십자가 신학'에서 '부활의 신학'으로!(신학바꾸기)

루터의 종교개혁운동은 중세 가톨릭 교회의 빗나간 신학과 논쟁하기 위해 1517년 10월 31일 비텐베르크 성교회 정문에 '95개조 논제'를 붙이는 것으로 시작되었다. 중세 가톨릭 신학이 '교황과 교회의 영광'이라는 인본주의적 '영광의 신학(Theologia gloriae)'을 주장한 데 반해 루터는 '십자가에 나타난 하나님의 은혜의 신학'이라는 신본주의적 '십자가 신학(Theologia crucis)'을 주장하였다. 그에 따라 지난 500년 동안 개혁교회는 루터가 주장한 십자가 신학을 강조하였다.

그러다 보니 또 하나의 복음인 '부활의 신학(Theology of resurrection)'이 갖는 복음(부활)의 능력을 상실하였다. 부활 복음의 능력이란 크리스천의 3대 적(사탄, 죽음, 세상)을 이기는 힘을 말한다. 이에 대해 요한복음서는 '부활의 신학(요 11:25~26)'을 통해 예수께서 명령하신 제자의 길로서의 십자가의 길(요 21:15~19)을 잘 말해주고 있다. 예수의 길은 '십자가-부활의 구조'이지만, 제자의 길(제자도)은 '부활-십자가의 구조'라는 점을 다시 말함으로써 사탄과 죽음과 세상에 져서 위기에 처한 그리스도인과 교회를 다시 살리는 길을 제시하고 있다.

여기서 부활의 복음의 중요성은 주님께서 부탁하신 제자도에 있다. "누구든지 나를 따라오려거든 자기를 부인하고 자기 십자가를 지고 나를 따를 것이니라."(막 8:34, 마 16:24) 제자도의 측면에서 보면 부활의 신학은 '십자가 신학의 전제'가 된다.(요 16:33) 예수의 제자들은 모두 십자가 앞에서 예수님을 버리고 도망갔다. 이는 그들에게 죽음의 강을 넘어선 부활 체험(부활 신앙)이 없었기 때문이다.

그런데 부활하신 예수님을 다시 만나고(요 20장), 성령강림 사건을 체험한 후에(행 2장) 그들은 모두 참 제자의 길을 갔다. 그들은 모두 주님과 교회를 위해 순교로 헌신했다(요 21:18~19). 이는 바울 사도에게도 마찬가지이다. 바울은 주님을 만나기 전 구약성경에 기초한 말씀, 즉 나무에 달린 자는 저주받은 자(신 21:23)라는 율법에 기초하여 예수님을 메시아 그리스도로 받아들일 수 없었다. 그런 그가 다메섹 도상에서 부활하신 예수님을 만난 후(행 9:1~19) 십자가의 비밀을 깨닫게 된 것이다.

"형제 사울아 주 곧 네가 오는 길에서 나타나셨던 예수께서 나를 보내어 너로 다시 보게 하시고 성령으로 충만하게 하신다 하니 즉시 사울의 눈에서 비늘 같은 것이 벗어져 다시 보게 된지라 일어나 세례를 받고"(행 9:17~18) 여기서 중요한 것은 '다시 보게 되었다'는 대목이다. see again이 되면 born again이 된다. encounter again, find again(εὑρήκα, 유레카). 그는 변하여 새사람이 되었고, 부활의 증인으로서 일생을 이방인의 사도로 헌신하였다.

| | 루터의 종교개혁 신학(1517년) | 天命의 아자브 신학(2022년) |
|---|---|---|
| 1 | 바울복음의 재발견<br>(로마서의 재발견) | 예수복음의 재발견<br>(요한복음서의 재발견) |
| 2 | '하나님의 의'<br>'능동의 의'에서 '수동의 의'로 | '하나님의 나라'<br>'능동의 나라(내가 가는 나라)'에서<br>'수동의 나라(하나님이 오시는 나라)'로 |
| 3 | 십자가 신학<br>(Theologia crucis) | 부활의 신학<br>(Theology of Ressurection) |

$P=BJ^2$(기준바꾸기)

지난 20세기 최고의 과학혁명공식은 아인슈타인(1886~1975)의 $E=mc^2$(에너지는 질량과 빛의 속도의 제곱에 의해 그 힘이 결정된다)이다. 핵폭탄 제조의 기본 공식이 된 $E=mc^2$ 공식은 그 의도와 상관없이 인류에게 '죽음과 파괴의 공식'이

되었다. 필자는 21세기 신학혁명공식(하나님의 공식)으로 P=BJ² 공식을 말하고
자 한다. P는 Power 또는 Peace, B는 Bible, J²은 Jesus in John이다. P=BJ² 공
식은 '생명과 평화의 공식'이다. 능력(power, 롬 1:16) 또는 평화(peace, 요 14:27)는
요한복음에 나타난 예수에다가 신구약성경 66권이 곱해질 때 나타나는데,
그 힘(평화)은 이 세상 그 어떤 것과도 비교가 되지 않는다는 것을 의미한다.
여기서 우리는 예수 그리스도의 힘, 성경 말씀의 힘을 다시 찾는다.

'왜 다시 예수, 다시 성경인가?' 예수와 성경만이 영원하기 때문이다. 하
나님(의 아들)인 예수는 영원하신 분이다.(요 1:1~3, 20:28~31) 예수 그리스도는 역
사를 바꾼 분으로, 역사(BC와 AD)의 중심이자 성경의 중심(요 5:39)이다. 또한
하나님의 말씀인 성경은 우리가 먹어야 할 영원한 책이다.(사 40:8, 신 8:3, 겔
3:3) 하나님의 영감으로 쓰인(딤후 3:16) 신구약성경은 세계를 바꾼 책으로 하
나님이 보내신 예수 그리스도를 믿으면 구원(풍성한 삶)을 얻는다(행 16:31, 요
10:10)는 하나님의 복을 말하는 책이다. 또한 예수와 성경보다 세상을 이기는
더 큰 힘(power)이 없으며, 참된 평화(peace)를 가져오는 것은 없다. 따라서 예
수와 성경은 이 세상 그 무엇과도 비교가 불가하다.

성경 66권 전체는 1,189장(구약 929장, 신약 260장), 31,102절(구약 23,145절, 신약
7,957절)인데 이 가운데 한 구절, 즉 요한복음 3장 16절을 '복음 중의 복음'이라
고 말한다. 왜 그런가? 그것은 '기준 바꾸기', 그러니까 이 세상의 모든 기준
을 다 폐하고, 이제부터 예수 그리스도(성경 말씀, 요 1:1, 14)를 기준으로 하자는
것이다. 예수(말씀) 혁명! 이보다 더한 혁명은 이 세상에 없다(요 19:30). 예수(말
씀) 충격! 요한복음서가 '천하제일지서(第一天下之書)'인 까닭이 여기에 있다.
유대인은 '책의 민족'이고, 기독교는 '책(성경)의 종교'이다. '성경 사랑'의 중요
성이 여기에 있다.

## 3. 아자브(AJAB) 운동의 성격과 모델 및 아자브 방패

### 아자브(AJAB) 운동의 성격

예수운동이자 성경운동인 아자브(AJAB) 운동은 복음운동(빌 1:27), 성령운동과 선교운동(행 1:8, 마 28:19~20) 및 한민족통일운동(겔 37:15~23)이다. 또한 길이요 진리요 생명운동(요 14:6)이며, 한국교회재건운동(KCRM)이자 하나님 나라와 회개운동(막 1:15, 마 3:2)이다. 또한 Dream 17운동(요셉의 꿈 운동, 창 37:2~11), 사람 낚는 전도운동(마 4:19), 부활신앙을 안고 십자가의 길을 가는 153 제자도운동(요 21:11)이다. 또한 거룩한 하나님의 임재를 체험하고 거룩한 삶을 사는 성화운동(출 3:5, 살전 4:3)이다.

### 아자브(AJAB) 운동의 모델

한국민족사에서 아자브(AJAB) 운동의 모델을 찾는다면 역사의 어두운 밤이었던 일제강점기 말기, 한국 민족의 정체성을 예수에게서 찾은 시인 윤동주(1917~1945)와 성서에서 찾은 김교신 선생(1901~1945)을 들 수 있다. 이분들은 민족과 교회의 살길이 예수와 성경을 붙드는 데 있음을 역설하였다. 일본 후쿠오카 감옥에서 어린양 예수처럼 죽은 윤동주의 삶은 '예수사랑의 영성'을, 성서를 조선에 주고자 일생을 바친 김교신 선생의 삶은 '성서사랑의 영성'을 역설하였다.

- 아자브의 명시 : 윤동주 <서시>
  죽는 날까지 하늘을 우러러
  한 점 부끄럼이 없기를
  잎새에 이는 바람에도
  나는 괴로워했다

별을 노래하는 마음으로

모든 죽어 가는 것을 사랑해야지

그리고 나한테 주어진 길을

걸어가야겠다

오늘 밤에도 별이 바람에 스치운다 (1941. 11. 20.)


– 아자브의 명문장 : 김교신의 『성서조선의 解』

사랑하는 者에게 주고 싶은 것은 한두 가지에 그치지 않는다. 하늘의 별이라도 따 주고 싶으나 人力에는 스스로 限界가 있다. 或者는 音樂을 朝鮮에 주며, 或者는 文學을 주며, 或者는 藝術을 주어 朝鮮에 꽃을 피우며, 옷을 입히며, 冠을 씌울 것이나, 오직 우리는 朝鮮에 聖書를 주어 그 骨筋을 세우며, 그 血液을 만들고자 한다. 같은 基督教로서도 或者는 祈禱生活의 法悅의 境을 主唱하며, 或者는 靈的 체험의 神祕 世界를 力說하며, 或者는 神學 知識의 조직적 體系를 愛之重之하나, 우리는 오직 聖書를 배워 聖書를 朝鮮에 주고자 한다. 더 좋은 것을 朝鮮에 주려는 이는 주라. 우리는 다만 聖書를 주고자 微力을 다하는 者이다. 그러므로 聖書를 朝鮮에.

아자브 방패: 하나님의 전신갑주(엡 6:10~19)

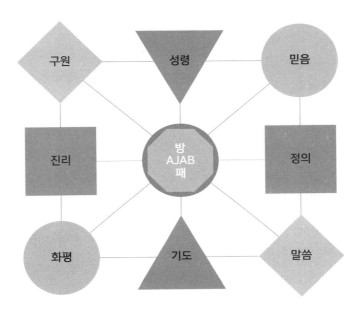

아자브(AJAB) 운동의 실천 행동 지침

아자브 테필린(요 1:1~18) : 유대인의 테필린(출 13:1~10,11~16, 신 6:4~9, 11:13~21 총 31 절)

1 태초에 말씀이 계시니라 이 말씀이 하나님과 함께 계셨으니 이 말씀은 곧 하나님이시니라 2 그가 태초에 하나님과 함께 계셨고 3 만물이 그로 말미암아 지은 바 되었으니 지은 것이 하나도 그가 없이는 된 것이 없느니라 4 그 안에 생명이 있었으니 이 생명은 사람들의 빛이라 5 빛이 어둠에 비치되 어둠이 깨닫지 못하더라 6 하나님께로부터 보내심을 받은 사람이 있으니 그의 이름은 요한이라 7 그가 증언하러 왔으니 곧 빛에 대하여 증언하고 모든 사람이 자기로 말미암아 믿게 하려 함이라 8 그는 이 빛이 아니요 이 빛에 대하여 증언하러 온 자라 9 참 빛 곧 세상에 와서 각 사람에게 비추는

빛이 있었나니 10 그가 세상에 계셨으며 세상은 그로 말미암아 지은 바 되었으되 세상이 그를 알지 못하였고 11 자기 땅에 오매 자기 백성이 영접하지 아니하였으나 12 영접하는 자 곧 그 이름을 믿는 자들에게는 하나님의 자녀가 되는 권세를 주셨으니 13 이는 혈통으로나 육정으로나 사람의 뜻으로 나지 아니하고 오직 하나님께로부터 난 자들이니라 14 말씀이 육신이 되어 우리 가운데 거하시매 우리가 그의 영광을 보니 아버지의 독생자의 영광이요 은혜와 진리가 충만하더라 15 요한이 그에 대하여 증언하여 외쳐 이르되 내가 전에 말하기를 내 뒤에 오시는 이가 나보다 앞선 것은 나보다 먼저 계심이라 한 것이 이 사람을 가리킴이라 하니라 16 우리가 다 그의 충만한 데서 받으니 은혜 위에 은혜러라 17 율법은 모세로 말미암아 주어진 것이요 은혜와 진리는 예수 그리스도로 말미암아 온 것이라 18 본래 하나님을 본 사람이 없으되 아버지 품 속에 있는 독생하신 하나님이 나타내셨느니라.

**아자브 노래**(찬송가 563장 : 예수 사랑하심은 성경에서 배웠네)

1. 예수 사랑하심은 성경에서 배웠네 우리들은 약하나 예수 권세 많도다

2. 나를 사랑하시고 나의 죄를 다 씻어 하늘 문을 여시고 들어가게 하시네

3. 내가 연약할수록 더욱 귀히 여기사 높은 보좌 위에서 낮은 나를 보시네

4. 세상 사는 동안에 나와 함께 하시고 세상 떠나 가는 날 천국 오게 ⑴ 하소서

(후렴) 날 사랑하심 날 사랑하심 날 사랑하심 성경에 쓰였네 아멘.

**아자브 기도**(막 14:36, 요 17:21)

아빠 아버지여, 아버지께는 모든 것이 가능하오니 이 잔을 내게서 옮기시옵소서 그러나 나의 원대로 마시옵고 아버지의 원대로 하옵소서.

아버지여, 아버지께서 내 안에, 내가 아버지 안에 있는 것 같이 그들도 다 하나가 되어 우리 안에 있게 하사 세상으로 아버지께서 나를 보내신 것을 믿게 하옵소서. 아멘.

# 에스겔서를 통해서 본 평화(샬롬)적 복음통일

포로기 예언자인 에스겔(주전 593~571년)은 에스겔 37장 15~28절에서 '이스라엘의 정치적 통일 및 종교적 회복 예언'[81]을 말씀했다. 에스겔 이전 호세아는 이사야(겔 26:19)처럼 민족적 부활의 이상을 제기했다. 그들에게는 그것이 하나의 메타포였으나 에스겔에게는 하나의 경험이라는 점에서 에스겔처럼 그것을 하나의 강력한 이미지로 말한 사람은 없다. 37장은 포로의 상징적 환상과 이스라엘의 민족적 죽음과 부활로서의 회복을 묘사하고 있다. 37장의 죽은 자의 부활은 다니엘(겔 12:2)에 앞서 유대교와 기독교의 현생을 넘어선 내생을 이해하는 데 지배적인 모형이 되었다.[82]

### 두 민족(나라)의 통일(15~23절)

두 막대기를 묶어서 하나가 되게 한 본문의 상징행동은 본서의 마지막 상징행동이다. 국가와 민족의 통일은 예언자들의 끊임없는 주제였다.(호 1:10~11, 사 11:12~13, 44:1, 렘 3:6~18, 31:1~3,8~9) 특히 예레미야는 에스겔에게 직접적 영향을 준(mentor) 것으로 보인다. 15~28절에서 '하나'라는 말이 무려 11회 쓰인다. 한 하나님이 하나의 목자(왕)를 세워 두 막대기를 하나로 묶어 한 나라를 세운다.

하나님은 에스겔에게 두 개의 막대기를 취하여 그 하나에는 '유다와 그 짝 이스라엘 자손'이라고 쓰고, 또 다른 하나에는 '에브라임(요셉)과 그 짝 이스라엘 온 족속'이라고 쓰라고 명하셨다. 여기서 '짝(하

---

81) 『에스겔: 연세신학백주년기념 성경주석』 (박호용, 2015)

82) 『Understanding The Bible Commentary Series』 (S. Tuell, Ezekiel,, 2012)

베르, חֵבֶר'은 친구 또는 동료라는 뜻으로써 매우 친밀한 관계를 가진 사람들을 가리킨다. 16절에서 '유다'는 남왕국을, '그 짝 이스라엘'은 북왕국을 가리킨다. 그 반대로 '에브라임(요셉)'은 북왕국을, '그 짝 이스라엘 온 족속'은 남왕국을 가리킨다. 따라서 두 막대기에 쓰인 글씨는 같은 의미를 지닌다. "그 막대기들을 서로 합하여 하나가 되게 하라"(17a절). 이 말씀은 두 막대기가 상징하는 두 왕국의 연합, 곧 선민 이스라엘의 완전한 하나됨을 의미한다.

"이것이 무슨 뜻인지 우리에게 말하지 아니하겠느냐"(18절) 에스겔이 남북 왕국의 이름을 적은 두 막대기를 하나로 합치는 행동을 보였다고 해도 단번에 그 의미를 아는 것은 쉬운 일이 아니었다. 그러기에 의심을 품고 그 의미가 무엇인지 물었다. 19절은 선민 이스라엘의 연합이 옛 남왕국 유다를 계승하여 유다를 중심으로 이루어질 것을 뜻한다. 이는 북왕국 이스라엘에 대한 우월성에 근거한다기보다는 다윗에게 말씀하셨던 그의 왕위가 영원히 견고하리라는 언약(삼하 7:4~16)의 성취라는 측면에서 이해해야 할 것이다.

21~23절은 15~20절의 상징행동이 의미하는 바를 설명하고 있다. 그 내용은 이방 열국에 흩어졌던 이스라엘 백성이 본토로 귀환하여(21절) 한 나라를 이루고 한 왕의 다스림을 받으며 다시는 두 민족, 두 나라로 나누이지 않는 것이다.(22절) 분열된 두 왕국이 다시 연합될 것에 대한 예언들이 예언자에 의해 많이 언급되었다.(사 11:13, 렘 3:18, 호 1:11)

이 같은 정치적 회복(22절)과 함께 종교적 회복도 이루어질 것을 예언하였다.(23절) 종교적 회복은 선민 이스라엘을 영적으로 병들게 했던 각종 우상숭배의 요소들을 제거하는 것으로부터 시작된다. 그 결국은 언약공식의 성취인 '그들은 내 백성이 되고 나는 그들의 하나님이 되는 것'에 있다.(11:20, 14:11, 36:28, 37:27)

## 영원한 언약 및 야웨의 성소(24~28절)

에스겔은 다윗 왕조는 무너질 것이라고 생각했기에 다윗 왕조에 대해 대단히 부정적이다.(12:1~16, 17:1~24, 19:1~14) 그 직접적 이유는 시드기야가 바벨론 왕 느부갓네살과 맺은 언약을 배반하였기 때문이다.(17:12~16) 또한 왕에 대해서도 부정적이다. 에스겔은 이스라엘 왕에게 멜렉 왕(melek) 칭호를 거의 '나시(נשיא)' 또는 '사르(שר)'라는 용어를 쓴다. 그러나 하나님의 다윗 왕에 대한 약속은 영원하고 불변하다. 본문에서 에스겔은 다윗 신학과 시온 신학에 근거하여 그의 회복된 이스라엘 공동체의 재건을 예언하고 있다.

본문은 앞의 '한 왕'(22절)과 '내 종 다윗'이라는 한 목자(24절)에 의해 연결된다. 그리고 '성소 모티프'에 의해 40~48장의 성전 주제와 자연스럽게 연결되고 있다. 이 짧은 본문 속에 '영원히' 어휘가 5회 나타난다.(37장의 다른 곳에서는 전혀 나타나지 않는다) 이것은 다시는 언약관계가 깨지는 일이 없음을 강조하는 것이다. 이 어휘에 의해 본문과 34장 및 36장과의 밀접한 관계가 잘 나타난다.

a. 그 땅에서 영원히 거함(25a절, 34:13~14, 25~29, 36:8~15)
b. 영원한 왕 다윗(25b절, 34:23~24)
c. 영원한 언약(26a절, 34:30~31, 36:28)
d. 그들 가운데 야웨의 성소의 영원한 임재(26b, 28a절, 40~48장)[83]

본문에서 주목할 문구는 26, 28절의 '내 성소(미크다쉬, מקדשׁ)'와 27절

---

83) 『Ezekiel, The Forms of the Old Testament Literature XIX』 (R.M.Hals, 1989)

의 '내 성막(미쉬카니, משכני)'이다. 이는 야웨가 이스라엘에게 약속한 영원한 선물 가운데 가장 중요한 것이다. 이 문구는 40~48장의 큰 주제와 접촉하는 것으로 이미 20:40 이하에서 나타났다. 야웨의 성소는 영원토록 이스라엘의 중심에 있음을 강조하는데 이것은 제사장 에스겔에게 있어서 약속의 절정이다.[84] '그들 가운데(26b, 27a, 28a절)' '내 성소'의 실현은 야웨가 세계를 통해 인지될 중심 사건으로 이해된다는 것을 명백히 보여준다.[85]

24절의 다윗은 통일왕국의 2대 왕인 다윗이 부활한 존재라기보다는 종말론적으로 해석하여 참다운 왕으로서의 하나님의 백성을 영원히 다스릴 메시아를 가리킨다. 그리고 25절의 '내 종 야곱'은 본서에 아주 드물게 나타난다.(20:5, 28:25, 37:25, 39:25) 야곱은 남북왕국의 뿌리인 전체 이스라엘을 대표하는 자로서 야곱에게 준 땅은 일찍이 하나님이 그에게 약속한 가나안 땅을 가리킨다.(창 28:13)

26절의 '화평의 언약'은 일차적으로 범죄로 인해 바벨론 포로가 되는 징계를 당한 이스라엘 백성과의 어그러진 관계를 회복하는 것을 의미한다. 에스겔은 일찍이 범죄한 이스라엘로 인해 하나님의 임재의 상징인 성전을 하나님이 떠나시는 것을 예언하였다.(11:22~24) 이제 하나님은 회복될 이스라엘 백성 가운데 성소(聖所)를 두시고 그곳을 영원히 보존하실 것을 선언하셨다.

그리고 그들과 영원히 함께 계시며 보호하실 것을 약속하셨다.(27절) "내 성소가 영원토록 그들 가운데에 있으리니"(28a절) 같은 내용의 말씀을 26, 27절에 이어 세 번째 반복하고 있다. 이렇게 동일한 말씀

---

84)  『Ezekiel, The Prophet and His Message』 (R.W.Klein, 1988)

85)  『Ezekiel 2. Hermeneia』 (W.Zimmerli, 1983)

을 반복하는 것은 이 말씀이 반드시 성취될 것임을 확정적으로 선포하는 동시에 이 예언의 중요성을 강조하는 것이다.

결국 36장에 의하면 열국은 야웨가 그의 거룩을 스스로 나타낼 때 야웨를 인지한다.(36:23) 그런데 37장은 이 같은 열국들이 야웨가 이스라엘을 거룩하게 할 때 야웨를 인지한다.(37:28) 즉 이스라엘에게 그 땅을 주고 그들의 왕으로 다윗을 '내 종'으로 세우고, 그들과 더불어 영원한 화평의 언약을 맺고, 마침내 그들 가운데 영원히 그의 성소를 둠으로써 야웨를 인지하게 된다.[86] 그리고 37장의 두 파트 간의 접촉점은 나무와 뼈들이 함께 결합하는(37:7, 17) 분리된 것의 '통일 모티프'이다.[87] 여기서 에스겔의 1차적 관심은 모든 하나님의 백성의 통일이 이스라엘 회복 비전의 중심이라는 것이다.[88]

### 남북통일의 열망을 안고

본문에는 하나의 민족, 하나의 나라, 하나의 종교로의 통일에 대한 열망으로 가득 차 있다. 본문에서 에스겔은 두 막대기 연합을 통해 남왕국 유다와 북왕국 이스라엘이 한 짝으로서의, 하나의 민족 국가임을 역설하고 있다.(37:15~23) 이어지는 본문에서는 '내 종 다윗'이라는 한 목자를 통한 정치적 통일과 종교적 회복에 대한 열망을 그리고 있다.(37:24~28)

에스겔은 이스라엘의 통일군주였던 다윗을 '하나님의 종'이라고 부르고 그를 이스라엘의 왕, 즉 그들 모두에게 한 목자로서의 통치자

---

86) 『Ezkiel』 (R.W.Klein)

87) 『Ezekiel 21~37, AB. Vol. 22A』 (M.Greenberg, 1997)

88) 『Ezekiel: A New Heart』 (B.Vawter, 1991)

로 삼고 12지파의 조상인 야곱에게 약속의 땅으로 주신 가나안 땅에서 영원히 거하며 하나님과 이스라엘이 영원한 화평의 언약을 맺은 하나의 통일된 민족국가요 하나님의 임재의 상징인 성소를 세워 하나의 신정국가라는 이스라엘의 회복의 청사진을 제시하고 있다.

본문에서 특히 주목해야 할 대목은 '내 종 다윗'과 하나님의 처소인 '내 성소'이다. 다윗은 정치적 수도를 팔레스타인의 남부 지역에 있는 헤브론에서 중앙 지역인 예루살렘으로 천도하고 예루살렘으로 언약궤를 이전하고 그곳에 성전을 지으려고 계획을 세워 예루살렘을 종교적 중심지로 삼으려고 하였다.(삼하 5~6장) 이처럼 다윗은 조상 야곱으로부터 비롯된 12지파 동맹체를 하나의 민족이요 하나의 신앙공동체로 보고 통일국가를 이룩하고자 부단히 힘쓴 위대한 군주였다.

그러나 그의 후계자인 솔로몬은 유다 지파를 중심으로 정책을 펴고 북쪽 지파들로 하여금 소외감을 갖도록 정책을 편 관계로 솔로몬 사후 왕국은 남왕국 유다와 북왕국 이스라엘로 분열되는 비극을 맞이하였다.(922년) 왕국분열은 두 왕국간의 갈등과 대립의 역사로 점철되었고 마침내 북왕국은 앗수르에(722년), 남왕국은 바벨론에(587년) 각각 망하는 비운을 맞았다. 이러한 비극을 몸소 겪으며 바벨론 포로지로 사로잡혀간 에스겔로서는 정치적 통일과 종교적 회복으로서의 민족통일과 성전재건은 가장 중요하고도 시급한 과제가 아닐 수 없었다.

이는 오늘 우리 민족에게도 그대로 해당한다. 1945년 일제 식민통치로부터 해방을 맞은 우리 민족은 해방의 기쁨을 느낄 겨를도 없이 외세에 의해 다시 70년 가까운 세월을 남한과 북한으로 분단된 채 살아가고 있다. 그 동안 하나의 겨레인 우리 민족은 6.25전쟁이라는 민족상잔의 비극을 비롯하여 이데올로기에 의한 갈등과 대립으로 국토 분단만이 아닌 민족 분열의 깊은 상처를 안고 늘 전쟁의 위협 속에서 살아왔다.

참으로 안타까운 것은 유라시아를 잇는 철의 실크로드가 남북분단으로 인해 막혀 있다는 사실이다. 철도가 남북으로 연결만 되면 부산에서 출발한 열차가 러시아 블라디보스토크를 지나 시베리아 횡단철도와 연결되어 모스크바를 거쳐 상트페테르부르크-핀란드-노르웨이까지 연결된다. 그리고 한중 철도와 연결되면 서안을 거쳐 중앙아시아-튀르키예-포르투갈까지 연결된다. 철의 실크로드는 유라시아 전역에 단지 여객과 화물만이 아니라 복음을 실어 나르는 복음의 통로가 된다는 점에서 그 중요성을 이루 말할 수 없다.

우리 민족 최대의 과제인 '평화통일'을 어떻게 이룩할 것인가? 이를 위해 우리 모두가 힘과 지혜를 모아야 할 것이다. 남북통일의 열망을 안고 통일군주 다윗과 같은 위대한 민족 지도자가 나오기를 소망하면서 '우리의 소원은 통일'이라는 '통일의 노래' 한 소절을 간절히 기도하는 마음으로 불러 본다. "통일이여 어서 오라, 통일이여 오라."

## '샬롬의 신학자', 제사장 에스겔

필자는 '샬롬의 신학자' 제사장 에스겔[89]이라는 논문을 통해 샬롬을 잃고 혼돈과 죽음에서 헤매는 오늘의 세계에 대한 신학적 반성의 글을 쓴 적이 있다. 그 내용은 이렇다.

---

89) 이 논문은 그리스도대학교(현 강서대학교) 신학부 교수논문집, 『복음과 교회』 21집, 2014, 40~80에 실린 논문이다.

## A. 여는 말

이 논문은 '예언자 에스겔'[90]보다는 '제사장 에스겔'로 불려야 하며, 제사장적 세계관의 핵심인 '샬롬[91]의 세계'를 살펴보려는 데 연구의 목적이 있다. 이를 위한 배경적 연구로 샬롬의 세계를 지향하는 에스겔의 시대상황과 그의 비전(꿈)의 뿌리가 되는 제사장적 세계관, 에스겔의 정체성의 뿌리인 다윗왕조 전승, 다윗의 별의 상징성과 샬롬의 세계 및 창조 전승과 성막 전승에 나타난 샬롬의 세계를 살펴보고자 한다.

다음으로, 본문 연구를 통해 에스겔서에 나타난 '샬롬(화평)의 언약'(34:25; 37:26), '에덴 전승'(27:23; 28:13; 31:9,16,18[2회]; 36:35) 제사전승(40-48장)에 나타난 에스겔의 제사장적 세계관과 샬롬의 세계를 살펴보고자 한다. 나아가 이를 신약성서, 특히 예수 선포의 핵심인 '하나님 나라'에까지 그 의미를 확장해 보고자 한다. 이상의 연구를 통해 다른 예언자들이 단편적으로 샬롬을 말하는 것[92]과는 달리 에스겔서는 전체가 '샬롬의 신학'으로 점철되어 있으며, 제사장 에스겔은 '샬롬의 신학자'임을 밝혀보고자 한다.

---

90) 필자의 논문 '하나님의 말씀의 신학자 에스겔 : 이방신탁(겔 25~32장)을 중심으로'는 '예언자 에스겔'을 다룬 논문이다. (그리스도대학교 신학부 교수논문집, 『복음과 교회』 20집, 2013)

91) 히브리어 샬롬(שלום)은 헬라어로 에이레네(εἰρήνη), 영어로 peace로 번역된다. 우리말로는 대개 평강, 평화, 화평 등으로 번역되고 있다. 샬롬의 히브리적 의미가 지닌 깊이와 넓이로 인해 이 어휘는 어떤 하나의 단어로 번역하기 어려운 다양한 의미를 지닌다. '샬롬'은 우선 좁은 의미에서의 '평화'라기보다는 보다 넓은 의미에서 '안녕'에 해당한다. 그리고 개인적인 행운이나 건강, 구원 또는 국가적인 번영을 가리키는 용어로 사용된다. 또한 전쟁의 부재, 적대 행위의 종식, 선하고 순조로운 생활, 하나님과의 바른 관계 및 인격의 평온 등을 의미한다. 나아가 근본적으로 샬롬은 온전함, 조화, 질서, 균형, 성취, 그리고 인간과 자연환경 및 하나님과의 평화로운 상태로써, 특히 '언약'과 관련되어 사용된다. 보다 자세한 설명은 TDNT, 236-41을 참조하라. 이 논문에서는 히브리적 의미를 그대로 살리려는 취지에서 '샬롬'이라는 표현을 사용하고자 한다. "종교 간 평화", "구약의 평화와 통일 신학"에 대해서는 박신배, 『태극 신학과 한국 문화』 (동연, 2009), 184-206, 274-293을 참조.

92) 사 9:6-7; 48:12; 52:7; 54:10; 57:19; 렘 6:14; 8:11; 28:9; 미 3:5; 5:5; 슥 8:19; 9:10 등등.

## B. 배경적 연구

### ① 제사장 에스겔의 꿈(비전) : 샬롬의 세계

예레미야와 에스겔은 둘 다 제사장 집안 출신으로 예언자가 된 사람이다 (렘 1:1; 겔 1:3). 예언자적 사역과 제사장적 사역은 기본적으로 양립할 수 없는 배타적인 것으로 볼 필요는 없지만, 예언자는 제도에 매이지 않는 자유로운 사람으로서 혁신성을 띤다는 점에서 체제변혁적 성향이 강한 데 반해, 제사장은 제도 종교의 대변인으로서 보수성을 띤다는 점에서 체제유지적 성향이 강하다.

에스겔의 멘토인 예레미야는 기본적으로 북왕국 전통에 뿌리를 둔 예언자적 정체성을 지니고 있었고,[93] 에스겔은 기본적으로 남왕국 전통에 뿌리를 둔 제사장적 정체성을 지닌다고 말할 수 있다. 예레미야와 에스겔은 기본적으로 성전(성전예배)에 대해 다른 견해를 갖고 있었다. 예레미야의 경우 미래에 이루어질 이스라엘의 백성의 회복에 있어서 성전이 중심적인 위치를 차지하고 있지 않은 반면, 에스겔의 경우는 성전이 중심적인 위치를 차지하고 있다(겔 40-48장)는 점이다.[94] 이 같은 차이는 그들이 자리하고 있는 전통의 뿌리에서 비롯되었다고 볼 수 있다.

에스겔은 북왕국 전승(출애굽[시내산] 전승, 문서 이전의 초기 예언자 전승[사무엘, 엘리야, 엘리사])[95]에 영향을 받았지만 기본적으로 남왕국 전승(다윗 전승, 시온 전승,

---

93) 더 자세한 설명은 박동현, 『주께서 나를 이기셨으니: 설교를 위한 예레미야서 연구』, 27-32을 참조.

94) B.W.Anderson, *Understanding the Old Testament. 4th.* (Englewood Cliffs: Prentice-Hall, 1986), 422-23.

95) 더 자세한 설명은 W.Zimmerli, *I AM YAHWEH*, ed. by W.Brueggemann (Atlanta: John Knox Press, 1982), 1-28을 참조.

제사장 전승)에 그 뿌리를 두고 있다. 에스겔은 "부시(Buzi)의 아들 제사장 나 에스겔"이라고 자신을 소개하고 있다(겔 1:3). 이는 에스겔이 바벨론에 포로로 잡혀가기 전 제사장 가문인 사독의 후손으로서, 예루살렘 성전의 제사장이었음을 암시한다. 이는 에스겔서에 나타난 성전에 대한 그의 관심(겔 40장 이후)과 제사장적 언어, 오경의 성결법전(Holiness Code, 레 17-26장) 및 제사장 전승(P)과의 밀접한 유사성을 통해 엿볼 수 있다.

1:1에 의하면 에스겔이 예언자로 소명을 받은 나이는 30세("제삼십 년")로 되어 있다.[96] 1:2에 의하면 "여호야긴 왕이 사로잡힌 지 오 년"에 예언자로 소명을 받았다고 되어 있다. 그렇다면 에스겔이 포로로 잡혀온 해는 597년에 해당하고, 그의 나이 25세 때이다. 그리고 그의 예언의 시작은 사로잡힌 지 5년이 되는 593년이고, 마지막으로 예언한 것이 사로잡힌 지 제27년(29:17)이니까 571년이 된다. 따라서 에스겔은 22년(593-571년) 동안 예언활동을 한 셈이 된다.

따라서 사독계 제사장 가문 출신의 에스겔은 바벨론 포로지에서 예언자로 소명을 받은 30세 이전에 이미 예루살렘에서 제사장직을 수행했다고 볼 수 있다. 나아가 한 사람의 정체성(멘탈리티), 즉 가치관 및 세계관은 대부분 30세 이전에 형성된다는 점에서 에스겔은 외적(형식상)으로는 하나님의 말씀의 대언자인 예언자로 볼 수 있으나 내적(내용상)으로는 제사장적 멘탈리티를 지녔다는 점에서 '제사장 에스겔'로 불림이 마땅하다.

에스겔이 예언활동을 하던 상황은 유다 나라가 망하고, 예루살렘 성전은 파괴되었으며, 많은 지도자들이 바벨론에 유배되어간 대파국의 혼돈과 위기 상황이었다. 바벨론 포로시대는 이스라엘 민족공동체가 와해되는 이스

---

96)   더 자세한 설명은 D.I.Block, *The Book of Ezekiel: Chapters 1-24* (Grand Rapids: Eerdmans Publishing, 1997), 1:1-8을 참조.

라엘 역사상 가장 큰 위기 상황이었다. 그 위기는 정치적 위기만이 아니라 그보다 더 근본적인 신학적 위기였다.[97] 역사적 대파국이라는 혼돈(무질서) 과 위기 상황 속에서 샬롬의 세계를 향한 에스겔의 꿈(비전)은 강력할 수밖에 없었다. 정치공동체로서의 다윗의 나라(왕국)가 무너진 상황에서 역대기 사가가 예배(신앙)공동체인 '제사장의 나라'에서 이스라엘의 정체성을 찾았던 것처럼,[98] 에스겔은 역대기 사가에 앞서 '제사장의 나라'에서 이스라엘의 정체성 및 위기극복의 대안을 마련하고자 했다.

따라서 에스겔은 다윗 왕을 정치-군사적 지도자라기보다는 이스라엘의 종교(예배)제도를 마련해 준 종교적 지도자요 기름부음 받은 메시아적인 이상적 왕이자 샬롬 왕으로 그리고 있다(겔 34장, 37장). 나아가 에스겔서 전체를 출애굽기와 상응하는 책으로 기술하면서 출애굽기가 하나님께 예배드리는 성막건축으로 끝나듯이 에스겔서를 다른 예언자들에게서 찾아보기 어려운 제사문서(40-48장)로 마감하고 있다. 뿐만 아니라 에스겔은 아래에서 다루게 될 '샬롬의 언약', '에덴' 어휘 등을 통해 그의 궁극적 관심이 제사장의 나라로서의 샬롬의 세계를 지향하고 있음을 분명하게 보여주고 있다. 그런 의미

---

97)  "포로기와 더불어 따라온 모든 외형적인 불행들에도 불구하고, 이스라엘에 가장 심각한 문제는 신학적인 것이었다. 그들은 최후의 전쟁에서 패배한 '한 하나님'을 어떻게 믿을 수 있는가? 결국 승리자인 바벨론의 신들을 예배해야 하지 않겠는가?" R.W.Klein, *Israel in Exile: A Theological Interpretation* (Philadelphia: Fortress Press, 1979), 101. "에스겔 시대 이전에 히브리 종교는 이스라엘 국가의 존재 및 약속된 땅의 소유와 직접적으로 연결되어 있었다. 그런데 그들의 신앙을 떠받들고 있었던 두 토대가 바로 그들의 눈 앞에서 휘청거렸다. 그들의 실패, 그들 조상들의 실패가 너무나도 크기에 하나님은 마침내 그의 백성을 버린 것인가? 그런 시대, 그런 질문들에서 에스겔의 메시지는 특히 강력했다." P.C.Craigie, *Ezekiel* (Philadelphia: Westminster Press, 1983), 6.

98)  역대기 사가의 제사장적 관점에 대해서는 B.W.Anderson, "제사장들의 나라(A Kingdom of Priests)", *Understanding the Old Testament(4th.)*, 507-539을 참조하라.

에서 에스겔을 "유대교의 아버지"라고 한 것은 많은 것을 시사한다.[99]

### ② 다윗왕조(시온) 전승과 샬롬의 신학

다윗-솔로몬 시대는 이스라엘에 정치, 경제, 사회적으로 급격한 변화를 가져왔을 뿐 아니라 신학적 혁명을 가져왔다. 다윗 궁중 신학자들은 이 같은 새로운 시대를 신학적으로 어떻게 해석해야 할 것인가 하는 문제로 고심했다. 이전에 12지파가 연합하여 이룩한 지방분권적인 사사시대와는 달리 이스라엘 역사상 가장 넓은 영토를 이룩하고 풍요와 번영을 구가한 다윗-솔로몬 왕국시대는 애굽과 같은 제국에 걸맞는 중앙집권적 정치체제와 번영과 질서에 따른 신학적 정당성이 요청되었다.

다윗 시대의 가장 큰 관심은 법과 질서였다. 다윗은 통일왕국의 수립과 이를 유지하기 위한 전략으로 남왕국 유다와 북왕국 이스라엘에 속하지 않는 중립적인 도시인 예루살렘을 정치적 수도로 삼았다. 또한 다윗은 예루살렘을 종교적 수도로 만들 계획을 가지고 법궤를 예루살렘으로 옮기고, 북왕국 실로의 제사장 계열인 아비아달을 제사장으로 택하였으며, 법궤를 안치할 성전을 예루살렘에 짓고자 준비하였다. 야웨를 위한 거주지로써의 성전의 필요성은 새 왕조와 예루살렘(시온)에 신학적 기반을 두기 위함에서 비롯된 것이다.[100]

원역사(창 1-11장)와 족장사(창 12-50장)를 잇는 바벨탑 사건(창 11:1-9)과 아브라함의 소명(창 12:1-3) 기사는 다윗-솔로몬 시대의 신학자인 야위스트(J)에 속한

---

99) 에스겔이 "유대교의 아버지"라는 별칭을 얻음으로 인해 기독교회가 에스겔을 부정적으로 취급하고 무시해 온 역사에 대해서는 권오현,『에스겔의 예언과 신학 연구』(1권) (한마음세계선교회출판부, 2007), 23-58을 참조.

100) 다윗왕조(시온) 전승에 대한 자세한 내용은 장일선,『구약신학의 주제』(대한기독교서회, 1989), 222-240을 참조.

다. 볼프는 창세기 12:1-3을 야웨 신학자의 케리그마(Kerygma)라고 보았다.[101] 창세기 1장에서 하나님이 말씀으로 혼돈의 세력을 제압하고 세상을 창조한 것과 마찬가지로, 바벨탑의 혼돈(창 11:1-9)으로 인해 실패한 인간에게 하나님이 아브라함에게 약속의 말씀을 하심으로 새로운 시대를 창조하셨다.[102] 하나님이 아브라함에게 하신 삼중의 약속(땅을 소유하는 것, 큰 민족을 이루는 것, 땅의 모든 족속들에게 복이 되는 것)은 이스라엘 역사상 최고의 태평성대를 구가한 다윗-솔로몬 시대의 '샬롬의 세계'에 대한 긍지의 소산이라고 말할 수 있다.

나단 신탁(삼하 7:1-16)은 다윗 왕조의 영원성을 보장하는 영원한 계약(삼하 23:5)을 통해 왕조의 정통성 뿐 아니라 사회질서의 안정에 크게 이바지하였다. 그러나 다윗에게는 왕궁을 짓는 것만 허락되고 성전건축은 그의 후계자인 솔로몬의 몫이 되었다(왕상 5:17; 대상 22:8). 다윗이 제국의 질서와 안정을 얼마나 원했는가는 '샬롬'이라는 뜻을 지닌 그의 아들 솔로몬의 이름에서도 잘 나타난다.

샬롬의 도시인 '예루살렘'에서 샬롬의 아들인 '솔로몬'이 샬롬의 세계를 상징하는 '성전'을 지음으로써 제국은 태평성대의 질서와 안정과 번영을 구가하게 되었다. 이때 제국의 안정과 질서를 위해 강력하게 도입된 전승이 창조신학(창조신앙)이었다. 이스라엘의 창조신학(창조신앙)은 주전 10세기에 이스라엘에 최초로 나타난 것은 아니지만 이때에 이르러 고대근동세계에 질서와 안정에 기여한 창조신화처럼 창조신학(창조신앙)은 강령적 진술로써 제국의 질서와 안정에 기여하였다.[103] 따라서 우주적 질서와 사회적 질서에

---

101) H.Wolff, *The Vitality of Old Testament Traditions* (Atlanta: John Knox Press, 1975), 135.
102) 아브라함의 소명에 대한 자세한 설명은 장일선, 윗책, 57~67을 참조.
103) 창조는 카오스(chaos)의 무질서와 혼돈에 대한 질서(cosmos)의 승리라는 것에 대해서는 B.W.Anderson, *Creation Versus Chaos: The Reinterpretation of Mythical Symbolism in the Bible* (NY: Association Press, 1967)을 참조.

대한 비전을 표출한 샬롬의 신학, 즉 창조 전승과 성막(성전) 전승은 바로 이러한 시대적 분위기에서 나왔다.[104]

③ '다윗의 별'의 상징성과 샬롬의 세계

'다윗의 별'은 '다윗 왕의 방패'라는 뜻을 가진 히브리어 'Magen David(מגן דוד)'에서 비롯되었다. 현재 이스라엘 국기로 사용되고 있는 '다윗의 별'은 언제부터 사용되었는지는 정확히 알 수 없으나 유대인 및 유대교를 상징하는 표지로써, 다윗 왕의 아들 솔로몬은 이스라엘과 유대를 통합한 후 다윗의 별을 유대 왕의 문장으로 삼았다(왕상 10:16-17; 14:25-27). 다윗의 별은 '헥사그램(hexagram)'이라고 하는 정삼각형을 엇갈리게 그려놓은 별모양이다.

우리가 그리는 일반별은 주변에 다섯 개의 삼각형과 중앙에 하나의 5각형 모양으로 되어 있다. 그런데 정삼각형을 엇갈리게 그려놓은 '다윗의 별'은 주변에 6개의 삼각형과 중앙에 하나의 육각형를 하고 있다. 이를 숫자로 계산하면 일반 별은 완전수인 7(일곱)에서 1(하나)이 모자라는 6(여섯)으로 되어 있는데 반해, '다윗의 별'은 완전수인 7(일곱)로 되어 있다. 숫자상 하나 차이가 나는 일반별과 '다윗의 별'은 앞으로 전개될 모든 것을 해석하는 데 있어 결정적인 차이를 드러낸다.

'다윗의 별'이 갖는 상징적 의미를 간단히 세 가지로 정리하면 다음과 같다.

---

104) 브루거만은 다윗-솔로몬 시대의 창조신앙과 성전체제는 억압의 정치(왕상 5:13-18; 9:11-15), 풍요의 경제(왕상 4:20-23), 내재의 종교(왕상 8:12-13)를 그 배경으로 하고 있다고 보았다. 그리고 창조신앙은 예루살렘 성전체제에 의해서 온전하게 정식으로 표현되었다. 창조신앙은 부정적인 측면에서 보면 왕의 선전 도구이다. 왕-성전-수도 복합체가 사회질서 및 우주질서의 보증인이요 실재의 중심이 인간과 공동체들을 무정부 상태의 위험으로부터 보호한다고 주장할 수 있다. 반면에 창조신앙을 긍정적인 측면에서 보면 살아가는 작은 문제보다는 보다 스케일이 큰 비례, 대칭, 통일 같은 문제를 폭넓게 생각할 여유를 공동체에 부여한다는 것이다. 보다 자세한 설명은 W.Brueggemann, *The Prophetic Imagination* (Philadelphia: Fortress Press, 1978), 28-43을 참조.

첫째, 그냥 삼각형 두 개를 더하면 꼭지점이 6이라는 숫자가 나오지만, 정삼각형 두 개를 엇갈리게 그려놓은 '다윗의 별'은 완전수 7(일곱)을 형성한다는 점이다. 그런데 '다윗의 별' 모양은 일반별 모양과는 달리 주변의 6개가 1-4, 2-5, 3-6으로 된 정확한 대칭구조를 형성하고 있다는 점이다. 이는 '다윗의 별'이 '샬롬(평화)의 세계', 즉 균형과 조화 및 질서를 갖춘 가장 완벽한 이상적 세계를 보여주고 있다는 점이다.

둘째, 7(일곱)이라는 숫자 가운데 여섯(1-6)은 주변을 형성하고, 일곱번째 것 하나는 중앙을 형성한다는 점이다. 이는 중심(1차적인 것)과 주변(2차적인 것)의 차이를 말해준다는 점에서 대단히 중요한 의미를 갖는다. 가령, 일곱 날 가운데 제1-6일은 평일(平日)에 해당하고, 제7일은 구별된 날로서의 성일(聖日)에 해당한다.

셋째, 다윗의 별 가운데 꼭지점이 하늘로 향하는 삼각형은 땅(地)을, 꼭지점이 땅으로 향하는 역삼각형은 하늘(天)을 상징적으로 보여준다. 따라서 '다윗의 별'은 천지(天地)라는 전체성의 의미를 갖는다. 그 의미를 확장하면 삼각형은 여성을, 역삼각형은 남성을 말한다. 또한 삼각형은 율법의 세계를, 역삼각형은 은혜의 세계를 말한다. 이를 종합하면 '다윗의 별'은 천지, 남녀, 율법과 은혜와 같은 전체성을 상징적 의미로 간직한다.

여기서 간과해서는 안 될 점은 이 둘(삼각형과 역삼각형) 중의 하나가 없으면 '다윗의 별'은 형성되지 않으며, 또한 둘을 정확하게 엮지 않으면 조화와 균형, 질서가 깨어진 '다윗의 별'이 되고 만다는 점이다. 즉 은혜가 없는 세계라든가, 아니면 죄로 인해 파괴된 세계가 바로 그런 경우이다. 나아가 세상 나라는 땅(삼각형)에 땅(삼각형)을 더한 '땅의 세계(불완전한 세계, 숫자 6)'에 해당한다면, 하나님 나라는 '다윗의 별'의 세계, 곧 땅(삼각형)에 하늘(역삼각형)을 더한 '땅과 하늘의 세계(완전한 세계, 숫자 7)'로 구성된 나라라고 말할 수 있다. 중요한 것은 제사장 전승에 속하는 창조전승과 성막전승이 '다윗의 별' 형상을 하고 있다는 점이다.

④ 창조전승에 나타난 '다윗의 별'(샬롬의 세계)

제사장 전승에 속하는 첫 번째 창조이야기(창 1:1-2:3)에 나타난 창조 순서를 보면 다음과 같다. 창조 순서에 나타난 일곱 날을 살펴보면, 첫째날-빛 창조, 둘째날-물과 궁창의 분리, 셋째날-식물과 땅 창조, 넷째날, 발광체(해 달별) 창조, 다섯째날-물고기와 새 창조, 여섯째날-동물과 인간 창조, 일곱

첫째날(빛 창조) ←————→ 넷째날(해, 달, 별의 창조)

둘째날(궁창과 물의 분리) ←————→ 다섯째날(새, 물고기의 창조)

셋째날(땅, 식물 창조) ←————→ 여섯째날(사람, 동물의 창조)

............................................................................................

일곱째날(안식하심: 안식일)

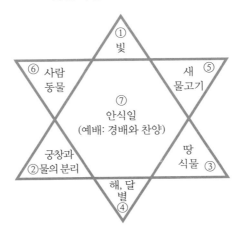

째날-안식하심으로 되어 있다. 그리고 2:3에 의하면 일곱째날은 '거룩하게 하셨다'고 말씀하고 있다. 여기서 '거룩'이란 구별(separated))의 의미를 지닌다. 그러니까 창조의 7일은 첫째날-넷째날, 둘째날-다섯째날, 셋째날-여섯째날이 상응하는 대칭구조로 되어 있고, 일곱째날은 앞의 여섯 날과는 구별된 안식일로 되어 있다. 이는 정확히 '다윗의 별' 모양으로 형상화할 수 있다.

바벨론 포로기에 편집된 첫 번째 창조이야기는 형식적으로는 하나님께서 우주 만물을 창조한 후에 안식하기 위하여 안식일이 생겼다는 이야기이지만, 그것이 바벨론 포로상황 아래에서 보면 이스라엘이 지금 사느냐 죽느냐 하는 생사(生死)의 갈림길에서 '안식일 제도'만이 이스라엘이 사는 유일한 길임을 천명한 것이다. 그래서 창조의 7일 가운데 일곱째날을 특별히 구별하여 "거룩하게"(창 2:3) 하셨다는 말로 창조의 핵심이 안식일에 있음을 보여주고 있다. 이를 도표로 그리면 다음과 같다.[105]

'다윗의 별'은 샬롬의 세계에 대한 가장 적확한 상징체계라고 말할 수 있다. 창조세계가 보여주는 이 같은 완벽한 샬롬의 세계가 파괴된 것은 죄로부터 연유한 것이다(창 3장). 제사장 출신의 예언자 에스겔은 바벨론 포로라는 역사적 혼돈의 시대를 뼈저리게 느끼면서 죄와 죽음이 없는 완벽한 질서와 조화의 세계인 샬롬의 세계를 상징하는 낙원(에덴동산)을 제사장(P) 전승에 속하는 창조전승을 통해 구현하고자 의도하였다고 말할 수 있다.[106]

⑤ 성막전승에 나타난 '다윗의 별'(샬롬의 세계)

출애굽기는 전체가 사십 장으로 되어 있다. 그 가운데 25-40장(중간에

---

105)  더 자세한 설명은 박호용, 『성경개관』(쿰란출판사, 2011), 13-15을 참조.
106)  창조의 핵심이 안식일에 있을 뿐만 아니라 십계명의 핵심도 안식일에 있다는 사실에 대해서는 박호용, 윗책, 16-18을 참조.

32-34장은 금송아지 사건)이 성막건축과 관련되어 있다. 즉 출애굽기 전체의 3분의 1이 성막전승과 관계된다. 이는 그 분량 자체만으로도 성막의 중요성을 말하고 있을 뿐 아니라 이스라엘의 해방(구원)사건인 출애굽의 궁극적 목적이 성막을 짓고 하나님께 안식일에 예배하는 데 있음을 강력히 시사한다.

에스겔서는 유형론적으로 '출애굽기(출애굽 사건)'를 모형(typology)으로 한 '하나의 일관된 이야기'로 구성되어 있다. 출애굽기는 하나님께서 죄악(이방)의 땅 애굽에 종으로 잡혀 있는 이스라엘 백성을 출애굽시키고 시내산에서 그들과 언약을 맺고(출 1-24장), 시내 광야에서 성막을 지어 하나님께 예배드리는 것으로 끝난다(출 25-40장). 마찬가지로 에스겔서는 하나님께서 죄악을 범해 바벨론(이방) 땅에 포로로 잡혀 있는 이스라엘 백성을 출바벨론시켜 그들과 새 언약을 맺고(1-39장), 새로 지은 새 성전에서 하나님께 예배드리는 것으로 끝난다(40-48장). 그런 의미에서 에스겔서는 '제2의 출애굽기'요 바벨론으로부터의 귀환은 '제2의 출애굽 사건(The Second Exodus Event)'이라고 말할 수 있다.[107]

학자들은 천지창조와 성막창조가 언어나 주제의 측면에서 놀랍게도 서로 상응한다는 사실을 오래 전부터 주목한 바가 있다.[108] 구약성경에 나오는 성전 낙성식 의식들을 자세히 살펴보면 이 위대한 두 주제들(천지창조와 성막창조)이 심지어 고대 이스라엘에서도 아주 깊게 연결되어 있었음을 알 수 있다. 고대 가나안 성전들이 일곱째날에 세워졌다면, 창세기 1장의 천지창조가 일주일에 걸쳐 일어난 일로 틀 지워지는 것은 조금도 놀랄 일이 아니

---

107)  그런 의미에서 에스겔을 '제2의 모세(a second Moses)'라고 한 블럭의 말은 놀라운 신학적 통찰이 아닐 수 없다. D.I.Block, *The Book of Ezekiel: Chapters 25-48* (Grand Rapids: Eerdmans Publishing, 1998), 494-506, 특히 498을 참조.

108)  J.Blenkinsopp, "The Structure of P," *Prophecy and Canon: A Contribution to the Study of Jewish Origins* (Notre Dame: University of Notre Dame Press, 1977), 275-292.

다. 성전 완공이 일곱째 해에 이루어진다면, 천지창조가 일곱째 날에 완성된다고 말하는 것이 마땅하다. 우주창조가 7일(7단계)에 걸쳐 일어난 것처럼, 소우주(우주의 축소판)인 성전완공도 일곱이라는 숫자와 밀접하게 관련될 수밖에 없다.

성막과 피조된 세상 사이의 상응성을 부각시켜 주는 단서가 출애굽기 25-31장과 창세기 1:1-2:3에서 발견된다. 성막건축에 대한 제사장 전승(출 25-31장)의 지침들이 모두 일곱 개의 '야웨 말씀들' 안에서 제시되고 있다(25:1-30:10; 30:11-16, 17-21, 22-33, 34-37; 31:1-11, 12-17). 이 일곱 강화들에서 강조되고 있는 것은 안식일 준수의 중요성이다(출 31:14-17과 창 1:1-2:3의 비교). 천지창조 후 안식하신 하나님은 성막창조 후 또한 안식하셨다.

여기서 안식 주제는 하나님의 확고부동한 왕권의 정립을 공포하는 기능을 수행한다. 또한 모세가 성막을 완성하여 봉헌하는 니산월(1월) 1일(40:17)에서부터 "야웨께서 모세에게 명령한 것처럼"이라는 표현이 7회(19, 21, 23, 25, 27, 29, 32절) 나타난다. 이는 창세기 1:1-2:3에서 "하나님이 보시기에 좋았더라"는 표현이 7회(창 1:4, 10, 12, 18, 21, 25, 31) 나타나는 것과 유사한 현상이며 둘의 목적도 유사하다. 그 목적은 각각의 경우 창조된 피조물(천지와 성막)이 하나님의 의도대로 완벽하게 창조되었음을 용의주도하게 강조하는 것이었다.

창조 세계와 성막은 둘 다 하나님의 거룩한 명령의 결과로 창조되었다. 하나님이 명령하여 창조하신 것 중 어떤 것도 하나님의 기대에 미치지 못한 것은 없다. 이처럼 천지창조와 성막창조 사이에 있는 상응 관계를 한층 더 강화시키는 것은 제사장 자료(P 전승)의 고전적인 '명령과 실행 공식구문'이라는 것을 알 수 있다(말씀하시니 그대로 되었다). 이 명령과 실행 공식구문이 천지창조 기사와 성막창조 기사에 공히 나타난다. 천지창조 기사와 성막창조 기사 사이의 주제적, 문학적 상응성을 구체적으로 살펴보자.

| 천지창조 | 성막창조 |
|---|---|
| 창조 완성 후 만족하시는 하나님. "하나님이 지으신 모든 것을 보시니 보시기에 심히 좋았더라"(창 1:31) | 성막 완성 후 만족감을 표시하는 모세(출 39:13, 43) |
| 천지 창조 사역 완료(창 2:1) | 성막 사역 완료(출 39:32) |
| 모든 일을 마치고 안식하신 하나님 (창 2:2) | 성막 안에 성막 내용물을 채우고 모든 역사를 마침(출 39:33~41) |
| 하나님께서 일곱째 날 복 주심(창 2:3) | 성막이 설계도대로 완성된 것을 보고 모세가 이스라엘 자손을 축복함 (출 39:43) |
| 안식일을 성별하시는 하나님(창 2:3) | 성막을 성별시키는 하나님(출 40:9~11) |

구약성경은 성막(성전)을 축소된 세상으로 묘사할 뿐만 아니라 세상은 또한 확대된 성전으로 묘사한다(사 66:1-2; 시 50:12; 사 65:17-18; 시 134:1-3). 이는 성전과 피조된 세계의 신학적 상응성을 강조하는 것이다. 성전은 소우주요 세상은 대성전이다. 즉 구약성경은 세상을 성전의 확대판이라고 보고 있다(시 78:69). 성막은 하나님이 세상의 창조자임을 강력하게 증거하는 증거자요, 승리하신 하나님의 왕궁(궁전)이다. 따라서 성막창조는 하나님의 보좌가 정립되는 사건이요 하나님의 세상 통치가 개시되는 사건이다.

위에서 살펴본 대로 성막창조는 완전수 7과 깊은 관련을 갖고 있을 뿐 아니라 성막의 주요 기구가 완전수 7과 깊은 관련을 갖고 있다. 성막(성전)은 3부(뜰, 성소, 지성소)로 되어 있고, 그 내용물은 뜰에 3개(성막문, 번제단, 물두멍, 삼각형에 해당), 성소에 3개(등잔대, 떡상, 분향단, 역삼각형에 해당), 지성소에 1개(법궤, 다윗의 별의 중앙)로 배치되어 있다. 성전세계는 기본적으로 창조세계와 일치하

도록 지어졌다.[109]

바벨론 포로라는 역사적 혼돈의 시대에 성전세계와 창조세계는 동일하게 '샬롬의 세계'인 '다윗의 별'의 형상을 띠고 있다. 에스겔의 제사전승(40-48장)에 나타나는 성전과 각종 제사 규정(40-46장) 및 성전에서 흘러나오는 생명강(47장)과 땅 분배(48장) 언급은 바벨론 포로라는 극한의 혼돈의 세계에서 샬롬의 세계를 향한 에스겔의 꿈의 반영이라고 말할 수 있다. 이 같은 의미에서 에스겔서 전체는 '샬롬의 세계'를 말하고 있고, 에스겔은 타의 추종을 불허하는 '샬롬의 신학자'라고 말할 수 있다.

## C. 본문 연구

### ① '샬롬의 언약'(겔 34:23-31)

에스겔은 그의 멘토인 예레미야를 따라 그의 예언 전체를 언약신학적 관점에서 기술하였다.[110] 심판(저주)과 구원(축복)은 하나님의 언약 프로그램의 일부인데, 에스겔은 1-32장은 죄악에 따른 심판을, 32-48장은 하나님의 은혜에 따른 구원의 관점에서 기술하고 있다.

예언자로 소명을 받은 에스겔(1-3장)은 모세 언약에 따라 언약을 파기한 이스라엘을 하나님이 심판(저주)함으로써 이스라엘은 이방 가운데 흩어지고, 예루살렘과 유다는 황폐하게 되었다고 천명하였다(4-23장). 에스겔은 바벨론에 의한 예루살렘 포위의 시작을 선민에 대한 하나님의 예정된 심판의

---

109) 더 자세한 설명은 김희권, 『하나님 나라 신학으로 읽는 모세오경 1』 (대한기독교서회, 2005), 313-318을 참조.

110) 구약 전체에서 언약 어휘는 293회 나타나는데, 예레미야에 25회, 에스겔에 17회 나타난다. 특히 '영원한 언약'은 12회 나타나는데 예레미야(32:40; 50:5)와 에스겔(16:60; 37:26)에 각각 2회씩 나타난다.

집행이라고 보았다(24장). 이어서 에스겔은 이스라엘을 압제할 이방인들에 의한 심판을 선포했다(25:1-33:20).

예루살렘 멸망은 에스겔 예언의 중추를 형성한다. 에스겔서의 남은 부분 (33:21-48:35)은 언약의 회복과 축복을 강조한다. 하나님은 이스라엘의 땅을 회복시키시며(모세 언약), 새 마음과 새 영 안에 머무르실 것이다(새 언약). 이스라엘은 참 목자인 메시아의 통치에 의해(다윗 언약) 평화와 안전 속에 거할 것이다(34장). 이스라엘을 압제하던 이방인들은 심판을 받아 물러가고, 이스라엘은 약속된 땅을 다시 소유하게 될 것이다(35-36장).

그리고 소망을 잃은 이스라엘 민족은 하나님의 영에 의해 다시 소생할 것이며(37:1-14), 분열되었던 두 민족은 재통일을 이룰 것이다(37:15-28). 또한 하나님께서 곡으로 대표되는 이방 세력을 완전히 섬멸하심으로 이스라엘은 그 땅에서 안전히 거하게 될 것이다(38-39장). 마침내 이스라엘은 성전과 그 땅을 떠났던 하나님이 다시 돌아와 새 성전과 새 땅에서 예배(하나님) 중심적인 삶을 영위해 갈 것이다(40-48장).[111] 이렇듯 언약적 관점에서 볼 때 에스겔서는 언약의 파기에 의한 심판(저주)과 언약의 회복을 통한 구원(축복)이라는 '하나의 일관된 이야기'를 보여주고 있다.

그런데 언약과 관련하여 에스겔은 그의 멘토인 예레미야에게 있어서 가장 중요한 어휘인 새 언약(31:31)[112] 어휘를 사용하지 않고, 그 대신에 '샬롬(화평)의 언약'을 거듭 사용하고 있다(34:25; 37:26). 이는 간과할 수 없는 에스겔의 의도성이 짙게 깔려 있는 것으로 볼 수 있는데, 그 까닭을 '샬롬의 언약' 어

---

111) 더 자세한 설명은 R.H.Alexander, "Ezekiel," Longman III,T. & Garland,D.E.(eds). *The Expositor's Bible Commentary: Jeremiah ~ Ezekiel* Vol.7 (Michgan: Zondervan, 2010), 827-30을 참조.

112) '새 언약'에 대한 자세한 설명은 B.W.Anderson, *Understanding the Old Tesament*, 421-423을 참조.

휘를 담고 있는 본문(34:23-31)을 통해 살펴보자.

　본문을 담고 있는 34장은 이스라엘의 정치 지도자들인 왕들과 방백들을 '목자들(로임, רעים)' (사 44:28; 렘 10:21; 23:1; 25:34; 슥 10:3)로,[113] '백성들'을 '양 떼(쫀, צאן)' 로 묘사하고 있다. 목자들을 두 종류로 구분하면 악한 목자와 선한 목자가 있다. '자기만 먹는 이스라엘 목자들'(34:2), 즉 악한 통치자들은 권력을 이용하여 사사로운 이익만을 얻으려 하고 백성들의 안위는 돌보지 않았다. 에스겔은 이들에 대한 심판을 선포하면서(1-10절), 하나님이 친히 양들의 목자가 되어 주실 것임을 선포하였다(15절). 나아가 하나님은 회복될 메시아 시대에 이스라엘의 선한 목자로서 악한 목자들에 의해 고통을 당하는 양 떼를 구원할(풍족히 먹일) '한 목자(선한 목자)'를 세우겠다고 약속하셨다(23절). 본문은 2회(23,24절)에 걸쳐 그 한 목자가 바로 '내 종 다윗(아브디 다윗, עבדי דוד)'[114]이라고 언급하고 있다.[115]

　다윗은 양을 치는 일개 목동이었는데, 하나님이 그를 세워 이스라엘의 주권자로 삼았다(삼상 16:11-13; 17:34-35; 삼하 5:2; 12:7-8). 그는 '공평과 정의(미쉬파트

---

113) 신약성경은 '목자들'을 주로 종교지도자들을 비유하는 것으로 사용하였다(마 9:36; 요 10:11; 히 13:20; 유 1:12).

114) '내 종' 곧 '하나님의 종' 어휘는 하나님과 당신의 백성들 사이의 중보자로서 하나님께서 주신 사명을 수행하는 자를 의미한다 모세(신 34:5; 수 1:1,2), 여호수아(수 24:29), 다윗 (삼하 3:18; 왕상 11:38), 이사야(사 20:3), 다니엘(단 6:20) 등 여러 사람들이 이러한 칭호로 불렸다. 여기서 '다윗'은 메시아의 별칭으로, 그 이름을 사용한 것은 다윗의 후손으로 오실 메시아의 왕권을 강조하기 위해서이다(렘 23:5; 30:9; 호 3:5).

115) 이 두 구절에 나타난 어색한 진술 때문에 후대에 확장된 것으로 보는 학자들이 있다 (Zimmerli, *Ezekiel 2*, 218; L.C.Allen, *Ezekiel 20-48*, WBC. Vol. 29 [Dallas: Word Books, Publisher, 1990], 159). 그러나 Tuell은 에스겔은 미래의 왕권에 대해 전적으로 무관심하지 않았고, 여기서 사용된 재확립된 왕에 대한 어휘가 에스겔이 일관되게 사용하는 미래의 한 통치자(멜렉이 아닌 나시로서의 왕)를 언급하고 있다는 점에서 에스겔의 것으로 보고 있다(S.Tuell, 윗책, 240).

웨쩨다카, משפט וצדקה)'로 통치하였다(삼하 8:15). 다윗은 하나님 나라의 이상왕으로서,[116] 이후의 모든 왕들의 왕도(王道)의 전범이 되었다(왕상 9:4; 11:6; 왕하 22:2). 24절은 메시아 시대의 이스라엘의 왕으로서 '내 종 다윗'이 백성들의 왕(나시, נשיא)[117]이 될 것이라고 언급하고 있다.

앞 절에서 '내 종 다윗'을 백성들의 왕이 되게 하시겠다고 하신 하나님께서 바로 이어지는 25절에서 '샬롬(평화)의 언약(ברית שלום)'을 맺겠다고 약속하셨는데, 이는 주목해야 할 대목이다. 이스라엘 역사상 '샬롬'이라는 말을 사용하기에 가장 적합한 시대는 다윗 시대였다. 다윗은 대내적으로는 예루살렘을 정치적, 종교적 수도로 삼아 통일 군주로서의 역량을 발휘하였을 뿐 아니라 이스라엘 백성을 공평과 정의로 다스렸다(삼하 8:15). 대외적으로는 주변의 모든 족속들을 정복하고 전쟁이 없는 평화와 번영의 시대를 이룩하였다(삼하 2-12장). 따라서 샬롬의 세계(나라)를 말할 때 이스라엘 백성들은 '다윗의 나라'를 연상했고, 다윗 왕을 '샬롬 왕'으로 생각했다. 그런 까닭에 에스겔은 본문에서 샬롬의 언약을 다윗 왕과 다윗의 나라와 연관지웠다.

이 단락이 예언자의 것이든 제사장 편집자들의 것이든 그 어휘들이나 이미지는 제사장적이다. 25절은 하나님과 이스라엘이 맺은 언약을 '샬롬의 언

---

116) 더 자세한 설명은 김회권, 『하나님 나라 신학으로 읽는 사무엘상하』 (복있는 사람, 2009)를 참조.

117) 에스겔서에는 두 종류의 왕 어휘가 나타난다. 하나는 '멜렉(מלך)'으로서의 왕(Eng. King)이다(26회; 1:2; 7:27; 17:12[2회]; 19:9; 20:33; 21:19,21; 24:2; 26:7[2회]; 28:12; 29:2, 3, 18, 19; 30:21, 22, 24, 25[2회]; 31:2; 32:2, 11; 37:22, 24). 또 하나는 나시(נשיא)로 서의 왕(Eng. prince)이다(29회; 7:27; 12:10, 12; 21:25; 28:2; 30:13; 31:11; 34:24; 37:25; 38:2, 3; 39:1; 44:3; 45:7, 16, 17, 22; 46:2, 4, 8, 10, 12, 16, 17, 18; 48:21[2회],22[2회]). 에스겔은 여호야긴(1:2; 17:12)과 다윗(37:22, 24)에게만 멜렉으로서의 왕을 사용하고, 나머지는 이방 왕들에게 이 어휘를 사용하고 있다. 40장 이하에서는 나시로서의 왕 어휘만 사용하고 있다. Bewer는 에스겔이 이스라엘 왕에 대해 멜렉으로서의 왕 어휘를 자제하는 것은 바벨론 왕과 정부 당국자를 자극하지 않으려는 의도라고 말한다. J.A.Bewer, *The Literature of the Old Testament, in Its Historical Development* (NY: Columbia University Press, 1922), 182.

약'으로 묘사한다. 에스겔(34:25; 37:26)에서 반복해서 사용되는 '샬롬의 언약' 어휘는 예레미야는 전혀 나타나지 않으며, 에스겔 이전에는 민수기(25:12)와 에스겔 이후에는 제2이사야(54:10)에서만 각각 1회 나타난다. 이사야 54:10의 '샬롬의 언약' 표현은 에스겔에 영향을 받은 것으로 보인다. 그리고 민수기 25:12의 '샬롬의 언약' 표현은 바알브올에서 비느하스가 야웨와 맺은 영원한 제사장직의 언약을 언급하는 표현으로 사용되었다. 하나님과 이스라엘이 맺은 이 새 언약은 첫 언약(시내산 언약)과는 달리 영원하고 깨질 수 없는 것이다.[118]

25-29절은 샬롬의 언약을 통해 이룩된 샬롬의 세계를 전원적(목가적)인 모습으로 그려주고 있다. 그 구조는 동의적 평행법으로 되어 있다. A. 짐승들과의 평화(25b-d절), B. 식물의 복(26-27c절), C. 압제로부터의 구원(27d-28a절), A' 짐승들과의 평화(28b-d절), B' 식물의 복(29a-b절), C' 압제로부터의 구원(29c절).[119] 여기서 주목해야할 키워드는 3회(25,27,28절) 나타나는 '평안히(라 베타흐, חטבל)'이다. 에스겔은 이 스라엘 회복 본문에서 '평안히 거하다'는 이 표현을 반복해서 사용하고 있다(28:26; 38:8,11,14; 39:26).

또 하나 주목할 사실은 이러한 샬롬의 세계는 기본적으로 언약공식(나는 그들의 하나님이 되고 그들은 내 백성이 되리라, 30절)에 근거하고 있다. 이는 선민 이스라엘과 맺은 모세 언약(신 7:6-11; 출 19:5-6) 뿐 아니라 다윗과의 영원한 언약(삼하 23:5; 7:13-17)으로부터 비롯된 것이다. 에스겔서에 나타난 이러한 메시아 시대의 샬롬의 모습은 언약 갱신과 관련하여 볼 때 이사야(11:6-9)보다는 호세아(2:20-25, Eng. 18-23)에 보다 가깝다.

나아가 샬롬의 세계의 궁극적 목적은 '철저한 야웨중심주의(Radical

---

118)  S. Tuell, 윗책, 240.

119)  D.I.Block, *The Book of Ezekiel: Chapters 25-48*, 305.

Yahwehcentricity)'를 보여주는 에스겔 신학의 핵심 표현인 '야웨인지공식(내가 야웨인줄 그들이 알리라, 27,30절)'에 있음을 강력하게 시사한다.[120] 야웨인지공식은 유일하신 야웨 하나님이 우주와 역사의 주관자, 즉 창조주요 구속주가 되심을 이스라엘을 포함한 열방이 아는 데 있음을 선포하는 말씀공식이다.

25-31절의 회복의 이미지는 제사장 전승인 성결법전(26:3-13)에 있는 약속들로부터 이끌어 온 것으로 보인다. 그들은 하나님이 그 땅에서 악한 짐승을 추방함으로써 평안히 눕게 될 것이다(25,28절=레 26:6). 그들은 이방으로부터 안전할 것이다((27-29절=레 26:7-8). 하나님이 때를 따라 축복의 소낙비를 내려주셔서(26절=레 26:4) 곡식이 풍요로울 것이다(27,29절=레 26:5). 30절의 언약공식은 레위기 26:11-12과 상응한다. 30절에서 언약공식을 통한 하나님의 임재의 약속은 소망의 신탁의 절정인 야웨의 영광의 세 번째 비전(43:7; 47:1-12)의 중요한 특징이 될 것이다. 따라서 25-31절이 에스겔의 것이든 편집자들의 것이든 그 메시지는 에스겔서 전체의 비전과 일치한다.[121]

31절은 34장의 말씀을 한마디로 요약한 결론이다. 샬롬의 세계(나라)에서 복락을 누릴 하나님의 백성을 '내 초장의 양'으로, 즉 하나님의 보호를 받는 양으로 표현하였다(시 23:1-3). "나는 너희 하나님이다"(31절)라는 하나님의 자기소개공식과 "주 야웨의 말씀이니라"(30,31절)는 신탁결론공식의 반복적 사용은 하나님과 회복된 이스라엘이 맺은 새 언약(샬롬의 언약)이 하나님의 변치않는 신실함에 의해 지켜질 것임을 확증하는 표현이다.

---

120) '야웨인지공식'에 대한 자세한 논의는 박호용, 『야웨인지공식』(성지출판사, 1999)을 참조.
121) S.Tuell, 윗책, 240-241.

② 에덴 전승 (36:32-38)

'에덴(עדן)' 어휘는 구약에서 전부 19회 나타나는데, 창세기에 6회(창 2:8,10,15; 3:23,24; 4:16), 인명으로 2회(대하 29:12; 31:15), 종족 이름으로 2회(왕하 19:12=사 37:12) 쓰인 것을 빼면, 예언서 가운데 9회 중에서 2회(사 51:3; 욜 2:30)를 제외하고 에스겔서에 7회(27:23[종족명], 28:13; 31:9,16,18[2회]; 36:35)가 나타난다. 여기서 중요한 것은 지명으로서의 에덴 어휘가 에스겔 이전에는 오직 창세기에서만 사용되고, 에스겔 이후에는 이사야 51:3과 요엘 2:3에서만 각각 1회 나타날 뿐이다.[122] 이는 에스겔이 '에덴' 어휘를 통한 샬롬의 세계에 대한 회복의 열망이 얼마나 컸는지를 잘 말해준다.

두 번째 창조이야기(창 2:4-3:24)[123]는 야위스트(J 전승) 기자에 속하는 이야기로써 이 연대는 주전 950년경인 솔로몬 왕 시대에 속한다. 솔로몬 시대는 이스라엘 역사상 최고의 풍요와 번영을 구가한 태평성대의 시대였다. 솔로몬 왕 시대의 태평성대는 그 이면에 나타난 어두움의 그림자, 즉 남북 지파 간의 차별과 주변 백성들의 부역 및 희생에 의한 것이었다. 그리고 솔로몬 시대의 번영과 풍요는 바벨탑 사건(창 11:1-9; J 전승)에서 나타나듯이 하나님을 떠난 인간의 자주적인 독립과 교만한 생각들을 가져왔고, 향락과 사치를 동반한 이스라엘에 우상숭배가 도입되는 죄악의 어두움이 짙어지는 시대였다. 이런 상황에서 야위스트(J) 기자는 하나님의 통치를 떠난 인간 왕에 의한 샬롬의 세계는 참된 샬롬의 세계가 아님을 창세기 2-3장의 창조와 타락

---

122) 요엘서의 연대에 대해 학자들은 포로기 이후인 500-350년 사이의 어느 시기로 보고 있다. B.W.Anderson, *Understanding the Old Testament*, 524. 더 자세한 설명은 장일선, 『히브리 예언서 연구』(대한기독교서회, 1990), 239-241.

123) 두 번째 창조이야기(창 2:4-3:24)에 대한 자세한 설명은 C.Westermann, *Genesis 1-11*(Minnea-polis: Augsburg Publishing House, 1974), 178-278을 참조.

이야기를 통해 말하고자 했다.

하나님에 의해 창조된 에덴동산은 아무 것도 부족함이 없는 풍요와 자유로 가득찬 샬롬의 세계, 즉 낙원(paradise)이었다. 이는 J 전승의 시대적 상황이 다윗왕조의 질서와 안정이라는 시대적 상황을 말해준다. 그러나 인간은 자기 자신의 위치(제6일), 즉 창조의 주변임을 거부하고 하나님처럼 중심(제7일)이 되겠다는 탐욕이 결국 뱀의 유혹을 떨쳐 버리지 못하고 선악과를 따먹음으로 완벽한 질서와 조화의 세계인 샬롬의 세계는 깨어졌다. 하나님과 인간의 관계, 인간과 인간의 관계, 인간과 자연의 관계는 파괴되고, 이 세상은 창조 때의 완전한 샬롬의 세계는 죄악과 죽음으로 가득찬 카오스의 세계로 변해버렸다. 결국 하나님 말씀에 불순종하는 최초의 인간인 아담과 하와는 원죄를 범했고, 그 결과 인간은 실낙원의 비극을 맛보아야만 하는 운명에 처해졌다.

본문을 시작하는 "내가 이렇게 행함은 너희를 위함이 아닌 줄을 너희가 알리라"는 대목은 본서의 핵심 요절인 36:22-24과 관련된다. 22-23절은 '하나님의 이름의 성화'를, 24절은 '하나님 백성의 재건'을 말하고 있다. 여기에 에스겔의 전 메시지와 그의 꿈이 담겨 있다. 이어지는 37장(및 40-48장)은 마른 뼈 소생 환상을 통한 이스라엘의 소생(재건과 부흥)과 두 막대기 연합을 통한 두 민족의 통일, 그리고 하나님과의 영원한 언약과 야웨의 성소에서 흩어졌던 이스라엘 백성이 다시 모여 야웨 하나님께 예배하는 성민공동체의 꿈을 담고 있는데, 이것을 들려주는 대목이 바로 36:22-24이다.

이 구절은 우리로 하여금 하나님을 주어와 목적이 아닌 수단으로, 우리의 유익과 필요를 위한 도구로 사용하고자 하는 유혹에 대한 경각심을 심어준다.[124] 하나님은 오직 하나님 자신(그분의 이름과 거룩 및 주권)을 위할 뿐이다. 유다 백성은 하나님을 하나님 되게 하지 못했다. 이 구절은 이렇게 하나님을 유용하거나 어떤 사회적 대상물로 이해하려는 포로기 유다공동체의 유혹을 반박한다. 샬롬의 세계의 파괴는 하나님이 주어와 목적이 아닌 이스라엘(인간)에 의한 수단이 될 때, 즉 이스라엘(인간)이 주어와 목적이 되는 데서 비롯된다.

33-36절[125]의 회복 이야기는 이 장의 시작(36:1-15)인 이스라엘의 산에 대한 회복의 약속을 시작하는 신탁으로 돌아간다. 그 이야기는 황폐해진 이스라엘 땅이 회복되고 재건되며 낙원(에덴)과 같이 될 것을 예언해 주고 있다. 여기서 에덴의 탁월성은 에덴동산과 시온 성전을 동일시하는 것으로부터 유래한다.[126] 35절의 에덴 낙원은 특히 이사야 51:3을 회상케 한다. 이사야 구절은 야웨가 시온을 위로하되 사막을 에덴처럼, 광야를 야웨의 동산 같게 하시겠다는 말씀을 하고 있다.

본문은 이스라엘에 대한 하나님의 회복과 구원의 목적을 다양한 말씀 공식을 사용하여 묘사하고 있다. 신탁소개공식인 메신저공식이 반복되고(33,37절), 반복된 야웨인지공식(36,38절)을 언급함으로 끝맺고 있다. 33-36절은 열방 가운데서, 37-38절은 이스라엘 가운데서 야웨 하나님의 주권자 되심을 언급하고 있다. 세 개로 이루어진 하나님과 백성과 땅의 회복은 거룩한 야웨의 이름을 변호할 것이다. 샬롬은 하나님과 백성, 하나님과 땅, 백성

---

124) 톰 라이트는 인간 세상이 오해한 예수에 대해 이런 말을 하였다. "우리가 원하는 것은 세상을 통치할 분이 아니라, 단지 우리의 영혼을 구원할 분이다." N.T.Wright, *Simply Jesus*. 『톰 라이트가 묻고 예수가 답한다』. 윤종석 옮김, (두란노, 2013), 21.

125) 블럭은 이 단락이 예언자 자신에 속하는 것을 부정할 이유는 없다고 말한다. D.I.Block, *The Book of Ezekiel: Chapters 25-48*, 364.

126) S.Tuell, 윗책, 249-250.

과 땅 간에 존재해야 한다. 야웨가 구원 행동을 행할 때 주변 열방들은 야웨와 그의 백성 및 그의 땅과 특별한 관계를 알게 될 것이다.[127] 이는 여기서도 샬롬의 세계인 에덴동산의 회복이 궁극적으로 하나님의 주권자 되심을 말하는 데 있음을 강력히 천명한다.

이스라엘의 회복은 하나님이 성령을 부어주셔서 인간과 에덴동산이 회복되는 것이다. 땅의 회복에서 클라이맥스는 하나님 자신이 땅 안에 성소를 세워서 이스라엘 백성과 같이 계신다는 약속이다(37:26-27). 37-38절의 회복 이야기는 적절한 목양으로 회복된 양떼로서의 이미지(34:11-31)에 기초한다. 제사장 에스겔은 이스라엘에 거주하는 인구를 예루살렘의 정한 절기(무교절, 칠칠절, 초막절, 출 23:14-17; 신 16:16)에 모여든 희생 제물의 많은 양 떼에 비유하고 있다. 이스라엘의 황폐했던 성읍이 사람의 떼로 가득 채워질 것이다(38절). 36장의 결론에 해당하는 본문은 제사장적 언어와 이미지로 가득 차 있다.

### ③ 제사문서 (겔 40-48장)

아홉 장의 제사문서는 사독 제사장(40:46; 43:19; 44:15; 48:11)[128] 가문 출신인 에스겔의 특징 및 샬롬의 세계를 잘 말해주고 있다. 그것을 일곱 가지로 말하면 다음과 같다.

첫째, 에스겔 이전의 고전 예언자들은 하나님이 희생제사를 기뻐하지 않았고(암 4:6-12; 호 6:6; 사 1:11; 렘 7:1-15; 미 6:6-8), 성전과 성전예배에 대해 부정적인 시각을 갖고 있었다. 고전 예언자들은 죄에 대한 하나님의 심판은 결코 피할 수 없다고 예언하였다. 하지만 이 문제를 어떻게 풀어야 하는지에 대한

---

127) D.I.Block, 윗책, 363-365.
128) 제사장으로서 레위인보다 사독 자손의 우월성에 대해서는 S.Tuell, 윗책, 277-278, 306-313을 참조.

신학적이고 논리적인 해답은 제시하지 못했다. 그러나 에스겔은 예배와 속죄제를 통해 이스라엘 백성들의 역사와 마음 깊이에 있는 죄의 문제를 해결하였다. "참으로 예레미야나 다른 예언자들이 버린 돌이 에스겔에게서 집모퉁잇돌이 되었다." 이것이 에스겔에게서 절대적으로 창의적 요소가 된다.[129]

둘째, 에스겔서는 '야웨의 영광의 환상'으로 시작(1-3장)하고 끝난다(40-48장). 그리고 에스겔서는 성전 예배의 부패로 인해 예루살렘 성전을 떠난 하나님의 영광(8:1-11:25)이 다시 돌아오셔서(40:1-43:11) 예루살렘 성전을 다시 짓고 예배를 회복하는 내용으로 되어 있다는 점에서 40-48장은 1장과 8-11장과 주제적 통일을 이룬다. 그리고 33-39장에 나오는 이스라엘의 회복은 40-48장에 나오는 새 성전의 회복을 전제로 한다. 따라서 40-48장은 1-39장의 내용과 무관하지 않으며, 에스겔서 전체를 통일시키는 주제가 된다는 점에서 에스겔 예언의 클라이맥스라고 말할 수 있다.[130]

셋째, 40-48장의 구조는 성전 안에 있는 일곱 가지로 된 메노라식 구조, 즉 정가운데를 중심으로 하는 교차대구구조(ABCDA'B'C')로 되어 있다. A. 40:1-4(서론), B. 40:5-42:20(성전 복합체에 대한 개관), C. 43:1-9(하나님의 영광의 귀환), D. 43:10-46:24(성전 율법), C'. 47:1-12(생명강의 진로), B'. 47:13-48:29(땅의 분배와 경계선에 대한 개관), A'. 48:30-35(결론).[131] 이 구조에 나타난 정가운데(43:10-46:24)의 '성전 율법'은 제사장이 알아야 할 가장 중요한 내용이다.

넷째, 에스겔서에는 예언자들에게 중요한 어휘인 '인자(헤세드, חסד)'는 한

129)  권오현, 『에스겔의 예언과 신학 연구』(3권) (한마음세계선교회출판부, 2007), 289.
130)  J.Blenkinsopp, *Prophecy & Apocalypticism: The Postexilic Social Setting* (Minneapolis: Fortress Press, 1995), 203, 205.
131)  S.Tuell, 윗책, 277-278.

번도 나타나지 않고, 인자와 짝을 이루는 '긍휼(레헴, חמ)은 단 한번 나타나며 (39:25), 구원(여호슈아, ישועה)은 3회(렘 20회, 제2이사야 66회)가 나타날 뿐이고 다만 하나님의 거룩성이 강조된다. 에스겔서에는 '거룩하게 한다'는 동사가 15회, '거룩한'이라는 형용사가 49회, 도합 64회 나타난다. '거룩' 어휘는 '영광' 어휘와 불가분의 관계에 있다. '거룩'은 하나님의 내적 본질이고, 영광은 하나님의 외적 현시이다. 그런 의미에서 에스겔서에는 영광 어휘가 명사로 19회, 동사로 3회 나타난다. 에스겔 신학의 총주제는 왜 하나님의 영광이 예루살렘 성전을 떠났다가 어떻게 다시 예루살렘의 새 성전으로 돌아오셨느냐는 양극을 통하여 이루어진다.[132] 성전과 관련된 '거룩과 영광' 어휘는 제사장으로서의 에스겔의 특징을 잘 보여준다.

다섯째, 생명강 환상(47:1-12)은 성전 측량(40장)으로부터 시작된 회복된 이스라엘이 누릴 축복을 묘사한 내용 중에서도 최절정에 해당한다. 에스겔의 생명강 환상은 에덴동산(창 2:8-14)을 연상케 한다. 에스겔의 환상과 계시록의 환상은 밀접한 평행을 보인다(겔 47:1-12; 48:30-35=계 21:9-22:2). 계시록은 에스겔의 강과 에덴 강과의 관계를 말한다(계 22:2; 창 2:9). 에스겔의 생명강 환상은 요한의 신천신지 환상(계 22:1-2)과 열두 문을 가진 그 도시 환상(계 21:9-21)에 영감을 주었다. 47:9은 창세기의 최초의 설화와 관련되어 있다. '생물(네페쉬 하야, נפש חיה)' 어휘는 여기와 창세기의 창조(창 1:20,24,30; 2:7,19)와 홍수(창 9:12,15, 16) 이야기에서만 발견된다. 또한 '번성하다(샤라Wm, שרץ)' 어휘도 제사장적 창조와 홍수(창 1:20,21; 7:21; 8:17; 9:7) 이야기에서 나타난다. 성전산인 시온은 강의 근원이다. 시온은 우주적 산, 즉 온 세계의 생명과 풍요의 근원, 강의 근원이라는 점에서 '시온은 곧 에덴'이다(겔 28:13-14). 47:1-12의 성전에

---

132) 더 자세한 설명은 권오현, "하나님의 영광의 신학," 윗책, 341-389을 참조.

서 흐르는 강은 에덴에서 흐르는 강처럼 낙원의 강이다.[133] 에덴에서 갈라져 나온 네 강(창 2:10-14)이 온 세상을 적혀 낙원을 이루듯이 성전에서 흘러나온 생명강은 온 세상을 생명이 넘치는 샬롬의 세계를 이룩할 것이다(욜 3:18 참조).

여섯째, 새 땅의 분배에 나타난 샬롬의 세계이다. 새 땅의 분배에 있어서 특이한 점은 요단 동편(르우벤, 갓, 므낫세 반 지파)은 새로운 기업에서 완전히 제거되고 요단 서편인 가나안 땅에만 국한된다는 점이다(48:1-7,23-29). 이는 역사적, 지리적 여건과는 관계없이 신학적 이유 때문이다.[134] 또한 땅 분배(47:21-23)에 있어서 이스라엘(21절) 뿐만 아니라 이스라엘 백성 중에 거하는 타국인에게도 기업을 할당할 것을 명하고 있다(22절). 이러한 규정은 모세 이후 이스라엘의 지도자들에게 하나님께서 명하셨던 바와도 일맥상통한다(레 24:22; 민 15:29; 사 56:3-8). 이 같은 규례는 이스라엘 공동체가 폐쇄적인 공동체가 아닌 복(구원)의 통로로서의 사명을 지닌 진리와 공의에 기초한 개방공동체임을 시사한다. 그리고 땅 분배에 있어서 중요한 것은 중앙성소의 배정과 모든 면적이 25(희년의 절반)의 배수들이라는 점이다.[135] 이는 회복된 새 나라는 '희년의 새로운 미래'을 여는 샬롬의 나라이자 제사장의 나라임을 시사한다.

일곱째, 새 도시 '야웨 삼마(יהוה שמה)'라는 예루살렘의 새 이름이 다. 땅의 분배와 성소의 재건 및 도성을 다 세운 후에 성읍의 이름을 '야웨께서 거기

---

133) S.Tuell, 윗책, 329-334.

134) 클라인은 요단 동편(소돔과 모압 및 암몬의 땅)을 우상숭배의 유혹 때문에 배제되었다고 본다. R.W.Klein, 『에스겔: 예언자와 그의 메시지』. 박호용 옮김 (성지출판사, 1999), 282-283.

135) 마지막 환상인 새 성전 환상이 희년의 절반인 25년(40:1)이라는 것은 "회복된 성전의 환상도 희년제도에 암시된 회복과 해방의 새로운 미래를 여는 전환점이다." J.Blenkinsopp, *Ezekiel*, 4. 더 자세한 설명은 R.Klein, 윗책, 288-289을 참조.

계시다'라는 뜻의 '야웨 삼마'(48:35)라고 불렀다. '야웨 삼마'는 처음부터 끝까지 "하나님이 어디 계시냐?"라는 하나님의 임재와 부재에 대한 물음을 취급하는 에스겔서에 적합한 결론이다. 에스겔은 새 도성에 대해 '예루살렘(시온)' 칭호를 사용하지 않는데, 이는 왕들이 예루살렘 성을 중심으로 저지른 모든 악 때문에 하나님께서 진노하셨음을 몸서리치듯 혐오한 데서 비롯된 듯하다. 이 도성은 정방형(10×10×10 규빗)으로 되어 있는 지성소처럼 한 면의 길이가 각각 4,500규빗(사면의 합계는 18,000규빗)으로 된 정방형이다. 정방형의 구조는 하나님이 이룩한 샬롬의 세계의 완전성, 완벽성을 의미한다.

에스겔의 마지막 환상은 하나님이 계신 곳 – 거기에 시온이 있고, 거기에 질서와 하나님의 약속의 성취가 있음을 시사한다. 이 환상의 일차적 관심은 정치적이 아닌 제의적인 데 있는데, 그들 가운데 거하는 하나님에 대한 예배에 초점이 맞춰져 있다. 왕의 활동은 단지 하나님과 백성 간의 샬롬을 지속하도록 돕는 데 있다.[136]

니디치는 새 성전에 대한 에스겔의 환상은 우주창조, 우주질서 및 그 범주의 구분을 나타내는 것으로 해석한다. 즉 창조신화의 모티프를 도입하여 새 성전은 곧 우주이며 성전을 중심으로 성과 속이 구별되고 제사장-군주-백성의 범주가 구분된다. 에스겔 38-39장이 창조신화의 대결과 승리, 그리고 축제 등의 모티프를 반영하고, 37-48장이 인간 창조, 우주질서의 확립, 그리고 범주의 구분 등의 규례로 이어진다고 해석한다.[137]

새 성전 환상은 단순히 하나님의 임재만이 아니라 온 자연과 우주와 전역사가 변화하여 그야말로 신천신지(新天新地)로서의 창조의 완성을 바라보고 있다(계 21:1-7). 계시록에서 새 예루살렘을 바라보며 "주 예수여 오시옵소

---

136) D.I.Block, *The Book of Ezekiel: Chapters 25-48*, 745-746.

137) S.Niditch, "Ezekiel 40-48 in a Visionary Context," *CBQ* 48(1986), 208-224.

서"(계 22:20)라고 요한이 밧모 섬에서 환상으로 마친 것은 절대적인 에스겔의 영향이다.

### ④ 예수의 '하나님 나라(왕되심)' 운동과 샬롬의 세계

예수 시대는 로마의 식민지 상황 아래에 있었다. 그 시대는 '로마의 평화(Pax Romana)'를 외치던 시대였다. 로마제국과 그 하수인인 헤롯 왕가를 비롯한 유대종교지도자들에게는 평화의 시대일지 모르나 압제와 착취와 정죄라는 무거운 짐을 지고 살아가야 했던 일반 백성들에게는 결코 평화의 시대가 아니었다. 이런 상황에서 예수의 나심(오심)은 '그리스도의 평화(Pax Christi)'를 보여준 사건이다(눅 2:14).

또한 예수 운동은 '하나님 나라'(마 4:17) 운동이다. 하나님 나라는 내세와 영혼의 구원이라는 좁은 의미의 종교적인 운동만이 아니라 사회-경제를 포함한 정치적인 운동이며,[138] 자유와 정의와 평등을 위한 '샬롬 운동'이었다. 예수 복음은 '하나님 나라' 복음(눅 4:43)이다.[139] '하나님 나라(βασιλειαν του θεου, Kingdom of God)'란 '하나님의 통치(神政)'이다. 즉 '하나님이 왕이 되어 통치하는 나라', '하나님의 세상 다스림'을 의미한다. 구약적으로 신정(神政)이란 선한 목자이신 야웨 자신이 이스라엘의 왕으로 오셔서 통치하시고 다스리신다는 개념으로, 인간이 왕이 되어 통치하는 나라인 '세상 나라'와 대조되는 개념이다.

하나님 나라는 "하나님이 왕이시며, 그분은 예수 안에서 예수를 통하여

---

138) '하나님의 나라'가 정치적인 컨텍스트를 잃고, 개인 구원을 위한 개개인의 가치나 경건으로 변한 것에 대해서는 G.Pixley, *Reano de Dios,* 『하느님 나라』, 정호진 옮김 (한국신학연구소, 1986), 90-139을 참조.

139) 신구약성경에 나타난 '하나님 나라 복음'에 대해서는 김세윤 · 김회권, 『하나님 나라 복음』(새물결플러스, 2013)을 참조.

통치하신다"라고 말할 수 있다.[140] 예수의 왕권은 선한 목자인 예수가 왕이 되어 통치하는 나라를 말한다. 요한은 에스겔의 선한 목자 이미지(겔 34장)를 예수에게 적용시켜 선한 목자이신 예수께서 '내 종 다윗'과 같은 왕이 되셔서 양 떼인 백성을 통치하는 나라를 말하고 있다(요 10:1-18). 이는 죄성으로 가득 찬 인간이 왕이 되어 통치하는 세상 나라에서는 진정한 샬롬의 세계는 없으며, 반대로 거룩성으로 충만한 하나님(예수)이 왕이 되어 통치하시는 '하나님 나라(예수 나라)'에서만 진정한 샬롬의 세계가 이룩됨을 의미한다.

예수의 왕되심을 말하는 하나님 나라는 예수의 치유(마 11:5)와 축귀(막 5:1-20) 및 죽은 자를 살리는 행위(요 11:1-44)로 나타났다. 이는 죄와 죽음으로 인해 망가진 인간에 대한 하나님의 형상의 회복이자 온갖 부정과 불의로 인해 공의와 평화가 상실한 병든 사회에 대한 에덴 낙원의 회복을 말한다. 예수의 왕되심을 말하는 하나님 나라는 창조질서의 회복(새 창조)이자 출애굽 구원의 회복(새 출애굽), 즉 샬롬의 세계의 완성이다.

또한 예수의 예루살렘 입성은 왕의 입성이다. 예수는 왕이 타는 화려한 가마나 개선장군이 타는 준마가 아닌 새끼 나귀를 타고 입성하였다. 이는 평화의 왕이심을 상징하는, 즉 구약 예언을 성취한 예언자적 행동이다(슥 9:9-10). 또한 예수의 예루살렘 성전정화 사건은 예수가 성전의 주인(왕)이심에 대한 상징적 행동이다. 예수의 십자가 고난은 제2이사야의 고난받는 야웨의 종의 모습이다. 그가 상함을 당하고 징계를 받는 것은 우리가 평화를 누리고 나음을 얻도록 하기 위함이다(사 53:4-6).

예수의 십자가 죽음은 왕의 죽음이다. "다 이루었다"(요 19:30)라는 예수의 말씀은 하나님의 뜻의 성취 곧 구약 예언의 말씀에 대한 성취를 말하며, 또

---

140) '왕이신 하나님'에 대한 자세한 내용은 N.T.Wright, 『톰 라이트가 묻고 예수가 답한다』, 11-99을 참조.

한 하나님 나라의 완성인 샬롬의 세계에 대한 성취를 말한다. 이는 곧 죄악과 죽음으로 인해 이지러진 '다윗의 별'에 대한 성취를 의미한다.[141] 예수 십자가(엡 2:13-18)는 죄로 인해 분열된 세계(둘)를 화평의 세계(하나)로 만든 샬롬의 세계, 즉 다윗의 별의 완성을 의미한다.

하나님께서 인류를 구원하는 방법으로 끔찍하고도 소름끼치는 최대의 고통과 수치와 어리석음과 약함과 실패를 상징하는 십자가로 하셨다. 이는 아무도 예상치 못한 인류 최대의 미스터리였다(고전 2:6-8). 예수 십자가가 소위 개죽음이 아닌 인류 구원의 죽음이 된 것은 예수 부활이라는 사건이 전제된 것이다. 예수의 몸의 부활은 그가 3대 원수인 세상과 죽음과 사탄에 대한 승리이며, 만왕의 왕이자 만주의 주로서 만천하에 왕좌에 오르심을 공표한 사건이다. 예수 부활은 예수 십자가와 더불어 하나님 나라의 완성인 샬롬의 세계에 대한 성취를 말한다.[142]

에스겔이 말하고자 하는 메시지의 궁극적 목적이자 그의 진정한 꿈은 이스라엘의 죄악에 따른 하나님의 심판으로 여러 나라에 흩어졌던 이스라엘 백성들을 하나님이 다시 모아서 저들을 고토로 돌아와 '이스라엘의 재건(성민공동체)'을 이루시겠다는 하나님의 약속(소망과 회복)에 있었다(겔 36:22-24). 이것은 훗날 이스라엘 민족 전체를 대표하는 다양한 혼성그룹인 12명을 제자 삼아 '이스라엘의 재건(성민공동체)'을 이루고자 했던 예수의 꿈(마 10:5-6; 15:24;

---

141)  예수가 유월절에, 예루살렘에서, 반드시 십자가로 죽어야 했으며, 십자가의 가로축과 세로축이 갖는 '다윗의 별'과의 관계에 대한 자세한 설명에 대해서는 박호용, "꼭꼭 숨겨진 비밀문서: 다윗의 별(십자가)을 따라", 『천하제일지서 요한복음』 (쿰란출판사, 2012), 23-37을 참조.

142)  예수의 오심, 행하심, 죽으심, 부활하심 모두가 예수의 왕되심을 말하는 것에 대해서는 N.T.Wright, 윗책, 100-319.

요 11:51-52)이기도 했다.[143] 즉 예수께서 이룩하고자 하신 샬롬의 세계는 일차적으로 제사장의 나라인 성민 이스라엘 공동체의 재건에 있었다.

## D. 닫는 말

성경에서 바다(물)는 혼돈과 죽음의 상징으로 여겨졌다. 지금 조국 대한민국은 여객선 '세월호' 침몰 사건에서 발생한 엄청난 희생자들로 인해 전 국민이 충격과 슬픔에 빠져 있고 나라는 혼돈 속에 빠져 있다. 지금은 식민지 상황도, 전시 상황도, 독재 상황도 아니다. 단지 평시에 일어나 대형 침몰 사고일 뿐이다. 그런데도 사람들이 샬롬(안녕과 평안)을 절박하게 그리워한다면, 한 민족공동체가 완전히 사라질 것 같은 역사적 대파국을 몸소 경험한 바벨론 포로시대의 에스겔은 얼마나 샬롬의 세계를 동경했을까. 이에 반해 세월호는 배를 잘 아는 순서로 구조되었다. 첫째, 선장과 승무원, 둘째, 화물 기사들, 셋째 일반인들, 넷째, 학생들 순이었다. 결국 배를 잘 모르고 안내 방송만 믿고 자리에서 그대로 있었던 대다수의 단원고 학생들은 떼죽음을 당했다. 강자들이 약자들을 짓밟고 살아남는 전형적인 세상 나라의 모습을 보여주었다. 그야말로 정글의 법칙만이 통용되는 샬롬이 없는 혼돈과 죽음의 세계, 지옥의 모습을 연출하였다.

구약의 하나님 야웨는 '히브리 사람의 하나님 야웨'(출 3:18)라고 자신을 규정하였다. 여기서 히브리 사람이란 고대근동 지방을 떠돌아다니던 뿌리없는 사람들로서 사회적으로 유랑민이요, 법적으로 천민이요, 경제적으로 하층민에 속하는 사람들이었다. 사회적 약자(고아, 과부, 외국인 나그네)와 같은 부류에 속한 사람들이다. 야웨 하나님은 바로 이들의 편에 섰는데, 이러한 하

---

143) 더 자세한 설명은 G. Lohfink, *Wie hat Jesus Gemeinde gewollt*, 『예수는 어떤 공동체를 원했나?』, 정한교 옮김 (분도출판사, 1985), 20-55을 참조.

나님의 모습을 그대로 이어받은 분이 '히브리 사람의 하나님' 예수였다(막 10:13-16; 눅 4:16-30). 하나님의 나라 곧 샬롬의 세상은 모두가 함께 사는 공생, 공영하는 세계로서 그런 세상이 되려면 강자가 약자를 배려하고 섬길 때 이루어지는 것이다.

사독 제사장 가문 출신인 에스겔의 제사장적 세계관은 에스겔서 전체, 특히 제사문서(40-48장)라든가, 샬롬의 언약, 에덴 어휘 등을 통해 샬롬의 세계를 구체적으로 표현하였다. 다른 예언자들은 단편적으로 샬롬을 말하나 에스겔서는 전체가 샬롬의 신학을 말하고 있다. 이를 위해 에스겔은 그 이전의 어떤 예언자도 사용하지 않은 '샬롬' 어휘(34:25; 37:26)와 '에덴' 어휘를 사용하여 태초에 하나님이 창조한 평화의 동산(세계)인 에덴 낙원의 회복을 역설하였다.

한편 예수 운동은 '하나님 나라 운동', 즉 '샬롬 운동'이다. 좀 더 구체적으로 이 운동은 에스겔의 이상인 성민공동체로서의 이스라엘의 재건(겔 36:22-24)이라는 이상적인 다윗의 나라의 회복운동이다(마 10:6; 15:24; 요 11:51-52). 예수는 치유와 축귀, 가르침을 통해 하나님의 형상과 에덴동산의 회복을 보여주셨고, 마침내 십자가를 통해 샬롬의 세계를 성취되었다(요 19:30). 그런 의미에서 십자가는 '다윗의 별' 형상에 대한 신약적 변용이다.

오늘 우리가 사는 이 세상은 지구 온난화로 인한 생태계의 파괴와 핵발전소를 비롯한 핵에 의한 공포, 그리고 국가간, 종교간, 사회계층간 이해 대립으로 분열과 갈등, 전쟁과 폭력, 기아와 질병, 증오와 차별, 사건과 사고로 얼룩져 참된 평화를 찾아보기 어려운 혼돈과 무질서, 죄악과 죽음으로 가득 차 있다. 최근에 우리는 '이태원 참사'라는 끔찍하고 충격적인 사건을 경험하였다. 그래서 우리의 인사는 "안녕하십니까?"라는 말로 시작한다. 이사야 선지자가 꿈꾸었던 진정으로 참된 평화의 세계(사 11:1-9)는 어디에 있는가? 그런 의미에서 '예수 그리스도 안에 있는 샬롬의 세계(Pax Christina)'를 간절히 꿈꾸고 동경한다.

　지난 반세기 동안 남한 사회가 산업사회에서 정보사회로 바뀌는 큰 변화가 있었다면, 북한 사회도 큰 변화가 있었다. 주체사상이라는 이념이 강조되던 공산사회에서 장마당의 활성화와 스마트폰 사용이 급증하는 자본주의 모습을 보여주고 있다. 거기에다가 자체 핵개발을 이룩함으로써 남한만이 아닌 전 세계에 위협이 되는 나라로 바뀐 것도 큰 변화이다. 이런 속에서 더욱 요청되는 것은 다시는 이 한반도에 전쟁이 있어서는 안 된다는 사실이다. 전쟁은 곧 공멸한다는 것을 의미하기 때문이다. 그래서 적화통일도, 흡수통일도 아닌 더욱 평화적 방법의 통일방안이 강구되어야 한다.

　탄생부터 죽으심까지 예수 그리스도의 생애 전체는 평화의 왕의 모습이었다. 히브리서는 예수님을 멜기세덱의 반차를 따른 영원한 대제사장으로 언급(히 6:20)하면서 이렇게 말하고 있다. "이 멜기세덱은 살렘 왕이요 지극히 높으신 하나님의 제사장이라 여러 왕을 쳐서 죽이고 돌아오는 아브라함을 만나 복을 빈 자라 아브라함이 모든 것의 십분의 일을 그에게 나누어 주니라 그 이름을 해석하면 먼저는 의의 왕이요 그 다음은 살렘 왕이니 곧 평강의 왕이요."(히 7:2~3)

　평강의 왕으로 오실 메시아를 이사야는 이렇게 예언했다. "이는 한 아이가 우리에게 났고 한 아들을 우리에게 주신 바 되었는데 그의 어깨에는 정사를 메었고 그의 이름은 기묘자라, 모사라, 전능하신 하나님이라, 영존하시는 아버지라, 평강의 왕이라 할 것임이라 그 정사와 평강의 더함이 무궁하며 또 다윗의 왕좌와 그의 나라에 군림하여 그 나라를 굳게 세우고 지금 이후로 영원히 정의와 공의로 그것을 보존하실 것이라 만군의 여호와의 열심이 이를 이루시리라."(사 9:6~7)

누가는 예수님의 탄생을 놓고 이렇게 노래했다. "지극히 높은 곳에서는 하나님께 영광이요 땅에서는 하나님이 기뻐하신 사람들 중에 평화로다."(눅 2:14) 피스메이커(peacemaker)이셨던 예수님은 산상수훈에서 이렇게 말씀하셨다. "화평케 하는 자는 복이 있나니 그들이 하나님의 아들이라 일컬음을 받을 것임이요."(마 5:9) 공생애 말기 예루살렘에 입성하실 때 왕이 타는 화려한 가마나 장군이 타는 준마가 아닌 평화의 왕으로서의 나귀 타고 입성하셨다.(슥 9:9) 그때 무리들이 이렇게 노래했다. "찬송하리로다 주의 이름으로 오시는 왕이여 하늘에는 평화요 가장 높은 곳에는 영광이로다."(눅 19:38) 예수께서 예루살렘 성을 보시고 우시면서 이렇게 말씀하셨다. "너도 오늘 평화에 관한 일을 알았더라면 좋을 뻔하였거니와 지금 네 눈에 숨겨졌도다."(눅 19:42)

예수님은 마지막 고별설교 자리에서 이렇게 말씀하셨다. "평안을 너희에게 끼치노니 곧 나의 평안을 너희에게 주노라 내가 너희에게 주는 것은 세상이 주는 것과 같지 아니하니라 너희는 마음에 근심하지도 말고 두려워하지도 말라."(요 14:27) 이같이 말씀하신 주님은 십자가 사건으로 숨어서 두려움에 떨고 있는 제자들에게 부활의 몸으로 나타나셔서 이렇게 말씀하셨다. "너희에게 평강이 있을지어다 아버지께서 나를 보내신 것 같이 나도 너희를 보내노라."(요 20:21) 여드레 후에 다시 도마가 있는 자리에 나타나셔서 "너희에게 평강이 있을지어다."(요 20:26)라고 말씀하셨다.

에베소서는 주님의 십자가 사건을 두고 이렇게 언급했다. "그는 우리의 화평이신지라 둘로 하나를 만드사 원수 된 것 곧 중간에 막힌 담을 자기 육체로 허시고 법조문으로 된 계명의 율법을 폐하셨으니 이는 둘로 자기 안에서 한 새 사람을 지어 화평하게 하시고 또 십자가로 이 둘로 한 몸으로 하나님과 화목하게 하려 하심이라 원수 된 것을 십자가로 소멸하시고 또 오셔서 먼 데 있는 너희에게 평안을 전하시고 가까운 데 있는 자들에게 평안을 전하셨으니 이는 그로 말미암아 우리 둘을 한 성령 안에서 아버지께 나아감을 얻게 하려 하심이라."(엡 2:14~18)

예수님 당시는 로마의 평화, 즉 팍스 로마나(Pax Romana) 시대였다. 그 평화는 로마 사람들이나 지배계층의 사람들에게는 평화였을지 모르나 식민지 백성들이나 가난하고 억눌린 소외된 계층의 피지배 계층의 사람들에게는 진정한 평화가 될 수 없었다. 진정한 평화가 없는 로마 지배 하의 상황 속에서 집단마다 저마다의 평화의 길을 제시했다.

제사장 계급에 속하는 사두개파 사람들은 하나님께 제사드리는 것으로 평화의 길을 모색했고, 바리새파 사람들은 하나님이 주신 율법을 준수하는 것으로 평화의 길을 모색했다. 이와 달리 젤롯당(열심당)들은 로마제국을 몰아내지 않고는 평화가 없다는 생각으로 무력을 사용해서라도 평화를 쟁취하고자 했다. 쿰란종파라 불리는 에세네파들은 종말론적이고 은둔적인 공동체로서, 로마제국과 타협하고 세속화된 사두개파나 바리새파들을 경멸하면서 광야에 들어가 자기들만의 공동체를 만들어 메시아가 오기를 기다리는 것으로 평화의 길을 모색하였다. 또한 일반 백성들은 다윗의 나라의 회복이라는 메시아 대망을 통한 평화의 길을 기대했지만, 자신들의 기대와는 달리 주님께서 십자가에서 허무하게 죽자 주님을 버리고 다 떠나갔다. 3년 동안이나 주님을 따르던 제자들도 다르지 않았다.

그런데 주후 1세기 그 혼미한 시대 상황 속에서 평화에 관한 예수의 길은 달랐다. 예수의 길은 유대적 세계관에 갇혀 있던 당시의 모든 집단, 운동, 사람의 길과 사뭇 달랐다. 무엇이 달랐는가? 예수는 생각했다. 진정한 구원의 길, 진정한 평화의 길은 어디에 있는가? 사두개파의 길은 아니다. 사제 귀족으로서 성전 제사를 드리는 방법으로는 안 된다. 바리새파의 길도 아니다. 모세의 율법을 연구하고 지키는 방법으로는 안 된다. 에세네파의 길도 아니다. 현실을 떠나 광야에 가서 홀로 고고하게 자기를 지키는 방법도 안 된다. 열심당의 길도 아니다. 그들의 이면 속에 감추인 인간적 야심(헤게모니 싸움)을 가지고 무력 투쟁으로 로마를 쫓아내겠다는 방법도 안 된다.

민중의 길도 아니다. 메시아를 무작정 기다리며 현실을 체념하면서 매일 근심 속에 사는 방법도 안 된다. 헤롯 왕가의 길은 더더욱 아니다. 이교 세력과 야합하여 권력을 잡고 민중의 아픔과는 아랑곳없이 권력의 달콤한 맛에 빠져 사는 방법은 안 된다. 로마제국의 길도 아니다. 가이사의 길, 가이사의 방법으로는 안 된다. 힘으로 남의 나라를 빼앗고 폭력으로 다스리며 아무 일 없다는 듯이 '평화, 평화로다'를 외치는 방법도 안 된다. 이 모든 길은 아니다. 이 모든 방법으로는 안 된다. 한 마디로 인간적이고 세상적인 방법으로는 안 된다.

그렇다면 어떤 길(방법)로만 되는가? 하나님의 길(방법)로만 된다. 전적으로 하나님의 것(방법)으로만 된다. 모두가 다 인간적이고 세상적인 방법으로 문제를 해결하려고 했다. 그래서 미움, 질투, 원망, 불평, 도피, 체념, 투쟁, 압제, 폭력, 힘으로 하려고 했다. 그러나 그런 방법으로는 결코 안 된다. 상대가 힘으로 나온다고 따라서 힘으로 맞서서는 안 된다. 상대와 싸워서 이겼다고 해서 그것이 진정으로 이긴 것이 아니다. 잠시 이겼을 뿐 영원히 이긴 것이 아니다. 진정한 승리, 영원한 승리는 인간적인 방법으로는 오지 않는다. 오직 하나님의 방법으로만 온다.

그러면 무엇이 인간(사람)의 길이고, 무엇이 하나님의 길인가? 어떤 것이 세상의 방법이고, 어떤 것이 하나님의 방법인가? 자기(자아)가 있는 길이 인간(사람)의 길이고, 자기(자아)가 없는 길이 하나님의 길이다. 자기 것으로, 땅의 것으로 하는 것이 세상적 방법이고, 하나님의 것으로, 하늘의 것으로 하는 것이 하나님의 방법이다. 자기(나)가 없어야 한다는 것은 자기를 부인하는 것, 자기를 비우는 것, 자기를 죽이는 것, 자기가 사라지는 것, 자기가 없는 것을 말한다. 자기 것이 없어야 한다는 말은 자기 생각, 자기 주장, 자기 경험, 자기 사랑, 자기 방법, 자기 재능, 자기 소유, 자기 지식, 자기 지혜, 자기 힘, 자기 영광이 없어야 한다는 것을 말한다. 오직 하나님(하늘)만 있어야 한다.

예수께서 참 제자가 되는 길을 말씀하셨다. "누구든지 나를 따라오려거든 자기를 부인하고 자기 십자가를 지고 나를 좇을 것이니라."(마 24:20) 여기서 '자기를 부인하고'라는 말은 '자기 비움(kenosis, 빌 2:7)'을 말한다. 그리고 '자기 십자가를 지고'라는 말은 십자가에서 죽듯 '자기 죽임'을 말한다. 그러니까 자기가 없는(죽는), 바꾸어 말하면 하나님만이 있는 것을 말한다. 그럴 때에 참 제자가 될 수 있다는 말씀이다. 그리고 십자가를 지는 방법만이 하나님이 원하시고 기뻐하시는 방법이다. 예수는 남과 싸우지 않으면서(不爭) 온전한 구원과 평화를 이루는 방법을 선택했다. 그것이 성육신의 끝자락인 '십자가'였다. 십자가는 아들 예수께서 아버지 하나님의 뜻을 따르는 순명(順命)의 극치였다. 그러면 주후 1세기 유대교와 로마 제국의 식민지 상황에서 십자가는 무엇을 의미하고 어떤 상징적 의미를 갖는가?

주후 1세기 예수님이 싸워야 했던 진정한 원수는 로마라는 이방의 점령군이 아니라 그들 배후에 있는 고소하는 자 사탄이었다. 사탄은 야웨의 백성을 봉으로 삼아 이교도의 길을 가게 하고 야웨의 나라를 무력과 군사적 혁명을 통해서 이룩하게 하려 했다. 예수님이 말하였던 하나님 나라 이야기들, 그리고 행동으로 보여주었던 상징들은 모두 원수와의 진정한 싸움이었다. 예수님은 제자들에게 기이한 종류의 혁명을 촉구하였다. 유다 마카비 같이 군사적이고 무력적인 싸움을 싸우는 것을 통해서가 아니라 산상수훈(마 5~7장)의 말씀에서 보듯 다른 쪽 뺨을 돌려대고(마 5:39), 십 리를 더 가고(마 5:41), 원수를 사랑하고 핍박하는 자를 위해 기도하는 것(마 5:44)이었다. 이러한 과제는 혁명가가 되는 혁명적 길이었다.

또한 예수님은 당시 유대 종교 지도자들인 바리새인들이 말하는 '인습적 가짜 지혜'에 반대하고 '참되고 전복적인 지혜'를 제시하였다. 그러한 전복적 지혜의 중심에는 최고의 역설인 십자가가 있었다. 로마 세계에서 십자가 처형은 끔찍하고 혐오스러운 것으로 인간이 고안해 낸 가장 잔인한 사형 방법이었다. 바울이 말한 것처럼 '십자가의 도(고전 1:18)'는 멸망하는 자들에게는 '어리석은(바보 같은) 짓'으로 보였다. 그러나 십자가는 구원을 위한 하나님의 능력과 하나님의 지혜가 담긴 최고의 역설(逆說)이자, 그리스도의 능력과 통치의 핵심 상징이다. 예수께서 공생애 말기에 예루살렘으로 향해 간 것은 '사역을 위해서'라기보다는 '죽기 위해서', 즉 십자가를 지기 위해서 의식적으로 택한 상징적 행위였다.

예수님은 자기 자신이 그의 고난과 죽음을 통해서 악을 패배시키도록 부르심을 받았다고 믿었다. 그리하여 세상의 빛, 이 땅의 소금이 되고자 하였다. 악을 단번에 패배시킬 방식은 그가 선포한 하나님 나라의 철저한 전복적 성격과 부합하는 방식이 되어야 했다. 그 방식이란 악(의 세력)이 최악의 것(십자가 처형)을 행하도록 내버려 둠으로써 악을 패배시키는 역설적 방식이었다. 이는 세상적 방식을 통한 혁명을 다시 뒤집는(전복하는) 이중적 혁명이며, 하늘(하나님)이 보여준 방식으로서의 '사랑의 혁명'이었다. 사랑(마 22:34~40, 막 12:28~34, 눅 10:25~28)이야말로 예수께서 말씀하신 하나님 나라 상징의 핵심이다.

자신이 지은 죄로 인해, 또는 선동죄, 반란죄로 체포되어 십자가 처형을 당하는 것은 인간의 길이지 하나님의 길이 아니다. 아무 죄가 없는 의인이 죄를 뒤집어쓰고 십자가를 질 때 그 길이 하나님의 길이 되는 것이다. 상대방이 칼로 찌른다고 해서 같이 칼을 들어서는 결코 문제가 해결되지 않는다.(마 26:51~52) 상대방이 휘두르는 칼에 맞으면서 그를 끌어안을 때 그를 이기고 세상을 이기는 것이다. 그것이 바로 십자가의 길, 십자가의 방법이다. 세상적으로 이기는 길이 참 승리가 아니고 하나님 때문에 세상적으로 지는 길, 그 길이 하나님의 길(방법)이고 그 길이 참 승리인 하나님의 승리다. 중세 기독교의 타락은 사랑(powerless)의 종교인 '십자가의 기독교'를 힘(power)의 종교인 '십자군의 기독교'로의 변질에 있다.

예수님은 자기를 비웠다.(그 빈자리에 하나님 아버지와 하나님의 영이 항상 충만히 임했다) 그 하나님(아버지)께 자신을 모두 내어드렸다. 그리고 하나님의 뜻만이 이루어지기를 바랐을 뿐이다. 그리고 천국을 믿었고 부활을 믿었다. 천국과 부활을 믿었기에 십자가를 질 수 있었다. 십자가를 지는 것이 하나님의 길이라고 믿었다. 그리고 그 방법이 하나님의 방법이라고 믿었다.

인간적으로 십자가의 길은 완전한 '실패의 길'이다. 그러나 그 길은 '승리의 길'이다. 왜냐하면 부활하셔서 죽음을 이기신 우리 하나님은 승리의 하나님이기 때문이다. 십자가의 길은 '수치의 길'이다. 그러나 그 길은 '거룩한 길'이다. 왜냐하면 인간이 아니라 죄가 없으신 우리 하나님은 '거룩한 하나님'이기 때문이다. 십자가의 길은 '고난의 길'이다. 그러나 그 길은 '영광의 길'이다. 왜냐하면 높고 높은 하늘에 계신 우리 하나님은 '영광의 하나님'이시기 때문이다. 십자가는 '저주의 길'이다. 그러나 그 길은 '사랑의 길'이다. 왜냐하면 온 세상을 만드신 창조주 우리 하나님은 사랑의 하나님이시기 때문이다. 그래서 예수님은 몸소 십자가를 지는 길을 택하셨다. 그리고 예수님의 부활은 십자가에서 자기희생으로 죽은 자가 메시아라는 것을 확인시켜 준다.

통일의 새 시대는 어떻게 동터 오는가? 인간이 아닌 하나님으로부터 온다. 통일의 새 세상은 어떻게 임하는가? 땅이 아닌 하늘로부터 온다. 하늘이 열려야 새 세상이 온다.(겔 1:1, 막 1:10, 요 1:51) 세상이 어두운 것은 하늘과 땅 사이가 막혔기 때문이다. 막혔던 하늘이 열려야 밝은 새 세상이 온다. 누가 평화의 새 시대(세상)를 가져오는가? 땅에 속한 자, 육에 속한 자로는 안 된다. 하늘에 속한 자, 영에 속한 자라야 한다. 세상으로 난 자로는 안 된다. 하나님께로 난 자여야 된다. 인간에 속한 자로는 안 된다. 하나님께 속한 자라야 한다. 그는 사람의 아들(인자)로서 하나님과 사람 사이를, 하늘과 땅 사이를 오르락내리락 하시는 예수님이시다.(1:51)[144]

부활하신 주님은 제자들에게 나타나 이렇게 말씀하셨다. 예루살렘을 떠나지 말고 내게서 들은 바 아버지의 약속하신 것을 기다리라 요한은 물로 세례를 베풀었으나 너희는 몇 날이 못 되어 성령으로 세례를 받으리라."(행 1:4~5) 그때 제자들은 여전히 유다 나라의 회복에 사로잡혀 "주께서 이스라엘 나라를 회복하심이 이 때니이까"(행 1:6)

---

144)  더 자세한 설명은 『성경개관』 (박호용, 2011)을 참조

라고 물었다. 그러자 주님은 이렇게 응답하셨다. "때와 시기는 아버지께서 자기의 권한에 두셨으니 너희가 알 바 아니요 오직 성령이 너희에게 임하시면 너희가 권능을 받고 예루살렘과 온 유대와 사마리아와 땅끝까지 이르러 내 증인이 되리라."(행 1:7~8)

이 대목은 오늘 우리에게 샬롬에 의한 복음 통일에 큰 시사점을 준다. 이 민족의 통일은 주님의 말씀처럼 우리의 소관이 아닌 하나님의 소관이다. 따라서 하나님이 하시도록 맡기고, 우리는 단지 기도하며 예수의 증인으로서 복음을 전하는 일, 그리하여 남북한 백성들이 복음의 말씀으로 '마음의 통일'을 먼저 이루는 것, 이것이 우리가 해야 할 가장 시급하고도 올바른 샬롬(평화)적 통일방안임을 성경이 우리에게 말씀하고 있다.

통일문제에 있어서 '왜 다시 예수 그리스도, 다시 성경 말씀인가?' 좌우의 정치적 이념에 종속(노예)되어 있는 현재의 한국 교회와 한국 사회의 모습으로는 민족통일이 요원하다. 위에서 이미 언급했듯이 모두를 품는 예수 그리스도의 십자가 정신(통전성)이 필요하다. 덧붙여서 성경은 이렇게 말씀하고 있다. "오직 강하고 극히 담대하여 나의 종 모세가 네게 명령한 그 율법을 다 지켜 행하고 우(파)로나 좌(파)로나 치우치지 말라 그리하면 어디로 가든지 형통하리니 이 율법책(성경)을 네 입에서 떠나지 말게 하며 주야로 그것을 묵상하여 그 안에 기록된 대로 다 지켜 행하라 그리하면 네 길이 평탄하게 될 것이며 네가 형통하리라."(수 1:7~8)

이제 평화의 복음으로 평화통일의 나무를 심고 정성껏 가꾸어 나가자. 그리고 통일이 이루어지는 날까지 기도하자. 우리 민족의 소원인 통일이 주님의 뜻 가운데 평화롭게 이루어지게 하소서. 아멘.

# 작은 조각들이 모여서 통일 한국의 큰 그림이 완성된다!

"하늘에 있는 것이나 땅에 있는 것이 다 그리스도 안에서 통일
되게 하려 하심이라"

에베소서 1장 10절

한반도의 통일은 우리 대한민국만의 문제가 아니라 전 세계의 문제이다. 한반도는 세계의 마지막 남은 분단국가이며 한반도의 통일은 세계의 냉전 시대를 종식하고 세계 평화로 가는 길이 될 것이기 때문이다. 2015~2016년에 극동방송에서 방송했던 내용을 『통일을 앞당겨 주소서』로 출간하고 벌써 6년의 세월이 흘렀다. '통일을 앞당겨 주소서' 프로그램을 강석진 목사님과 함께 진행하게 되면서 통일에 대한 남다른 감회와 소명을 가지게 되었다. 그래서 이번에 다시 통일 문제에 꾸준히 관심을 갖고 사회적으로 활동하고 있는 8명이 함께 『통일을 앞당겨 주소서』를 기획하고 출간하게 되었다.

구약성경에는 바벨론의 포로로 잡혀 있던 이스라엘 백성들이 70

년 만에 귀환하는 내용이 있다. 시편 137편에는 이스라엘 백성들이 이방 땅인 바벨론 강가에서 간절히 기도하는 내용이 있다. "우리가 바벨론 강가에서 울었도다."(시 137:1) 바벨론 포로기의 이스라엘 백성들처럼 지금도 대동강에서 통일의 그 날을 간절히 기다리며 기도하는 북녘땅의 백성들이 있다. 그래서 이번에 다시 통일의 간절한 염원을 모아 한 권의 책을 출간한다. 이 책은 그냥 한 권의 책이 아니라 우리의 통일에 대한 간절한 염원이 담긴 통일 희망의 비전북(Vision Book)이며 기도가 담긴 책이다.

저명하신 통일 전문가 8명의 저자들이 쓴 원고의 결론을 바탕으로 한반도 통일에 대한 생각을 열 가지로 정리해 본다.

하나, 준비의 원리이다. 인간이 할 수 있는 최선을 다하여 통일을 준비하여야 한다. 구체적으로 준비해야 한다. 통일은 말과 구호로만 되지 않는다. 독일 통일의 준비 과정에서 배울 점이 많다. 통일과정과 통일 이후를 철저히 준비해야 한다.

둘, 연합의 원리이다. 작은 조각들이 모여서 통일의 큰 그림이 완성된다. 박성배 저자가 초등학교 5학년 때 민통선 마을에 살면서 읽은 『이태리 건국 삼걸전』에 보면 이탈리아 통일은 정치 지도자인 카부르, 군사 지도자인 가리발디, 사상가인 마치니의 연합으로 이루어졌다. 대한민국의 통일도 각계각층의 다양한 의견과 생각들이 모여 이루어 가리라 믿는다.

셋, 세밀함의 원리이다. 통일을 이루기 위해서는 작은 부분까지 세밀하게 점검하고 준비해야 한다. 리더십과 문화 부분, 통일 이후 북한 주민들의 마음을 치유할 상담 부분, 하드웨어를 만들어야 할 교통과 항공과 항만, 철도 건설 부분 등 다양한 분야를 세밀하게 통일과 통일 이후를 준비해야 한다.

넷, 리더십의 원리이다. 잘 준비된 사람이 답이다. 독일 통일에는 준비된 지도자 '통일 삼걸'(헬무트 콜, 게르하르트 슈뢰더, 앙겔라 메르켈)이 있었다. 미국의 남북통일에도 준비된 지도자 링컨이 있었다. 이스라엘의 통일에는 다윗이라는 지도자가 있었다. 한반도 통일을 위해서도 준비된 리더십의 사람들이 필요하다.

다섯, 희망과 꿈의 원리이다. 우리는 한반도 통일에 대한 희망과 꿈을 가져야 한다. 다행히 2015년 광복 70주년을 맞이하여 설문조사한 내용을 보면 국민의 80% 이상이 통일을 희망한다고 하였다. 한강의 기적을 대동강의 기적으로 만들어 갈 통일 대한민국의 꿈을 우리 모두 가져야 한다. 통일은 결코 포기할 수 없는 우리의 꿈이다.

여섯, 용서와 사랑의 원리이다. 남과 북은 지난 70년간 서로 적대시하면서 살아왔다. 북한은 공산주의 사상으로 지금도 적화통일을 꿈꾸고 있는 집단이다. 남과 북이 진정으로 통일되기 위해서는 먼저 마음의 통일부터 이루어져야 한다. 우선 남한의 사람들은 힘들지만 3만여 명의 탈북자들을 사랑하고 품고 살아가는 훈련을 하여야 한다.

일곱, 소명의 원리이다. 통일은 분단 시대를 살아가고 있는 우리가 풀어야 할 과제이다. 결코 남의 이야기가 아니다. 주변 국가들이 있지만, 우리가 주체적으로 풀어야 한다. 남북통일 문제는 우리가 풀어야 할 소명이다.

여덟. 타산지석(他山之石)의 원리이다. 여러 나라의 사례에서 통일의 교훈을 배워야 한다. 독일 통일의 사례는 우리가 지향하는 통일은 자유 민주주의 통일의 예표이다. 독일 통일의 과정을 더 꼼꼼히 살펴보면 통일 한국의 길이 보일 것이다.

아홉, 기도의 원리이다. 하나님이 일하시도록 기도해야 한다. 『그리고 우리는 거기에 있었다』에서 주인공 퓌러 목사를 비롯해 많은 사람들이 여러 해 동안 지속적으로 통일을 위해 기도하는 동안 하나님께서 때가 되매 베를린 장벽을 무너뜨린 사실을 보고 기도의 중요성을 다시 깨닫는다.

열, 믿음의 원리이다. 사람이 하는 것 같지만, 한반도의 통일도 하나님이 하셔야 한다. 인간이 최선을 다할 때 하나님은 분명히 통일의 문을 열어 주시리라 믿는다. 통일 한국의 그 날이 가까이 다가오고 있다.

이 책 출간을 계기로 저자 한분 한분의 마음이 하나로 모여 통일을 앞당기는 데 모두가 귀하게 쓰임 받기를 소망한다. 머지않아 겨울이 가면 반드시 봄이 오듯이 통일 한국의 봄은 반드시 오고야 말 것을 믿는다. 숱한 고난으로 역사를 이어온 우리 조국 대한민국이 이제는 하나로 통일되어 세계 속에 선교하며 우뚝 서가는 통일 대한민국이 될 것을 간절히 소망한다. 끝으로 이 소중한 책에 추천사를 써주신 민경배 교수님과 극동방송 이사장 김장환 목사님, 박형용 총장님께 깊이 감사드린다. 마지막으로 이렇게 아름다운 책이 출판될 수 있도록 힘껏 도와주신 씽크스마트의 김태영 대표님께 감사를 드리고 부족한 글을 아름다운 보석으로 다듬어 주신 신재혁 편집자님께도 심심한 감사의 인사를 전한다. 우리 모두의 수고가 모여 통일의 그 날이 반드시 올 것이라는 것을 믿는다. 주님! 복음 통일의 길을 열어 주소서!

주후 2023년 1월

박성배

스토리
인
시리즈
소소하지만 열정적인 당신의 일상을 공감과 위안, 힐링을 담아 응원합니다.
어떤 말들보다 큰 힘이 되어주고 당신만의 이야기를 마음껏 펼칠 수 있도록,
당신의 스토리와 함께합니다.

# 통일을 앞당겨 주소서

## 그리스도 안에서 통일되게 하려 하심이라

초판 1쇄 발행 2023년 1월 31일

지은이. 강석진, 박성배, 조요셉, 최용준, 추상미,
신동만, 박영환, 박호용
펴낸이. 김태영

씽크스마트
서울특별시 마포구 토정로 222
한국출판콘텐츠센터 401호
전화. 02-323-5609

홈페이지. www.tsbook.co.kr
블로그. blog.naver.com/ts0651
페이스북. @official.thinksmart
인스타그램. @thinksmart.official
이메일. thinksmart@kakao.com

ISBN 978-89-6529-337-8 (03230)
© 2022 강석진, 박성배, 조요셉, 최용준, 추상미, 신동만, 박영환, 박호용

**•씽크스마트** - 더 큰 생각으로 통하는 길
'더 큰 생각으로 통하는 길' 위에서 삶의 지혜를 모아 '인문교양, 자기계발, 자녀교육,
어린이 교양·학습, 정치사회, 취미생활' 등 다양한 분야의 도서를 출간합니다. 바람직
한 교육관을 세우고 나다움의 힘을 기르며, 세상에서 소외된 부분을 바라봅니다. 첫
원고부터 책의 완성까지 늘 시대를 읽는 기획으로 책을 만들어, 넓고 깊은 생각으로 세
상을 살아갈 수 있는 힘을 드리고자 합니다.

**•도서출판 사이다** - 사람과 사람을 이어주는 다리
사이다는 '사람과 사람을 이어주는 다리'의 줄임말로, 서로가 서로의 삶을 채워주고, 세
워주는 세상을 만드는데 기여하고자 하는 씽크스마트의 임프린트입니다.

**•천개의마을학교** - 대안적 삶과 교육을 지향하는 마을학교
당신은 지금 무엇을 배우고 싶나요? 살면서 나누고 배우고 익히는 취향과 경험을 팝니
다. 〈천개의마을학교〉에서는 누구에게나 학습과 출판의 기회가 있습니다. 배운 것을
나누며 만들어진 결과물을 책으로 엮어 세상에 내놓습니다.

자신만의 생각이나 이야기를 펼치고 싶은 당신.
책으로 사람들에게 전하고 싶은 아이디어나 원고를 메일(thinksmart@kakao.com)으로 보내주세요.
씽크스마트는 당신의 소중한 원고를 기다리고 있습니다.